中国人事科学研究院
学术文库

企业用工
灵活化研究

王晓辉 ◇著

中国财经出版传媒集团
经济科学出版社
Economic Science Press

图书在版编目（CIP）数据

企业用工灵活化研究/王晓辉著 . -- 北京：经济
科学出版社，2022.9
（中国人事科学研究院学术文库）
ISBN 978 - 7 - 5218 - 4002 - 5

Ⅰ.①企…　　Ⅱ.①王…　　Ⅲ.①企业管理 - 人事管理 -
研究 - 中国　　Ⅳ.①F279.23

中国版本图书馆 CIP 数据核字（2022）第 167640 号

责任编辑：李　　雪
责任校对：杨　　海
责任印制：邱　　天

企业用工灵活化研究
QIYE YONGGONG LINGHUOHUA YANJIU
王晓辉　著
经济科学出版社出版、发行　新华书店经销
社址：北京市海淀区阜成路甲 28 号　邮编：100142
总编部电话：010 - 88191217　发行部电话：010 - 88191522
网址：www. esp. com. cn
电子邮箱：esp@ esp. com. cn
天猫网店：经济科学出版社旗舰店
网址：http：//jjkxcbs. tmall. com
固安华明印业有限公司印装
710 × 1000　16 开　15 印张　230000 字
2022 年 9 月第 1 版　2022 年 9 月第 1 次印刷
ISBN 978 - 7 - 5218 - 4002 - 5　定价：80.00 元
（图书出现印装问题，本社负责调换。电话：010 - 88191510）
（版权所有　侵权必究　打击盗版　举报热线：010 - 88191661
QQ：2242791300　营销中心电话：010 - 88191537
电子邮箱：dbts@ esp. com. cn）

前言

　　企业用工灵活化，实质上是企业灵活用工模式创新的总体特征。而企业灵活用工的发展与生产力发展水平、生产资料配置、劳动力要素的供求匹配、技术变革，以及生产关系等具有密切联系。

　　工业革命以来，社会化大生产带来了生产关系的变革，出现了标准化劳动雇佣关系。工业革命时期，欧美国家不断通过立法保障工人的基本劳动权益，形成了以人为中心、强调劳动保护和劳动秩序规范的现代劳动关系。

　　20 世纪 80 年代，随着企业经营国际化，资本的全球化配置也带来了全球化人力资源配置需求。企业为了应对全球化经营的复杂环境，实现国际化和当地化平衡，更好发挥国际化市场布局的优势，充分利用当地市场人力资源和财力物力资源配置，实现差异化和成本控制目标，灵活配置劳动力变得更加流行。西方发达国家出现了多样化的劳动关系，劳务派遣、临时工作、非全日制工作等非标准化、非典型化劳动雇佣关系逐渐兴起。

　　20 世纪 90 年代以后特别是 21 世纪以来，工业化和新一代信息技术飞速发展，带来新业态新领域的创新发展，2008 年经济危机对经济社会发展带来较大负面影响，产业结构调整和经济社会转型提速。为了适应产业结构调整、降低开辟新领域的经营风险，许多企业采取裁员、减产、降薪等手段以压缩成本，进一步推动了企业用工模式的创新，企业用工更趋向于灵活化。

与此同时，劳动者就业理念不断趋于接受灵活性强的工作和自我价值的实现，追求工作和生活的平衡，这契合了企业灵活用工的弹性特点。尤其是在发达国家，劳动者自我意识较强，希望有更多的时间来享受生活，而企业灵活用工模式正好符合劳动者的灵活就业需求，企业和劳动者的需求共振，给企业灵活用工模式创新带来源源不断的活水。

尤其是 2020 年以来新冠肺炎疫情造成了全球绝大多数经济体严重衰退，许多国家为了更好控制新冠肺炎疫情蔓延，采取了居家隔离、减少直接接触、弱化人员流动等防控措施，人们的工作和生活方式呈现更多数字化特点。这促进了数字技术与企业经营实现了更高程度融合，与数字技术融合的远程办公和零接触服务等得到快速发展。更多劳动者接受远程办公、灵活工作，依托互联网平台的网约车、外卖、金融、众包等新就业形态蓬勃发展，平台用工模式盛行。同时共享经济发展理念下，疫情导致企业经营困难，企业可以将富余劳动力借给有用工需求的企业，从而出现了共享用工新模式。

本书以数字经济时代为背景，运用文献分析法、调查分析法、比较研究法、专家咨询等方法，从理论和实践两个角度，撰写了九章内容，着重探讨了企业用工灵活化的以下内容：第一，系统回顾学界和商界有关企业用工灵活化相关的经营实践和理论研究文献，明确本书的研究方向和突破点；第二，全面梳理我国改革开放以来的企业用工灵活化相关政策文件，为制度创新提供政策基础；第三，以史明鉴，回顾国外企业灵活用工和国内企业用工灵活化的发展历程；第四，系统建模，构建数字时代特征的企业用工模式选择影响因素分析模型；第五，从实践出发，开展企业用工灵活化问卷调查，较全面了解我国企业用工灵活化现状、问题和发展趋势，并重点分析了互联网平台用工的现状和政策发展历程；第六，问题导向，在深入分析我国企业灵活用工面临的新形势基础上，探讨企业用工灵活化实践中的问题，提出进一步促进我国企业灵活用工健康发展的对策建议。

本书对进一步理解和把握企业用工灵活化的演变逻辑、演化历程、发展状况、政策体系、面临形势和未来趋势，以及企业用工模式选择的系统分析方法等具有较好的实践和理论指导意义。适合的读者包括企业经营管理人员、企业人力资源管理和人才政策的教学科研人员、公共行政管理工作人员、企业管理和人力资源管理专业的大学生和研究生，以及对企业用工理论和实践感兴趣的朋友。

　　值此书稿付梓之际，我要对在本书的研究、写作、出版等工作中给予指导、支持、鼓励的领导、同仁、朋友和家人表示衷心的感谢！由于学识和时间有限，本书仅对企业用工灵活化作了初步探索，还有许多内容需进一步深入研究，也热忱欢迎各界专家、学者和朋友给予批评指正与良好建议，以便未来深化相关研究，更好推动企业用工灵活化沿着健康轨道前行。

王晓辉

于中国人事科学研究院

2022 年 9 月

目 录
CONTENTS

第一章

绪　　论

一、研究背景

工业革命以来，以工厂为主的生产组织形式，逐渐取代了传统的手工业模式，并由此形成了标准的劳动（雇佣）关系。标准的劳动（雇佣）关系，是工业革命时期的主要特征。随着 20 世纪 80 年代以来经济全球化的发展、国际分工模式和经营环境的变革，也催生了人力资源管理模式的创新，特别是 20 世纪 90 年代以后信息技术的发展、数字经济的兴起，进一步推动了企业用工模式的创新，使企业用工更趋向于灵活化，打破了传统的标准劳动（雇佣）关系式的用工模式。传统劳动关系调整机制变得不适应新经济与企业用工灵活化发展趋势。

20 世纪 80 年代以来，以光纤通信、无线通信和卫星通信为代表的通信技术逐步发展。数字化和网络化为主要特征的现代通信技术，逐渐与信息技术融合发展，形成了信息通信技术。信息通信技术在 20 世纪末快速发展，推动了生产方式、生活方式和治理方式深刻变革，产生了继农业经济、工业经济之后的新经济形态——"数字经济"。数字经济（Digital Economy）一词，最早由唐·泰普斯科特（Don Tapscott）于 1995 年提出。他认为，数字经济是一种新的经济形态、是知识经济的一种重要体现、是经济发展的新趋势。[①] 当前数字经济的概念还没有统一的界定，但 2016 年 G20 杭州峰会发布的《二十国集团数字经济发展与合作倡议》（以下简称《倡议》）对数字经济的内涵界定流传较为广泛。《倡议》认为，数字经济是指以使用数字化的知识和信息作为关键生产要素、以现代信息网络作为重要载体、以信息通信技术的有效使用作为效率提升和经济结构优化的重要推动力的一系列经济活动。[②] 2022 年 1 月，国务院印发了《"十四五"数字经济发展规划》指出，数字经济是以数据资源为关键要素，以现代信息网络为主要载体，以信息通信技术融合应用、全要素数字化转型为重要推动力，促进公平与效率更加统一的新经济形态[③]。

近年来，数字技术创新加速，与全球经济社会发展融合程度加深，特别是新冠肺炎疫情全球蔓延，各国采取了居家隔离、中断交通、封锁市场等措施控制疫情，数字技术相关的远程医疗、线上办公、直播带货等新型工作模式新业态得到快速发展。据中国信息通信研究院 2021 年发布的《全球数字治理白皮书》的数据显示，2020 年全球数字服务贸易规模达 31675.9 亿美元，占服务贸易的比重达 63.6%，比 2019 年提高 11.8 个百分点，增幅超过过去 10 年总和还要多。根据 UNCTAD 测算，2020 年主要经济体网络零售额在社会消费品零售总额中的占比均出现明显上涨，如中国和美国分别提升了 4.2 个百分点和 3 个百分点，上涨幅度超过 2019 年。在网购群体中，跨境网购人数的占比约为 25%，并持续上涨。据中国社会科学院发布的《经济蓝皮书：2022 年中国经济形势分析与预测》数据

---

① Tapscott, D. The Digital Economy. Promise and Peril in the Age of Networked Intelligence ［M］. New York：McGraw - Hill, 1995.

② 中国网信网. 二十国集团数字经济发展与合作倡议 ［EB/OL］. ［2022 - 04 - 26］. http：// www. cac. gov. cn/2016 - 09/29/c_1119648520. htm.

③ 详见国务院《关于印发"十四五"数字经济发展规划的通知》，2021 年 12 月 12 日.

表明，中国数字经济"十三五"时期增速保持高位发展。数字经济产出值，2020 年达到 39.2 万亿元，比 2016 年增加了 16.6 万亿元；占国内生产总值的比重，2020 年达 38.6%，比 2016 年度高了 8.3 个百分点，国务院《关于印发"十四五"数字经济发展规划的通知》提出，2025 年我国数字经济核心产业增加值占国内生产总值的比重提高到 10.0%（2020 年的比重为 7.4%）。据《2022 年经济蓝皮书》预测，到 2025 年，产业数字化和数字产业化总值预计将超过 GDP 的 50%。据国家信息中心发布的《中国共享经济发展报告（2022）》[①] 初步估算，2021 年我国共享经济市场交易规模约为 3.69 万亿元，增长率明显提高，比 2020 年增长 9.2%。从结构看，生活服务（1.71 万亿元）、生产能力（1.24 万亿元）、知识技能（0.45 万亿元）三个领域共享经济市场规模位居前三（见表 1－1）。

表 1－1　　　　　　2020～2021 年我国共享经济发展概况　　　　　单位：亿元

领域	共享经济市场交易额		
	2020 年	2021 年	2021 年同比增速（%）
交通出行	2276	2344	3.0
共享住宿	158	152	－3.8
知识技能	4010	4540	13.2
生活服务	16175	17118	5.8
共享医疗	138	147	6.5
共享办公	168	212	26.2
生产能力	10848	12368	14.0
总计	33773	36881	9.2

资料来源：国家信息中心. 中国共享经济发展报告（2022）［EB/OL］. http：//www. sic. gov. cn/News/557/11278. htm, 2022－05－03.

---

① 国家信息中心. 中国共享经济发展报告（2022）［EB/OL］. http：//www. sic. gov. cn/News/557/11278. htm, 2022－05－03.

数字经济的发展对生产组织方式和工作生活方式带来了较大变化，以网络化、自由化、灵活化等为特征的企业用工灵活化与劳动者就业灵活化趋势明显。特别是新冠肺炎疫情的催化作用，企业用工灵活化和新就业形态就业现象更加普遍。《2020 年美国自由职业者调查报告》[①] 调查发现，2020 年美国有 5900 万自由职业者，占美国总劳动力人口的 36%，年度收入为 1.2 万亿美元。新冠肺炎疫情给一些不能远程工作的行业带来一定负面影响，约有 10% 的劳动者不能继续开展自由职业，41% 的人减少了自由职业频率，但是 88% 的人表示将继续从事自由职业。与此同时，有约 12% 的劳动人口新加入自由职业队伍，这些人以科技和商业行业中具有较高工作技能的劳动者为主；从他们的工作动机来看，54% 的人认为自由职业很有必要；75% 的人是为了在经济不景气时能够多一份收入；96% 的人表示将来会继续从事自由职业。研究生从事自由职业的比例有所提高，45% 的研究生从事自由职业，比 2019 年高出 4 个百分点。高技能自由职业者占比提高，50% 的自由职业者提供高技能服务，比 2019 年上升 5 个百分点。从未来预期看，自由职业者对未来充满希望。58% 的远程办公的非自由职业者表示，将来会把自由职业作为一种正当职业；86% 的自由职业者称，自由职业者的前景会更好；71% 的自由职业者认为他们对自由职业的认知变得更加积极。

数字技术加速创新融合、推动国家鼓励支持多渠道就业和新就业形态就业、鼓励和规范企业灵活用工的政策推动、新冠肺炎疫情蔓延等多重因素叠加，我国企业灵活用工人员和灵活就业劳动者规模，也呈爆发式的增长。国家信息中心发布《中国共享经济发展报告（2021）》[②] 的数据显示，共享经济参与者，2020 年我国大约有 8.3 亿人；共享服务提供者大概有 8400 万人，比 2019 年增长了 7.7%；平台企业员工数约 631 万人，同比

[①] 2020 年美国自由职业者调查报告（Freelance Forward Economist Report）［EB/OL］. 2021 年 12 月 01 日。https：//www. upwork. com/documents/freelance – forward – 2020.

[②] 国家信息中心. 中国共享经济发展报告（2021）［EB/OL］. http：//www. sic. gov. cn/News/557/10779. htm.

增长约 1.3%（见图 1-1）。美团研究院《2020 年上半年骑手就业报告》发现，2020 年 1 月至 6 月，大概有 295.2 万骑手通过美团平台获得了收入；与去年同期相比增加了 16.4%。据国家统计局数据显示，2021 年年底，我国灵活就业人员大概有 2 亿人，主播及相关从业人员约 160 多万人，与 2020 年相比，增加了 3 倍。而我国大学毕业生群体也逐渐成为灵活就业的重要主力军。全国高校毕业生灵活就业比例 2020 年比 2021 年均超过 16%。[①] 中国人民大学杨伟国教授牵头发布的《中国灵活用工发展报告（2022）》数据显示，我国企业进一步扩大了灵活用工规模。2021 年中国有 61.14% 的企业在使用灵活用工，比 2020 年增加 5.46%。[②]

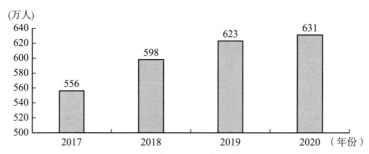

图 1-1 2017~2020 年我国共享经济平台企业员工数

资料来源：国家信息中心，中国共享经济发展报告（2021）［EB/OL］. http：//www. sic. gov. cn/News/557/10779. htm.

从数字经济与企业用工相关研究来看，学者主要探讨了数字经济对劳动供给的影响、数字经济对劳动需求的影响、数字经济对企业用工模式的变革、数字经济背景下劳动者权益维护、数字经济背景下企业灵活用工的税收政策等主题。

第一，数字经济对劳动供给的影响研究。数字经济时代互联网的广泛

---

① 中国灵活就业者已达 2 亿人 线上工作受到年轻人追捧［EB/OL］. ［2022-03-16］. http：//news. cctv. com/2022/02/09/ARTIlY5KvS8GHsLlCxJDo6Am220209. shtml.

② 杨伟国，吴清军，张建国，等. 中国灵活用工发展研究报告（2022）［M］. 北京：社会科学文献出版社，2021.

应用，对劳动供给产生较大影响，学者持有不同观点，总体来看，数字经济一般能增加劳动供给。一方面，部分学者认为数字经济拓宽了个体就业渠道，劳动供给没有提高。如杨伟国和王琦（2018）[①] 对网约车司机的研究发现，劳动者总体供给水平不高，劳动供给水平和持续性呈现较大离散性；学历较高、非本地户籍司机平均劳动供给时长并不高，因为他们仅将网约车服务作为额外收入来源。另一方面，有研究表明数字技术的应用能显著增加劳动供给。如，鲍恩·舒斯特等（Bauernschuster et al.，2011）认为，互联网平台工作模糊了工作与生活的界限，会增加隐性的劳动时间，增加了劳动供给。毛宇飞、曾湘泉（2017）[②] 发现，女性的劳动参与率，可以通过互联网使用得到显著提高。赵羚雅、向运华（2019）[③] 的研究显示，互联网可以影响社会资本，一般能够让农民提高其社会资本，而社会资本的提高又能促进制造就业，进而提高劳动供给。戚聿东等（2021）[④] 研究表明，灵活就业人员，以互联网为依托可以一定程度提高自雇可能性；互联网工资溢价产生的两种效应，其中替代效应要强于收入效应，放弃劳动供给增加闲暇消费的成本较高，灵活就业人员的工作偏好与收入都会受到互联网的影响。互联网使用一般能够提高收入，会进一步增加劳动供给时间；自雇灵活就业者通过互联网工作和学习，其劳动供给时间延长效应更加显著；青年和农民如果使用互联网，其自雇佣的可能性更高，劳动供给时间会明显增加。

第二，数字经济对劳动需求的影响研究。数字经济对劳动需求的影响有不同研究结论，既有劳动需求创造效应，也有劳动需求替代效应。一方

---

① 杨伟国，王琦．数字平台工作参与群体：劳动供给及影响因素：基于 U 平台网约车司机的证据 [J]．人口研究，2018（4）：78－90.

② 毛宇飞，曾湘泉．互联网使用是否促进了女性就业：基于 CGSS 数据的经验分析 [J]．经济学动态，2017（6）：21－31.

③ 赵羚雅，向运华．互联网使用、社会资本与非农就业 [J]．软科学，2019，33（6）：49－53.

④ 戚聿东，丁述磊，刘翠花．数字经济背景下互联网使用与灵活就业者劳动供给：理论与实证 [J]．当代财经，2021（5）：3－16.

面,数字经济可以扩大劳动需求。如,韩民春、韩青江(2020)[①] 构建了中国经济的动态随机一般均衡模型,发现机器人技术进步在短期内可以促进就业,但长期会导致就业下降,同时劳动工资伴随着提高。不同类型的机器人技术有不同的就业效应,有较强技术偏向性的,对劳动有更强的替代性,降低了劳动需求;而具有专有设备和资产的专项性的,对劳动需求影响较弱。盛磊等(2022)[②] 认为,数字经济相关行业对制造业就业有较大吸纳效应,制造业的劳动者向服务业转移;近年来机器换人缓解了制造业的就业压力,但是未能弥补数字经济就业创造的岗位;外卖、网约车等行业吸纳了较多低技能劳动力,将来可能会扩大制造业企业低技能劳动力缺口。国家信息中心(2022)[③] 的研究表明,数字经济能扩大就业总量,因为数字经济就业有更好的包容性,特别是促进了灵活就业,可以吸纳不同年龄、技能水平等各类群体就业。既有众包设计、创意策划、在线教育等知识型岗位,也有外卖骑手、网约车司机、云客服等普通技能岗位。同时数字经济特别是新就业形态也有助于消除就业歧视。性别、年龄、残障、户籍等就业歧视将得到有力缓解。另一方面,数字经济也对劳动需求产生替代效应。如阿西莫格鲁等(Daron Acemoglu et al.,2017)[④] 研究发现,针对机器人对就业的替代效应化研究,结果显示,1990 年至 2007 年,如果每 1000 名美国工人中增加 1 个机器人,美国全国女性人口比重将下降约 20%。徐丽梅(2021)[⑤] 认为,数字创新尤其是人工智能的应用,导致低技能工人失业率上升。国家信息中心(2022)[⑥]研究发现,"机器换人"风险正在显现,智能化、自动化技术的应用,与人力相比,机器

---

① 韩民春,韩青江.机器人技术进步对劳动力市场的冲击:基于动态随机一般均衡模型的分析 [J].当代财经,2020 (4):3 – 16.

② 盛磊,杨白冰,刘幼迟,等.数字经济时代制造业企业"招工难"及其对策 [J].中国物价,2022 (2):91 – 93.

③⑥ 国家信息中心青年人才基础研究项目成果.数字经济对就业与收入分配的影响研究 [EB/OL].[2022 – 04 – 30].http://www.sic.gov.cn/Column/637/1.htm.

④ Acemoglu D,Restrepo P. Robots and Jobs:Evidence from US Labor Markets [J]. NBER Working Papers,2017.

⑤ 徐丽梅.数字经济前沿研究综述 [J].国外社会科学前沿,2021 (8):87 – 99.

的投入产生具有一定优势，机器对管理、运营、维护人员的替代效应明显
突出。数字经济对不同类型劳动者的影响有一定差异。按劳动者的不同类
别，机器对程式化劳动、体力劳动的替代效应更大，而且对脑力劳动者也
不断产生替代威胁；数字化转型对部分劳动密集型行业冲击更大，引起劳
动需求的下降，引发较大规模失业。其中的原因可能是数字经济的供需直
接对接匹配，压缩了代理商、经销商等环节，也可能是数字经济新业态具有
规模效应、网络效应、锁定效应等低投入高产出的特征。根据世界经济论坛
发布的《2016 全球人力资本报告》，自动化和人工智能不利于扩大就业，全
球劳动力需求会明显下降，特别是白领和蓝领技工的需求将下降等。

第三，数字经济对企业用工模式的变革研究。数字经济中的用工组织
模式与传统用工发生了较大变化，更多体现了网络平台的作用，平台用工
模式盛行。如，岐蓓怡（2021）[1] 探讨了电商新业态下的灵活用工，指出
企业用工存在雇佣、劳务、经营等情形。新的用工模式"网络平台 + 个
人"是电商新业态下基于网络平台的经营性灵活用工，主要有五种用工场
景，包括网络零售、移动出行、线上教育培训、互联网医疗和在线娱乐
等。杨滨伊和孟泉（2020）[2] 指出，共享经济平台有劳务派遣、人力资源
服务外包，还有众包工（crowd work）、基于应用程序的按需工作（work-
on-demand via app）等不同的灵活用工方式。张志朋（2021）[3] 研究数字
时代的零工经济发现，用工模式发生了变革，从"企业 + 个体"到"企
业 + 平台 + 个体"的转变，新型的用工模式可以打破时空限制，企业和劳
动者可以有多元化的选择；劳动者身份也发生了转变，从全职员工到独立
承包商，新型用工结构中，劳动者与用工单位间突破了刚性的雇佣，劳动
者通过注册个体工商户，变为更为弹性平等的关系，成为用工平台、用工

① 岐蓓怡. 电商新业态下灵活用工研究综述 [J]. 商展经济，2021（9）：36 – 38.
② 杨滨伊，孟泉. 多样选择与灵活的两面性：零工经济研究中的争论与悖论 [J]. 中国人
力资源开发，2020，37（3）：102 – 114.
③ 张志朋. 零工经济背景下共享经济企业用工挑战与对策 [J]. 新经济，2021，545（9）：
72 – 76.

企业、个体工商户对等的商事关系。

第四，数字经济背景下劳动者权益维护研究。参与数字经济新业态的劳动者，因为劳动者与用工企业的关系较为复杂，有些用工模式的劳动关系认定模糊，劳动者的权益不同程度会受到伤害。如，王全兴和刘琦（2019）[①] 对新经济下的灵活用工规制作了探讨，发现新经济下灵活用工存在企业边界模糊化、平台企业和网约劳动者从属关系隐蔽化、同事关系疏离化等特点，加强对灵活用工规制，更好保护劳动者权益，一方面在"有劳动关系则倾斜保护、无劳动关系则不倾斜保护"的现行制度中，可以先制定一定标准，将部分灵活用工人员纳入非典型劳动关系，受劳动法保护；另一方面，暂且不论其是否符合劳动关系要件，不管劳动关系有无，结合经济与社会政策目标，根据网约劳动者的不同类别和保护需求，纳入社会保护手段。张志朋（2021）[②] 研究数字时代的零工经济发现，对于劳动者而言存在收入不确定性和工作保障不稳定等问题，因为劳动者个体的收入取决于平台系统的算法及顾客的评级与声誉，伍德等（Wood et al.，2019）指出零工劳动者不能像传统雇佣劳动者那样拥有养老、医疗等社会保障待遇。研究提出发展对策；强化"效率导向"与"人文导向"用工方式协调；按照分类和层次，采取多元化用工方式，协同工会组织，做好灵活用工劳动者的薪酬体系、福利保障体系、合规体系和人力发展体系的机制设计。岐蓓怡（2021）[③] 研究了电商新业态灵活用工的法律困境，指出劳动者的合法权益难以及时得到较为全面的保障，还存在劳动关系认定标准的法律困境，不能清晰判断劳动关系；部分劳动者工作超时、意外伤害保障、养老保险权益、工伤保险参保等社会保障的法律困境，并提出两条解决思路，包括事前通过立法确定新型劳动关系认定和事后依据公平补偿原则承认劳动关系。

[①] 王全兴，刘琦. 我国新经济下灵活用工的特点、挑战和法律规制 [J]. 法学评论，2019，37（4）：79-94.

[②] 张志朋. 零工经济背景下共享经济企业用工挑战与对策 [J]. 新经济，2021（9）：72-76.

[③] 岐蓓怡. 电商新业态下灵活用工研究综述 [J]. 商展经济，2021（9）：36-38.

第五，数字经济下企业灵活用工的税收政策研究。一方面，数字经济下的灵活用工的税收制度和征管还不完善，企业用工税收合规还存在一定风险。杨子葳（2021）[①]的访谈发现，灵活用工存在财税不合规风险，如一些模式的灵活用工，企业一般与自由职业者进行结算，个人难以提供合规票据，企业增值税抵扣链条因此不完整、缺失所得税税前扣除凭证，此项成本无法列支，增加了企业税负。另一方面，自由职业者因为金额零散、结算周期不稳定、报税及发票开具等，个人报税不及时，个人纳税信用也会受影响。蔡昌等（2022）[②]研究了零工经济的税收政策，发现对零工从业者我国税法有核定征收、代扣代缴和代收代缴、自核自缴、委托代征等方式；税收治理还存在难点，如平台企业与零工从业者关系认定的模糊性，当前税法未对零工从业者作出关于征税对象、税基、征税方式的明确规定。税收征管、稽查难度大，因针对零工经济的规定较少、较分散，税款征收方式具有选择性；并提出借鉴国际经验，从税制要素、税收征管机制、协同共治机制、维护国际税收权益等方面完善零工经济税收制度和征管机制。

二、研究问题与内容

从文中数字经济背景下企业用工灵活化的管理实践和有关研究文献看，有两点发现：

一方面，从企业灵活用工的实践看，随着数字技术加速进步、企业经营环境变得日益复杂多变，传统的标准用工模式缺乏灵活性、用工成本偏高，不能满足企业应对业务波动性、降低运营压力等需求。数字技术融入

---

① 杨子葳. 数字化时代，平台化管理：对话金划算集团董事长田发波 [J]. 人力资源，2021（15）：14-19.

② 蔡昌，闫积静，蔡一炜. 零工经济的政策适用与税收治理方略 [J]. 税务研究，2022（2）：72-80.

经济社会发展，改变了企业生产组织模式和人们的工作生活方式，进一步推动了企业用工模式的创新，劳务外包、劳务派遣、非全日制、众包、共享用工等企业用工灵活化现象在人力资源管理和就业市场较为普遍。特别是以互联网平台为依托的新型用工模式，在新冠肺炎疫情全球蔓延之际得到快速发展。需要较全面了解企业用工灵活化现状及问题，为更好调控企业用工灵活化实践打基础。

另一方面，从数字经济背景下企业用工灵活化的研究文献看，鲜活的企业用工灵活化实践，也引发了学界和商界多角度研究探索。借数字技术推动经济发展之东风，研究文献主要聚焦在数字经济背景的企业用工相关劳动供给、劳动需求、用工模式创新、劳动者权益维护、税收政策等方面，研究呈多点分散性，系统性构建理论模型研究企业用工灵活化的研究较少。因而，构建企业用工模式系统化理论模型，是当前理论研究的重点之一。企业用工模式创新，原有调节标准劳动（雇佣）关系的法律法规，不能很好解决企业灵活用工经营实践和劳动者权益保障等问题。如何更好发挥企业灵活用工的积极作用，同时引导企业规范用工，这也是当前急需探讨的问题。

因而，本书将着重从理论和实践两个角度，以数字经济时代为背景探讨以下内容：

第一，系统回顾学界和商界有关企业用工灵活化相关的经营实践和理论研究文献，为构建企业用工模式系统理论模型打下理论基础。

第二，全面梳理我国改革开放以来的企业用工灵活化相关政策文件，为制度创新提供政策基础。

第三，以史明鉴，回顾国外和国内企业用工灵活化的发展历程。

第四，系统建模，试图构建企业用工模式选择影响因素理论模型。

第五，从实践出发，较全面了解我国企业用工灵活化现状和问题。

第六，问题导向，试图解决企业用工灵活化实践中的问题，提出进一步促进企业用工灵活化走健康之路的对策建议。

三、研究方法

为完成前述研究任务，本书运用以下研究方法：

第一，文献分析法。主要是广泛搜集国内外企业用工灵活化相关研究论文和著作，以及政策法规文件。其中研究文献约 200 余篇，重要政策法规文件 60 余项。

第二，调查分析法。主要是设计《企业用工灵活化现状及问题调查问卷》，实地调研，较为全面搜集我国企业用工灵活化现状及存在的问题、发展趋势，以及企业和灵活用工人员的政策需求。

第三，比较研究法。主要是对比国内外有关企业用工灵活化的研究观点、国内外政策措施、概念认知、同类研究成果等。

第四，专家咨询法。主要是问卷设计、研究设计、理论探讨、研究成果完善等方面征求相关专家和企业家意见。

第二章

核心概念与文献综述

企业用工灵活化是近年来的热门主题，但至今尚无统一的定义。企业用工灵活化与灵活用工在管理实践中常被视为等同概念。企业用工灵活化与灵活就业、非标准就业等概念存在较强的相关性。一般来说，"灵活用工"与"灵活就业"可以看作是一体两面，站在不同角度去理解，站在企业角度，是指灵活用工，而站在劳动者角度，则是指灵活就业。

一、灵活就业与非正规就业

灵活就业的概念源于非正规部门。灵活就业刚开始被称为非正规就业。国际劳工组织 1972 年提出非正规部门，《就业、收入与平等：肯尼亚增加生产性就业的战略》指出，非正规部门特指规模较小的家庭式作坊，这些作坊对劳动者技能要求不高，经营活动没有规则，工资收入较低。概念提出后，就被广泛使用。而且随着经济社会的发展，新型用工形式也不断发挥其重要作用，应用范围不断扩大，劳动者也不断参与进来。社会各界也逐渐提高了对非正规就业的劳动者的利益诉求。非正规就业的表述，让人感受到不对等就业地位，逐步被灵活就业的称呼取代。美国经济学家弗里德曼（Freedman，1985）[①] 指出，非典型雇佣是与传统雇佣相对的一个概念。非典型雇佣往往具有在工作时间、工作内容和工作地点等方面的不确定性。非典型雇佣的概念也派生了多种别称。

在我国，现在普遍使用的灵活就业概念源自 2005 年中国劳动和社会保障部劳动科学研究所课题组在《中国灵活就业基本问题研究》一文中提出的：在劳动时间、收入报酬、工作场地、保险福利、劳动关系等一个或者几个方面不同于建立在工业化和现代工厂制度基础上的、传统的主流就业方式的各种就业形势的总称。传统主流就业具有中长期、正规稳定、社会保护较好、报酬给付有规律且稳定等特点。而灵活就业的工作更多样性，就业方式相对灵活，有些工作有一定保障，也有不稳定、没有保障的工作；有些工作是非正规部门提供，也有些是正规、灵活型的就业。

我国学者对非正规就业的概念界定各有不同。如蔡昉、王美艳（2004）[②] 将没有进行工商登记、不参加社会保险、劳动关系不规范等特点的就业，称之为非正规就业。胡鞍钢、赵黎（2006）[③] 从产业升级的角度界定了城镇非正规就业，认为应该将从事个体经济、在私营企业工作、以农村转移劳动力为主的未纳入统计的就业人员，纳入城镇非正规就业范围。吴传琦等（2021）[④] 认为企事业单位中的临时、短期工作人员，没有雇佣其他工作人员的个体工商户，非全日制工作人员，以及其他已经形成事实劳动关系且未签订劳工合同或无有关社会保障等就业人员，都可以视为非正规就业劳动者。

---

① Daniel C Feldman. Reconceptualizing the nature and consequences of part-time work [J]. Academy of Manage-ment Review, 1990, 15 (1): 103 – 112.

② 蔡昉，王美艳. 非正规就业与劳动力市场发育：解读中国城镇就业增长 [J]. 经济学动态，2004 (2).

③ 胡鞍钢，赵黎. 中国转型期城镇非正规就业与非正规经济（1990 ~ 2004）[J]. 清华大学学报（哲学社会科学版），2006 (3).

④ 吴传琦，尹振宇，张志强. 非正规就业劳动者就业满意度的性别差异 [J]. 首都经济贸易大学学报，2021，23 (4).

二、企业灵活用工与企业用工灵活化

（一）灵活用工的概念

在灵活就业的基础上有学者对灵活用工得出了定义，这是较多学者的定义方式。杨晓石（2018）[1] 认为，灵活用工是指区别于标准劳动关系用工，雇主按灵活用工的需求雇佣劳动者，雇佣者和劳动者双方自行协商报酬、工时、工作地等。赵根良（2019）[2] 指出，灵活用工是区别于固定全职用工的一种用工方式。企业根据用人不同需求、灵活雇佣人员；企业与灵活被雇人员不建立全职正式的劳动关系。张思琪等（2021）[3] 将灵活用工界定为：不同于传统刚性用工、基于企业灵活需求实时雇佣人员的一种新型用工方式。企业可以从人力资源外包、劳务派遣、社会化用工等多种用工形式做选择，可以在较低成本控制下，实现临时性的岗位或人才需求。对劳动来说，灵活用工也给予了人们新的就业途径，更好地实现自身价值。岐蓓怡（2021）[4] 指出，企业灵活用工有多种形式，其法律也有差异，如雇佣对应劳动法中的雇佣关系，所获报酬从个税法角度是工资薪金所得；劳务对应的是劳务关系，所得报酬是个税法角度的劳务报酬所得；经营则对应业务合作关系，所得收入从个税角度是经营所得。

部分学者从支付手段角度对灵活用工定义，杨芳（2019）[5] 认为，对劳动者或用工企业来说，灵活用工是用工报酬的灵活支付。具体来说，形

① 杨晓石. 我国灵活用工探讨 [J]. 市场周刊, 2018 (12): 173 - 174.
② 赵根良. 浅谈企业灵活用工问题 [J]. 新余学院学报, 2019, 24 (4).
③ 张思琪, 张欣雨, 刘奕彤. 灵活用工下的人力资源管理研究 [J]. 商场现代化, 2021 (8).
④ 岐蓓怡. 电商新业态下灵活用工研究综述 [J]. 商展经济, 2021 (9).
⑤ 杨芳. 试论多种灵活用工方式的特点及选择 [J]. 知识经济, 2019 (19): 2.

式多样，包括日薪、时薪、根据工作进度定薪资等。但灵活支付不是一种用工模式，而是支付手段，灵活支付给灵活用工提供了便利。

部分学者从用工状态定义灵活用工，谢伟（2021）[①] 认为，灵活用工大致可以理解是共享用工，是一种多方共赢式新型合作用工模式。在特殊时期，不同用工主体由于阶段性用工需求差异性，出现用工紧缺或人员过剩。过剩人员的用工主体可以在征得员工同意、多方协商一致、不以营利为目的前提下，将富余人力资源共享调配至缺工的用工主体。这有利于实现更大范围的优化人力资源配置、降低用工成本、解决"用工荒"、待岗人员获取报酬等。

也有部分学者从企业目的角度对灵活用工进行定义，裴芷洁（2021）[②] 认为，灵活用工是一种灵活有效应对经营环境变化的基本战略方法。企业可以通过灵活用工紧跟经济环境的变化，提高企业工作效率、更好达成企业经营目标，保持可持续竞争优势。

也有学者从用工模式角度对灵活用工进行界定。窦莹（2020）[③] 认为，灵活用工是传统固定用工模式的补充，具有短期性、项目制等特点。该模式应用行业较广，包括工业、商务服务、信息技术等领域；应用的岗位类型多种多样，包括前台接待、项目主管、项目总监等。

（二）企业用工灵活化的概念

综上所述本书认为：企业用工灵活化，是基于众多企业用工模式走向更加灵活的趋势判断，是企业灵活用工总体特征的描述，而企业灵活用工是不同于传统标准用工其他形式的总和，是企业应对国内外经营环境的复杂多变，灵活经营实现战略目标，保持可持续竞争力的有效手段。企业灵活用工的主要类型包括较为成熟的非全日制用工劳务派遣；劳务外包、共

---

① 谢伟. 企业灵活用工的作用及对策 [J]. 人力资源, 2021 (2)：142 – 143.
② 裴芷洁. 灵活用工，人力资源服务业如何应对 [J]. 人力资源, 2021 (12)：80 – 81.
③ 窦莹. 共享经济时代企业灵活用工法律风险的思考 [J]. 法制博览, 2020 (11)：77 – 78.

享用工等非标准劳动关系；依附性自雇等非劳动关系（从用工企业角度）；与互联网平台关系密切的众包等新模式新业态用工形态（见图2-1）。

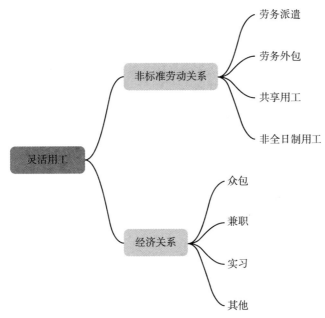

图2-1　企业灵活用工模式示意图

资料来源：作者绘制。

（三）企业灵活用工与企业用工灵活化的异同

企业用工灵活化与企业灵活用工，目前在学术界与商界中经常混用，更多的是使用"企业灵活用工"这一概念。一般认为这两个概念在含义的实质内容上差别不大。如果说有些细微差别的话，那就是"企业用工灵活化"更倾向于是动词性质的描述，表达的是企业用工模式的变革有更加灵活的趋势；而"企业灵活用工"，更倾向于名词性的表述，表达的是企业用工模式灵活多变的特点（见表2-1）。

表 2 – 1　　　　　　　　　企业用工灵活化与企业灵活用工的异同

异同点	企业用工灵活化	企业灵活用工
相同点 1：核心内容	描述企业用工模式的创新	
相同点 2：概念运用	一般两个概念混用，视为等同	
不同点 1：角度	站在企业之外描述	站在企业的角度描述
不同点 2：描述客体	动态趋势	静态模式
不同点 3：广度	描述众多企业的用工模式变化的总体特征	描述微观企业个体的用工模式的创新

资料来源：作者研制。

三、传统零工经济与新零工经济

"零工"传统上包括临时工、短工等非标准灵活就业形态（莫荣，鲍春雷，2021）[①]。零工经济分为传统型和新型。传统零工经济是一种结果导向、项目制特点浓厚的经济模式，其参与主体是独立性较强有一定技能的劳动者（普遍称为自由职业者）（郑祁，杨伟国，2019）[②]。而新型零工经济（Gig Economy），是一种依托互联网平台、即时性特点突出的新兴经济模式，是信息通信技术发展到一定阶段的产物，也是依托互联网平台从事灵活工作的集合（莫荣，鲍春雷，2021）[③]，更加强调"互联网技术性""按需匹配性"等新特性（郑祁，杨伟国，2019）[④]。当今的零工经济之所以"新"，是因为它的影响不仅涉及了中产阶级和白领阶层的工作（不像传统零工经济只是针对蓝领阶层和体力劳动者），同时也涉及了很多高科技的创业公司（莫荣，鲍春雷，2021）[⑤]。

[①][③][⑤]　莫荣，鲍春雷. 促进零工经济劳动力市场规范发展研究［J］. 中国劳动，2021（4）：5 – 15.

[②][④]　郑祁，杨伟国. 零工经济前沿研究述评［J］. 中国人力资源开发，2019，36（5）：106 – 115.

新零工经济的主要特征包括：（1）就业形式多元化。主要表现在工作岗位灵活、工作内容灵活、雇佣方式灵活等，打零工劳动者可以超过互联网平台参与众包、开网店、创业等。（2）组织方式平台化。零工平台应用信息技术、智能化算法模型管理交易，供需对接及时，打破了国与国间界限，可以较大程度降低交易成本，提高市场效率。（3）工作安排任务化。新型零工经济按需用工特点明显，以工作任务为中心，平台撮合供给和需求方的意愿，任务完成后，合作关系结束。（4）用工管理数字化。新型零工经济在多个环节领域运用了数字手段开展管理，包括从业人员管理、任务安排、规划路线、报酬计算、服务反馈评价、激励约束等。（5）兼职工作便利化。零工平台将全职岗位的业务进行拆分，变为多个非全职工作任务。这样便利了不同人群参与零工任务，特别是全职工作人员可以兼职。（6）用工关系复杂化。新型零工经济牵涉的活动主体多种多样，劳动者与雇佣组织关系弱化，转向了非雇佣形式，更多倾向任务化管理，工作时间安排、工作地点、工作内容等灵活性高，去雇主化特点明显，从而会带来劳动者权益维护方面的挑战（莫荣，鲍春雷，2021）[①]。

四、企业灵活用工的主要类型

（一）存在非标准劳动关系的用工类型

1. 劳务派遣

劳务派遣是一种存在三方关系的非标准劳动关系的用工模式。劳务派

---

① 莫荣，鲍春雷. 促进零工经济劳动力市场规范发展研究［J］. 中国劳动，2021（4）：5－15.

遣公司招聘员工，用工单位与劳务派遣公司订立派遣服务协议，劳务派遣公司根据协议要求将招聘的员工派遣到用工单位工作。被派遣的劳动者由用工单位进行日常管理监督。劳务派遣公司一般不干预派遣员工的日常工作，但负责被派遣员工的派送与劳动报酬发放。与用工单位自行招聘员工签订劳动合同相比，用工单位通过劳务派遣用工规避了标准劳动关系应承担的法律义务，且并不占用员工编制，也降低了人员的用工成本。

2. 劳务外包

劳务外包是用工企业先对业务分解，再将部分或全部业务工作外包给劳务外包公司。劳务外包的用工企业不参与外包出去的业务工作的人员管理，只负责外包结果的验收和外包费用给付。从法律角度看，劳务外包发包方和承包业务方间是民事关系，受《中华人民共和国民法典》的约束。

与劳务派遣相比，劳务外包可以避开劳务派遣的岗位与用工比例的法律法规限制，更能减轻用工企业的管理压力，因而劳务外包是企业用工模式转变最受欢迎的重要模式之一。

3. 共享用工

共享用工是一种不改变员工人事关系、共享员工同意、缺乏人力资源的用工企业与拥有过剩员工的企业间调配人力资源的用工模式。共享用工实质上是一种人力资源跨企业间配置方式，一方面可以有效配置人力资源，另一方面解决了富余用工的企业暂时性经济困难，也缓解了富余员工的经济压力。

从共享用工的特点看，有如下三点：（1）一般在非核心岗位进行共享员工。由于是跨企业共享，特别是甚至是跨行业共享，共享员工一般需要培训，岗位一般是容易操作和易学的岗位，比如操作工、流水线等岗位。（2）工作安排相对灵活。共享用工一般发生在企业困难时期或者业务量有波峰波谷时段特点的工作。富余人员的企业就可以将员工共享给缺工的企业。（3）工作时间较短。共享用工一般是临时的，富余人员的企业只是暂时将员工共享至其他需要员工的企业。如果富余人员的企业经营业务量恢复了，就会召回共享出去的员工。

4. 非全日制用工

根据现行《中华人民共和国劳动合同法》规定，非全日制用工是指"以小时计酬为主，劳动者在同一用人单位一般平均每日工作时间不超过四小时，每周工作时间累计不超过二十四小时的用工形式"。与标准劳动关系用工相比，非全日制用工的劳动者，可以在多个用人单位工作并建立劳动关系；非全日制用工，一般可以不订立书面协议、无试用期、用工单位不负责社会保险、可以随时终止、无须支付经济补偿金。

（二）存在经济关系的用工类型

1. 依附性自雇

依附性自雇（也称自雇合作），是指劳动者以个体工商户身份与发包方建立业务合作关系的用工形式。

劳动者在兼职、日结等零工中获得的是劳务所得，在依附性自雇中获得的则是经营所得。同时，依附性自雇比个体经营涉及的范围也要更窄一些，只有与发包方存在一定经济从属性（从发包方获得的报酬是其主要经济来源）的个体经营，才能被称为依附性自雇。

依附性自雇中的劳动有四个典型特征，即经营性劳动、具有明显的个人属性（可能具有少数辅助人员，但以特定个人为中心）、不是真正的市场参与者（依赖特定的买主）、其报酬具有生存权属性。[①]

---

① 杨伟国，吴清军，张建国，等. 中国灵活用工发展研究报告（2022）［M］. 北京：社会科学文献出版社，2021.

2. 兼职与日结

与非全日制用工不同，在兼职、日结、依附性自雇中，劳动者与发包方之间建立的都是劳务或业务承揽关系。

兼职与日结这两种传统零工形式很早就存在。"星期天工程师"是兼职的典型代表。20 世纪 80 年代，乡镇企业蓬勃发展，来自上海、苏州、无锡等大城市国企、科研机构的专业技术人员，利用周末空闲时间到乡镇企业兼职，为这些企业解决了大量的技术难题，被称为"星期天工程师"。专业技术人员凭借自己的智慧和技术到企事业单位兼职，并不仅仅局限在制造业，也活跃在各行各业中，如医疗机构坐诊的医生、大学返聘的教授、互联网新项目的特聘技术顾问、承接婚礼司仪的电台主持人等。除此之外，大学生、家庭主妇、工厂工人等也是比较活跃的兼职人群。

日结与兼职有时是重合的，很多兼职工作都是以日为单位结算报酬。大型商场开业时的礼仪、主持人、模特、派发传单人员、影视拍摄时的群众演员，酒店用餐高峰期的学生服务人员，乡村工地上的散工，可能既是日结劳动者，同时也是兼职人员。

3. 众包

众包是一种依托网络平台将企业业务交给外部劳动者完成的用工方式。一般是用工企业将工作任务发布在众包平台，符合一定条件的劳动者自行选择工作任务，并完成工作任务，将工作成果交付给用工企业。

众包可以为用工企业降低成本：用工企业可摆脱劳动/劳务关系，降低人力资源成本，且众包平台可开具服务费全额增值税专用发票用于抵税。众包还可以提高用工企业需求与服务提供者技能的匹配：在众包平台注册时，自由职业者会被要求填写个人技能。此外，用工企业无须自己找人，且任务被接单的速度快，大大节省企业的工作量。众包还能为自由职业者和众包平台争取税收优惠政策：对符合条件的自由职业者进行核定征收，并使其取得完税证明，对于自由职业者来说完成了缴税义务。众包平台亦可凭借自由职业者的完税证明来证明资金的支出与流向，从而列支成本，抵扣税款。

4. 实习

实习是一种非常特殊的灵活用工形式，兼具教育和劳动属性。在生产学习过程中，实习生同时扮演两种角色，即作为实训企业的员工，需从事生产劳动完成工作任务；作为学生，在生产过程中运用所学理论知识，提高实操能力，获得生产技能。

正是教育和劳动的双重属性，使得实习这一用工方式在现实中备受争议。政府、学校、学生往往更强调实习的教育属性，希望学生能在企业获得足够的技能培训、职业能力实训和知识应用的机会。企业则可能更倾向于在名义上强调实习的教育，方便以此削减实习生待遇、控制用工成本；在生产实践中更注重发挥实习生的劳动价值，以获得更多的产出；对于学生的能力提升则相对缺乏兴趣，因此这可能占用企业大量的生产时间、机器设备和人力资源。[1]

五、企业灵活用工存在的问题研究

有关企业灵活用工存在的问题研究，主要集中在如下几个方面：

第一，关于灵活用工人员素质的研究。如周文成和倪乾（2021）[2] 指出平台型灵活用工人力资源管理存在的问题是灵活就业人员整体素质偏

---

① 杨伟国，吴清军，张建国，等. 中国灵活用工发展研究报告（2022）［M］. 北京：社会科学文献出版社，2021.

② 周文成，倪乾. 零工经济下平台型灵活用工人力资源管理问题及对策研究［J］. 经营与管理，2021（9）：139 – 143.

低。何盼盼（2021）[①] 指出目前在灵活就业人员绩效管理方面存在用工关系定位模糊，缺乏技能培训和缺乏统一、可信的信息监管体系等问题，并对完善绩效管理提出了相应建议。徐飞（2020）[②] 指出灵活就业存在职业培训不足的问题、就业人员信息化管理不足等问题。

第二，关于用工单位用工行为规范的研究。如有研究指出，劳务派遣用工存在不规范现象，大多数劳动合同的签订不合法。在我国，劳务派遣合同当中有 22% 的劳动合同签订的是 1 年及以下的合同，有些派遣人员会在同一家公司工作十年以上，但用工单位在这段时间内通过派遣机构跟劳动者签订合同的次数总共不超过五次，以此来规避用人单位的法律责任（袁晓芸，2020）[③]。

第三，有关灵活用工人员的劳动权益保障问题的研究。如陈珏（2021）[④] 指出灵活就业人员大多对养老保险政策了解不多，只知道最低缴费年限为 15 年，不知道多缴多得。随着城镇灵活就业人员数量的不断增加，其社会基本养老保险问题日渐凸显。因此，应当从当前城镇灵活就业人员参加养老保险的现状入手，分析其面临的困境，并提出相关的应对措施以推进全面扩大基本养老保险的覆盖率。吴东蔚（2021）[⑤] 指出灵活就业人员面临较大的工作风险，但目前我国实行的工伤保险制度难以为其提供保障，应厘清职业伤害保险的发展定位，立足于保障灵活就业人员的基本安全，从向全国推广职业伤害保险、加强宣传针对性、强制平台购买职业伤害保险、缩短缴费周期、完善伤害认定的举证责任配置以及完善筹资机制等六方面着手，完善职业伤害保险制度。徐飞（2020）[⑥] 指出灵活就业存在社

---

① 何盼盼. 灵活就业员工绩效管理研究 [J]. 合作经济与科技，2021 (11)：98 - 99.

②⑥ 徐飞. 灵活就业所面临的三大问题和三点建议 [J]. 大数据时代，2020 (7)：22 - 25.

③ 袁晓芸. 劳务派遣用工模式下存在的问题及对策 [J]. 现代企业，2019 (10)：74 - 75.

④ 陈珏. 城镇灵活就业人员参加社会养老保险的问题及对策 [J]. 中国市场，2021 (1)：35 - 36.

⑤ 吴东蔚. 灵活就业人员职业伤害保险制度的试点困境与完善进路 [J]. 山东工会论坛，2021，27 (1)：89 - 97.

保政策不完善等问题。周文成和倪乾（2021）[①] 指出平台型灵活用工的特点是去组织化、劳动关系模糊。平台型灵活用工人力资源管理存在性别不平等、劳动关系模糊、第三方监督缺失等问题。

第四，关于灵活用工的法律法规研究。如非全日制用工存在的问题主要包括：（1）可以订立口头协议。如果不订立书面的劳动合同，不利于明确劳动者和用工企业间权利义务关系，发生劳动纠纷不好取证（王静元，2020）[②]。（2）超时工作的处理不明确。由于有关法律法规没有对非全日制用工中的加班进行明确，商界和理论界也出现对此问题分歧较大的现象（尚春霞，2016）[③]。（3）薪酬标准有关规定不完善。现行法律法规对非全日制用工的工资支付期限、工资标准等只作了简单规定，至于具体的薪酬标准没有详细规定。这导致大多数情况，以最低小时工资标准作为非全日制用工薪酬给付标准（刘雪文，2019）[④]。（4）工资制度没有体现同工同酬。即使非全日制劳动者和全日制劳动者从事相同的工作，但是薪酬存在较大差距（张梦，2020）[⑤]。（5）劳动合同可以随时解除。按照现行有关规定，用人单位可以无需任何理由解除非全日制用工的劳动合同，且无需提前通知，不用支付经济补偿金（肖文娟，蒯秀中，2014）[⑥]。（6）劳动者社会保险保障不全。根据我国社会保险有关规定，非全日制劳动者可以参保基本养老保险，保险费用由个人缴纳，但没有要求企业为非全日制劳动者参保缴费（李敏，2014）[⑦]。

劳务派遣有关规定也存在一定不适应，主要包括：（1）市场准入资格条件较低。根据《中华人民共和国劳动合同法》规定，劳务派遣单位设立

[①]　周文成，倪乾.零工经济下平台型灵活用工人力资源管理问题及对策研究［J］.经营与管理，2021（9）：139－143.

[②]　王静元.非全日制用工规定的缺陷及其完善［J］.工会理论研究（上海工会管理职业学院学报），2018（3）.

[③]　尚春霞.非全日制用工超工时问题探讨［J］.法制与社会，2016（29）.

[④]　刘雪文.论提升非全日制用工的安全性［J］.铜陵学院学报，2019，18（5）：68－71.

[⑤]　张梦.非全日制用工制度之反思与完善［J］.现代企业，2020（1）.

[⑥]　肖文娟，蒯秀中.我国非全日制用工的缺陷及其完善途径［J］.工会信息，2014（25）.

[⑦]　李敏.非全日制用工养老保险问题研究［J］.东方企业文化，2014（9）.

最低注册资本是 200 万元，同时需要有适合业务开展的固定的经营场所与设施。注册资本偏低也容易导致劳务派遣公司资质水平偏低（陈霞，于海英，2020）①。（2）同工同酬缺乏明确规定。有关法律法规虽然要求同工同酬，但没有明确界定同工同酬范围，用人单位实施中就会出现不同标准，不利于同工同酬原则有效实施（林健，2020②；张洪吉等，2020③）。（3）劳务派遣员工被用工单位随意辞退的现象依然存在。《中华人民共和国劳动法》规定，用人单位只有在规定的情形才能单方与劳务派遣员工解除合同。实际操作中，比如劳务派遣员工有工伤或怀孕，不能正常工作，部分用工单位找理由，给予一定补偿金，将劳务派遣员工退还给用人单位（林健，2020）④。

六、企业灵活用工的对策研究

有关企业灵活用工的对策研究，主要集中在以下方面：

第一，关于改善灵活用工人员技能素质的研究。如周文成、倪乾（2021）⑤指出，平台型用工企业应加大线上培训力度，充分利用和开发网络课程资源，根据工作岗位需要分类研发课程，并公平提供给灵活用工求职人员，可以随时随地学习技能；培训后进行测评，达标的求职者才能入职。培训中还要注意企业文化、愿景等传递，以提高员工的认同感。孙正润（2020）⑥提出要加强正式员工和劳务派遣员工的培训教育。其中最重要的是通过培训让正式员工明白正确对待劳务派遣员工的方式方法，肯定劳

---

① 陈霞，于海英. 浅析劳务派遣制度发展的问题与对策［J］. 统计与管理，2020，35（10）.

②④ 林健. 劳务派遣用工中存在的问题及对策［J］. 人力资源，2020（24）.

③ 张洪吉，韩冬. 企业劳务派遣用工方式的利弊及风险控制［J］. 中小企业管理与科技（中旬刊），2020（2）.

⑤ 周文成，倪乾. 零工经济下平台型灵活用工人力资源管理问题及对策研究［J］. 经营与管理，2021（9）.

⑥ 孙正润. 劳务派遣在企业中的应用现状、问题及对策［J］. 人力资源，2020（6）.

务派遣员工对公司发展的价值，减少正式员工的排外心理。张洪吉、韩冬（2020）[1] 提出要提高劳务派遣人员素质，增强专业技能。同时，劳务派遣人员也应该看长远的职业生涯规划，树立正确的学习观念，不断提高自身工作技能。

第二，关于加强规范用工单位用工行为的研究。如方玉泉（2020）[2] 提出，用工企业对劳务派遣人员的薪酬要与正式员工相统一，并履行告知义务；将同工同酬落实纳入对用工企业的年鉴事项；福利和奖金制度也要将劳务派遣工和正式员工纳入统一的管理制度中。林健（2020）[3] 建议完善劳务派遣人员的辞退流程。比如，用工企业辞退员工要提前书面说明，并对辞退理由、参照依据等作出公示，被退回的劳务派遣工应给予一定补偿；构建员工退回机制。王昭（2020）[4] 认为，不能忽视综合考察环节，对劳务派遣公司要有一个较充分的了解。要确保劳务派遣公司合法合规，具有相应资质。

第三，有关更好维护灵活用工人员的劳动权益保障的研究。如方玉泉（2020）[5]建议，加强灵活用工人员教育，包括维权意识、法律意识、维权渠道、工会维权工作等方面。周文成、倪乾（2021）[6] 指出政府层面要扩大社保覆盖范畴、完善劳动保障监察体系、发展公益诉讼制度；平台企业，要实现平台算法"性别平等"、规范用工标准、发展算法审计；用工单位要优化员工福利补偿。保护劳务派遣员工的合法权益，完善劳务派遣员工薪酬制度。构建劳务派遣业务中三方主体权责清晰的框架，建立风险控制机制，引入劳动者"信托人"中介，监督三方主体行为，以减少法

---

① 张洪吉，韩冬．企业劳务派遣用工方式的利弊及风险控制［J］．中小企业管理与科技（中旬刊），2020（2）．

②⑤　方玉泉．我国劳务派遣用工存在的问题及对策［J］．人力资源，2020（14）．

③　林健．劳务派遣用工中存在的问题及对策［J］．人力资源，2020（24）．

④　王昭．企业劳务派遣用工管理存在的问题及对策探讨［J］．劳动保障世界，2020（18）．

⑥　周文成，倪乾．零工经济下平台型灵活用工人力资源管理问题及对策研究［J］．经营与管理，2021（9）．

律风险和管理风险（林健，2020[①]；张洪吉，韩冬，2020[②]）。陈霞、于海英（2020）[③] 提出，加强对灵活用工的行政监管，严厉惩罚违法行为。必须完善监管机制，不能只是事后处罚，而且要有预防机制，防范用工中的违法违规行为。

第四，关于完善灵活用工的法律法规研究。如王静元（2020）[④] 建议进一步完善非全日制用工的合同订立及终止规定。比如，对口头协议细化其使用条件。刘雪文（2019）[⑤] 认为，鉴于非全日制用工和劳务派遣具有相似性，在立法模式和实践问题解决上，非全日制用工可以参照劳务派遣。肖文娟、蒯秀中（2020）[⑥] 指出，非全日制用工需要在劳动合同解除或终止前提取履行通知义务，对于解除、终止劳动合同条件、经济补偿等可以不作要求，可以要求用工企业应当提前3天通知，否则处以一定的赔偿金。李敏（2014）[⑦] 建议，建立非全日制用工养老保险强制缴纳制度，通过立法形式，平等对待非全日制劳动者，保障非全日制劳动者社会保障基本权利。袁晓芸（2020）[⑧] 提出，限制派遣单位的经营范围，完善监督管理机制及连带责任的承担问题。当下的许多公司经营劳务派遣业务采用兼营的方法，却以劳务外包、劳务中介为主业，但是由于劳务派遣的特殊性，可以限定劳务派遣公司专门从事劳务派遣业务。同时，加强对劳务派遣中间过程的动态监管，完善相关法律法规，对国有企业进行市场化改革，打破垄断局面，引入竞争，使国有企业在经营和用工形式上遵循市场的通行原则，避免国有企业大量使用劳务派遣工。

---

① 林健. 劳务派遣用工中存在的问题及对策 [J]. 人力资源，2020（24）.
② 张洪吉，韩冬. 企业劳务派遣用工方式的利弊及风险控制 [J]. 中小企业管理与科技（中旬刊），2020（2）.
③ 陈霞，于海英. 浅析劳务派遣制度发展的问题与对策 [J]. 统计与管理，2020，35（10）.
④ 王静元. 非全日制用工规定的缺陷及其完善 [J]. 工会理论研究（上海工会管理职业学院学报），2018（3）.
⑤ 刘雪文. 论提升非全日制用工的安全性 [J]. 铜陵学院学报，2019，18（5）.
⑥ 肖文娟，蒯秀中. 我国非全日制用工的缺陷及其完善途径 [J]. 工会信息，2014（25）.
⑦ 李敏. 非全日制用工养老保险问题研究 [J]. 东方企业文化，2014（9）.
⑧ 袁晓芸. 劳务派遣用工模式下存在的问题及对策 [J]. 现代企业，2019（10）.

第三章

我国灵活用工的发展历程

我国用工灵活化的发展历程大致可以分为五个阶段，分别为萌芽期、探索期、初步发展期、鼓励发展期和健康发展期。

一、萌芽期（1978～1990 年）

20 世纪 70 年代末 80 年代初，数以千万计的城市新成长劳动力和返城知青面临着就业问题，计划经济体制"统包统配"就业制度，单纯依靠国有和集体部门安置他们的就业方式，已经不能满足就业需求，其中有部分人走上自谋职业之路。与此同时，大量的农村剩余劳动力进入城市就业，其中很多人以"灵活就业"的形式实现了就业。

1980 年 8 月月初，中共中央召开全国劳动就业会议，明确提出在国家统筹规划和指导下，实行劳动部门介绍就业、自愿组织起来就业和自谋职业相结合的"三结合"就业方针，正式启动就业制度改革，打开了国营企业、集体企业和个体工商服务业"三扇门"。之后全国各地建立了劳动服务公司、城镇非农业个体经济、城镇集体所有制经济、城镇劳动者合作经营等得到发展。1984 年，党的十二届三中全会通过的《关于经济体制改革的决定》提出，经济体制改革的中心环节是搞活企业。必须进行劳动制度改革，包括扩大企业自主权，调动企业的积极性；确立职工和企业的正确关系，调动劳动者的积极性和创造力。1986 年，国务院印发了《关于发布改革劳动制度四个规定的通知》，包括《国营企业实行劳动合同制暂行规定》《国营企业招用工人暂行规定》《国营企业辞退违纪职工暂行规定》和《国营企业职工待业保险暂行规定》等四个规定，启动企业用工制度改革。计划经济时期的固定工制度走向改革（张小建，2019）[1]（见表 3 - 1）。

表 3 - 1　　中国企业用工灵活化的相关重要政策与事件（1978 ~ 1990 年）

相关事件或政策	重要内容
1980 年全国劳动就业工作会议	提出实行"三结合"方针，开启用工制度改革
1984 年党的十二届三中全会通过《关于经济体制改革的决定》	指出经济体制中心环节是搞活企业，必须推进劳动制度改革
1986 年国务院印发了《关于发布改革劳动制度四个规定的通知》	启动企业用工制度改革
1986 年《国营企业招用工人暂行规定》	允许企业在国家劳动工资计划指标内实施招工，鼓励在新招收工人中实行劳动合同制

资料来源：作者根据公开信息整理。

这个时期企业灵活用工和灵活就业的规模不大，但增长速度较快。从非正规就业看，1978 ~ 1989 年我国非正规就业基数小、增速快、对城镇新增就业贡献率低。我国城镇非正规就业 1978 年约 15 万人；以非正规就业占全国城镇就业总数的比重来分析，1978 年非正规就业人员

---

[1]　张小建. 改革开放四十年中国就业砥砺前行：回顾与展望 [J]. 中国劳动，2019（1）：5 - 14.

占比仅有 0.16%，直到 1989 年非正规就业比重小幅增加到 4.52%（李丽萍，2014）①。

二、探索期（1991～2000 年）

随着企业用工制度改革的进一步推进，劳动合同制的实施，出现了合同被解除合同人员，同时国有企业有大量富余人员需要解决就业，再就业难题成为需要解决的问题；亚洲金融危机和国内产业结构调整叠加，出现了大量下岗失业人员，企业困难重重；国家逐渐破除城乡就业壁垒，城市经济发展需要更多劳动力，农村劳动力开始涌向城市寻找就业岗位，以获得更高收入。这个时期，受多种因素影响，我国面临较大的就业压力，需要扩大就业渠道和方式。该时期大量体制内的劳动者下岗，同时有大量农村转移劳动力在城市寻求就业机会，他们中的不少人也是以"灵活就业"形式实现了就业。1999 年初为解决国有企业下岗职工再就业的问题，采用劳务派遣的方式扩大用工规模。

1992 年国务院发布《全民所有制工业企业转换经营机制条例》，明确规定企业 14 项自主经营权，开展劳动用工、人事管理、工资奖金分配等制度改革，以实现"职工能进能出、干部能上能下，收入能高能低"为改革目标。1993 年原劳动部总结各地经验，提出了"再就业工程"，对富余人员与初次求职就业人员采取了针对性的政策。1993 年原劳动部将"建立竞争公平、运行有序、调控有力、服务完善的现代劳动力市场"作为劳动体制改革总体目标。1993 年 11 月《中共中央关于建立社会主义市场经济体制若干问题的决定》明确提出要发展要素市场，改革劳动制度，逐步形成劳动力市场；发展多种就业形式，运用经济手段调节就业结构，形成用人单位和劳动者双向选择、合理流动的就业机制。1994 年颁布了《中华人民共和国劳

---

① 李丽萍．改革开放以来我国城镇非正规就业分析 [J]．经济体制改革，2014（6）：27－31.

动法》，企业中全面依法实行劳动合同制，劳动合同制从试点开始向新招录、中老职工推行；国家支持劳动者自愿组织起来就业和从事个体经营实现就业。1995 年国务院办公厅转发了原劳动部《关于实施再就业工程的报告》，并在全国大中城市进行推广。1997 年初，国务院召开了全国国有企业职工再就业会议，以"鼓励兼并、规范破产、下岗分流、减员增效、实施再就业工程"的方针，进一步部署再就业工作。1998 年中共中央、国务院印发《关于切实做好国有企业下岗职工基本生活保障和再就业工作的通知》，重点解决下岗职工基本生活问题，在企业建立再就业服务中心（张小建，2019）①。1999 年《中共中央关于国有企业改革和发展若干重大问题的决定》强调做好减员增效、再就业和社会保障工作；鼓励下岗职工到非公有制经济单位就业、自己组织起来就业或从事个体经营；对自谋职业者在工商登记、场地安排、税费减免、资金信贷等方面给予更多扶持；积极发展和规范劳动力市场，形成市场导向的就业机制；依法扩大养老、失业、医疗等社会保险的覆盖范围，城镇国有、集体、外商投资、私营等各类企业及其职工都要参加社会保险，缴纳社会保险费（见表 3 - 2）。

表 3 - 2　　中国企业用工灵活化的相关重要政策与事件（1991 ~ 2000 年）

事件或政策	重要内容
1992 年国务院发布《全民所有制工业企业转换经营机制条例》	明确规定企业 14 项自主经营权
1993 年《中共中央关于建立社会主义市场经济体制若干问题的决定》	首次提出以开发利用和合理配置人力资源作为发展劳动力市场的出发点，培育和发展劳动力市场
1994 年颁布《中华人民共和国劳动法》	企业中全面依法实行劳动合同制
1997 年国务院召开了全国国有企业职工再就业会议	鼓励兼并、规范破产、下岗分流、减员增效、实施再就业工程

---

① 张小建. 改革开放四十年中国就业砥砺前行：回顾与展望 [J]. 中国劳动，2019（1）：5 - 14.

续表

事件或政策	重要内容
1998 年中共中央、国务院印发了《关于切实做好国有企业下岗职工基本生活保障和再就业工作的通知》	保障下岗职工基本生活，在企业建立再就业服务中心
1999 年《中共中央关于国有企业改革和发展若干重大问题的决定》	提出"下岗分流、减员增效和再就业"的改革方向，形成市场导向的就业机制

资料来源：作者根据公开信息整理。

20 世纪 90 年代，在国企改革、减员增效、农村劳动力大规模跨地区流动的特殊背景下，非正规就业比重快速上升，1990～2000 年非正规就业对城镇新增就业的贡献率年均 114.86%，到 2000 年人员规模达到 11566 万人，占比 49.96%①。

从私营企业投资者就业人数看，投资者就业总人数呈快速增长势头。1995 年突破 100 万人，1997 年突破 200 万人，1999 年突破 300 万人，2000 年接近 400 万人。总人数从 1992 年的 30 万人，增加到 2000 年的 395 万人，增长了约 12.2 倍（见图 3－1）。

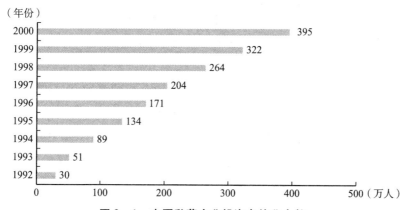

图 3－1　中国私营企业投资者就业人数

资料来源：国家统计局网站的年度统计数据库（1992～2000 年）。

---

① 李丽萍. 改革开放以来我国城镇非正规就业分析 [J]. 经济体制改革，2014 (6)：27-31.

按城乡分，城镇私营企业投资者就业人数和乡村私营企业投资者就业人数都处于快速增长期，其中城镇的就业人数与乡村的就业人数开始比较接近，但两者差距不断扩大，城镇的就业人数远高于乡村的就业人数。城镇私营企业投资者就业人数1996年突破了100万人，2000年突破了200万人；而乡村的就业人数1999年突破100万人，2000年接近150万人。城镇私营企业投资者就业人数从1992年的14万人，增加到2000年的247万人，增长了约16.6倍；乡村私营企业投资者就业人数从1992年的17万人，增加到2000年的148万人，增长了约7.7倍（见图3-2）。

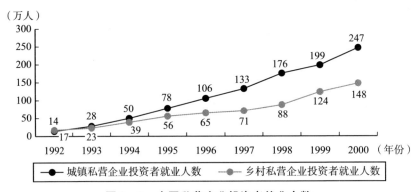

图 3-2 中国私营企业投资者就业人数

资料来源：国家统计局网站的年度统计数据库（1992~2000年）。

从全国的个体就业情况看，个体就业总人数增长较快。1990~1999年呈上升趋势，1999年同比缓慢增长，2000年出现了下降拐点；1994年和1995年同比增加超过800万人。个体就业总人数从1990年的2105万人，增加到2000年的5070万人，1999年峰值达到6241万人；1999年比1990年增长了约2倍。按城乡分，城镇个体就业人数和乡村个体就业人数变化呈现了与总量类似特征，1990年到1999年逐年增加，2000年开始下降，乡村个体就业人数远高于城镇个体就业人数。城镇个体就业人数从1990年的614万人，增加到1999年的高峰2414万人，2000年同比下降了278万人；1999年比1990年增长了约2.9倍。乡村个体就业人数从

1990 年的 1491 万人，增加到 1998 年的高峰 3855 万人，之后减少到 2000 年的 2934 万人；1998 年比 1990 年增长了约 1.6 倍（见表 3 – 3）。

表 3 – 3 　　　　　　　　中国个体就业人数　　　　　　　单位：万人

年份	个体就业人数	城镇个体就业人数	乡村个体就业人数
1990	2105	614	1491
1991	2308	692	1616
1992	2468	740	1728
1993	2940	930	2010
1994	3776	1225	2551
1995	4614	1560	3054
1996	5017	1709	3308
1997	5441	1919	3522
1998	6114	2259	3855
1999	6241	2414	3827
2000	5070	2136	2934

资料来源：国家统计局网站年度数据库（1992～2000 年）。

三、初步发展期（2001～2012 年）

这个时期我国就业工作和用工制度改革实施了几个重要举措。企业用工灵活化和多渠道多形式灵活就业逐渐获得重视，发挥了促进就业和再就业的重要作用。

第一，为了更好地解决下岗职工就业问题，实施积极的就业政策。我国国有企业改革持续推进，大批国有企业下岗职工的就业形势依然很严峻，再就业中心 3 年期满走出中心的下岗职工出路是当务之急。党中央、国务院提出实施积极的就业政策，于 2002 年印发《关于进一步做好下岗失业人员再就业工作的通知》，明确新"三结合"就业方针，即劳动者自主就业、市场调节就业和政府促进就业；多渠道开辟就业和再就业门路，鼓励个体、私营、外商投资等多种所有制经济扩大就业，继续发展劳动就业服务企业；鼓励下岗失业人员通过非全日制、临时性、季节性、弹性工作等灵活多样形式实现就业，发挥劳务派遣、就业基地等服务就业的能力；鼓励下岗失业人员自谋职业和自主创业，并对从事个体经营的 3 年内免收营业税、所得税、教育附加、行政事业性收费；对非全日制、临时性和弹性工作等灵活就业的，要求出台有关办法保障其合法权益。

2003 年原劳动和社会保障部颁布《关于非全日制用工若干问题的意见》对全日制用工进行了界定，从用工关系、工资支付、劳动争议和社会保障待遇等方面作了规定。《劳动和社会保障部办公厅关于城镇灵活就业人员参加基本医疗保险的指导意见》要求将灵活就业人员纳入基本医疗保险制度范围，对灵活就业人员参保方式、缴纳费率、激励连续足额缴费、医保待遇水平、定点医疗机构和药店等作了明确规定；强调切实做好灵活就业人员的医疗保险管理服务工作，鼓励灵活就业人员通过劳动保障事务代理机构或社区劳动保障服务机构等实现整体参保，经办机构要开设专门窗口，方便灵活就业人员个人直接缴费参保和医疗费用的结算等。《中共中央关于完善社会主义市场经济体制若干问题的决定》明确提出深化劳动就业体制改革。坚持"劳动者自主择业、市场调节就业和政府促进就业"的方针；强调以扩大就业再就业为出发点，注重扶持中小企业、发展非公有制经济、注重灵活多样的就业方式；完善就业服务体系；加强职业教育和技能培训；规范企业用工行为，保障劳动者合法权益。

第二，为了更好解决下岗失业人员再就业、农村劳动力流动就业和青年就业等多重就业压力，我国加大了积极就业政策力度，并系统制定了有关法律法规。2005 年国务院印发《关于进一步加强就业再就业工作的通知》，要求围绕经济发展多渠道开发就业岗位，全面落实鼓励、支持和引导个体、私营等非公有制经济发展的方针政策，发展第三产业；鼓励通过多种形式实现就业，加快完善和实施与灵活就业相适应的劳动关系、工资支付和社会保险等政策；要逐步统一城镇个体工商户、灵活就业人员参加养老保险的政策，改进基本养老金计发办法，强化缴费与待遇挂钩的激励约束机制，形成就业促进与社会保险制度良性互动。

原劳动和社会保障部 2005 年发布《关于确立劳动关系有关事项的通知》，为规范用人单位用工行为、保护劳动者合法权益，对用人单位与劳动者确立劳动关系的事项进行了规定，如具备三个要素确立劳动关系的成立，包括用人单位和劳动者符合法律、法规规定的主体资格；用人单位依法制定的各项劳动规章制度适用于劳动者，劳动者受用人单位的劳动管理，从事用人单位安排的有报酬的劳动；劳动者提供的劳动是用人单位业务的组成部分。并对有关证明劳动关系的凭证和举证责任、不同情形的处理和经济补偿金等作了规定；针对建筑施工、矿山企业等用人单位将工程（业务）或经营权发包给不具备用工主体资格的组织或自然人的情形作了责任划分。

2007 年 6 月通过《中华人民共和国劳动合同法》，其中第五章特别规定第二节以及第七章法律责任，对劳务派遣有关事项作了规定，包括劳务派遣单位的设立条件、劳务派遣单位、用工单位及劳动者的权利义务、劳务派遣协议、劳务派遣单位的告知义务、跨地区派遣劳动者的劳动报酬和劳动条件、用工单位的义务、被派遣劳动者同工同酬、被派遣劳动者参加或者组织工会、劳务派遣中解除劳动合同、劳务派遣的适用岗位、用人单位不得自设劳务派遣单位等。其中规定劳动合同用工是我国的企业基本用工形式，劳务派遣用工是补充形式，只能在临时性、辅助性或者替代性的工作岗位；用工单位应当严格控制劳务派遣用工数量，不得超过其用工总量的一定比例，具体比例由国务院劳动行政部门规定。而第五章第三节对非全日制用工作了具体规定，包括非全日制用工的概念、非全日制用工的劳动合同、非全日制用工不得约定试用期、非全日制用工的终止用工、非全日制用工的劳动报酬等方面。其中明确了非全日制用工小时计酬标准不得低于用人单位所在地人民政府规定的最低小时工资标准，非全日制用工劳动报酬结算支付周期最长不得超过十五日。

2007 年 8 月颁布《中华人民共和国就业促进法》，将扩大就业作为经济社会发展的重要目标，明确了就业工作的重要地位，明确了政府促进就业的重要职责，并将行之有效的积极就业政策措施法制化、制度化。《就业促进法》规定了有利于促进就业的产业、财政、税收、金融政策，以及城乡统筹、区域统筹、群体统筹，灵活就业、就业援助、失业保险等十大政策；确定了就业工作政府责任、公共就业服务和就业援助、人力资源市场管理、职业能力开发、失业保险及预防等五大制度，不仅为实施积极就业政策提供了法律保障，也进一步完善了中国劳动保障法律体系（张小建，2019）[①]。如第七条国家倡导劳动者树立正确的择业观念，提高就业能力和创业能力；鼓励劳动者自主创业、自谋职业。县级以上人民政府在财政预算中安排就业专项资金用于促进就业工作；就业专项资金用于职业介绍、职业培训、公益性岗位、职业技能鉴定、特定就业政策和社会保险等的补贴，小额贷款担保基金和微利项目的小额担保贷款贴息，以及扶持公共就业服务等；各级人民政府采取措施，逐步完善和实施与非全日制用工等灵活就业相适应的劳动和社会保险政策，为灵活就业人员提供帮助和服务；地方各级人民政府和有关部门应当加强对失业人员从事个体经营的指导，提供政策咨询、就业培训和开业指导等服务。

2007 年 12 月《中华人民共和国劳动争议调解仲裁法》于全国人民代表大会常务委员会第三十一次会议通过。其中第三章第一节规定了劳务派遣的仲裁事项，如第二十二条规定：发生劳动争议的劳动者和用人单位为劳动争议仲裁案件的双方当事人。劳务派遣单位或者用工单位与劳动者发生劳动争议的，劳务派遣单位和用工单位为共同当事人。

2008 年 9 月国务院第 25 次常务会议通过《中华人民共和国劳动合同法实施条例》，对劳动合同法有关规定作了细化和补充，如，其中第四章"劳务派遣特别规定"明确：用人单位或者其所属单位出资或者合伙设立

---

① 张小建. 改革开放四十年中国就业砥砺前行：回顾与展望 [J]. 中国劳动，2019（1）：5 – 14.

的劳务派遣单位，向本单位或者所属单位派遣劳动者的，属于劳动合同法第六十七条规定的不得设立的劳务派遣单位；用工单位应当履行劳动合同法第六十二条规定的义务，维护被派遣劳动者的合法权益；劳务派遣单位不得以非全日制用工形式招用被派遣劳动者；劳务派遣单位或者被派遣劳动者依法解除、终止劳动合同的经济补偿，依照劳动合同法第四十六条、第四十七条的规定执行；劳务派遣单位违法解除或者终止被派遣劳动者的劳动合同的，依照劳动合同法第四十八条的规定执行。

2011年国务院发布《个体工商户条例》，旨在保护个体工商户的合法权益，鼓励、支持和引导个体工商户健康发展，同时也为了加强对个体工商户的监督、管理，发挥其在经济社会发展和扩大就业中的重要作用。对个体工商户的注册登记、税务登记、融资政策、经营报告事项、人员招用等作了具体规定。

第三，汶川大地震和国际金融危机两相共振，我国经济也受到严重冲击，企业订单大幅滑坡，岗位流失严重，大量失业人员、高校毕业生和灾后重建等就业压力巨大，党中央、国务院提出实施就业优先战略，积极就业政策更上层楼。

2009年2月，国务院印发《关于做好当前经济形势下就业工作的通知》，先后出台了综合性文件和三个专门文件；国务院就业工作部际联席会有关部门联合制定了三个配套文件，组合成应对危机做好就业工作的六大举措：一是发展经济拉动就业，二是帮扶企业稳定就业，三是开启创业带动就业新的增长点，四是实施特别职业培训计划，五是开展公共就业服务系列活动，六是对高校毕业生、农民工和就业困难人员等重点群体实施促进就业措施。与此同时，中央财政也进一步加大了对就业工作的投入。2009年12月，中央经济工作会议指出："扩大就业是保障和改善民生的头等大事，要把促进就业放在经济社会发展的优先位置"。2011年，国家"十二五"规划纲要中明确提出实施就业优先战略并进行部署安排，将选择扩大就业的发展方式、实施更加积极的就业政策、加大对就业的资金投入、建立"就业优先"指标评估体系等措施作为实施就业优先战略的重点内容（张小建，2019）①。

第四，人力资源市场开启了整合改革，人力资源服务业的产业地位逐渐确立，对促进就业、推动企业用工灵活化，发挥了日益重要的作用。2003 年以后，公共就业服务体系开展制度化、专业化、社会化建设。2006年国务院发布《关于解决农民工问题的若干意见》提出，建立城乡统一的劳动力市场和公平竞争的就业制度，建立惠及农民工的城乡公共服务体制和制度，就业服务体系覆盖到农村。2008 年以后，我国推动了人才市场和劳动力市场两个市场整合改革，建立统一规范的人力资源市场。人力资源公共服务与经营性服务得到了较快发展。

2012 年《国务院关于批转促进就业规划（2011～2015 年）的通知》提出，实施更加积极的就业政策；实施鼓励劳动者多渠道、多形式就业的扶持政策；通过优惠政策和就业服务扶持劳动者自谋职业、自主就业；鼓励和支持劳动者在小型微型企业就业、临时性就业以及其他形式的灵活就业，完善与此相适应的劳动关系、工资支付制度，完善就业与社会保障的联动机制，为劳动者灵活就业、流动就业或转换工作岗位提供支持。强调要大力发展人力资源服务业；加快建立专业化、信息化、产业化的人力资源服务体系，逐步实现基本公共服务充分保障，市场化服务产业逐步壮大，服务社会就业与人力资源开发配置能力明显提升。以产业引导、政策扶持和环境营造为重点，规范发展人事代理、人才推荐、人员培训、劳务派遣等人力资源服务。实施品牌推进战略，打造一批人力资源服务品牌；加大品牌宣传力度，推动人力资源服务产业园区发展；形成集聚效应，完善人力资源服务链，构建多层次、多元化的人力资源服务机构集群，扩大服务供给。培育人力资源服务需求，鼓励人力资源服务创新，提升服务供给能力和水平。

2012 年 12 月发布《国务院关于印发服务业发展"十二五"规划的通

---

① 张小建. 改革开放四十年中国就业砥砺前行：回顾与展望［J］. 中国劳动，2019（1）：5 – 14.

知》将加快发展生产性服务业作为服务业发展重点，同时人力资源服务业作为生产性服务业中的一个重点发展的行业。针对人力资源服务业的发展，强调以产业引导、政策扶持和环境营造为重点，推进人力资源服务创新，鼓励差异化发展，大力开发能够满足不同层次、不同群体需求的各类人力资源服务产品；规范发展人事代理、人才推荐、人员培训、劳务派遣等人力资源服务，鼓励发展人力资源服务外包、人力资源管理咨询、高级人才寻访、网络招聘等新型服务业态；构建多层次、多元化的人力资源服务机构集群，探索建立人力资源服务产业园区，推进行业集聚发展；实施人力资源服务品牌推进战略；建立健全人力资源服务标准体系，规范服务流程；鼓励人力资源服务机构"走出去"，为我国企业开拓国际市场提供人力资源服务等（见表3-4）。

表3-4 中国企业用工灵活化的相关政策与事件（2001～2012年）

相关事件或政策	重要内容
2002年《中共中央国务院关于进一步做好下岗失业人员再就业工作的通知》	提出通过大力发展服务业、非正规就业和各种灵活就业，安置下岗待就业人员
2003年《中共中央关于完善社会主义市场经济体制若干问题的决定》	强调就业形式要灵活多样
2003年《关于非全日制用工若干问题的意见》	规定非全日制用工的界定标准、用工关系、劳动保护和社会保障待遇
2003年《关于城镇灵活就业人员参加基本医疗保险的指导意见》	将灵活就业人员纳入基本医疗保险制度范围
2005年《关于进一步加强就业再就业工作的通知》	鼓励劳动者通过多种形式实现就业，建议地方加快灵活就业相关政策配套
2005年《关于确立劳动关系有关事项的通知》	明确劳动关系的"三性"判定标准和主要参考凭证
《中华人民共和国劳动合同法》	确立劳务派遣的法学概念，明确劳务派遣单位的定义、设立条件和法律责任

相关事件或政策	重要内容
《中华人民共和国劳动争议调解仲裁法》	将劳务派遣单位视为劳动争议的共同当事人
《中华人民共和国劳动合同法实施条例》	规定劳务派遣单位不得以非全日制用工形式招用被派遣劳动者
2012 年《劳动合同法》修订	增设经营劳务派遣业务的前置行政许可，提出"三性"要求和同工同酬原则

资料来源：作者根据公开信息整理。

    这段时期人力资源服务商的劳务派遣和人力资源外包服务逐渐发展壮大，国内用工方式逐渐多样化。这一阶段诸多人力资源服务商开始探索灵活用工业务。此外，该阶段的灵活用工人数也在不断增长。例如郭悦和李燕虹（2002）[①] 根据城镇下岗职工数量及其再就业比例、农民工数量及从事灵活就业的可能性等，推测中国城镇 2001 年的非正规就业规模在 6000 万~7000 万之间。朱玲等（2006）等利用非正规部门人员和从业人员来源相结合的方法，推算 1997~2004 年的非正规就业规模，认为非正规就业总量从 5392 万人持续上升到 13601 万人。吴要武和蔡昉（2006）[②] 测算得出 2002 年城镇非正规就业规模超过 1.2 亿人，非正规就业的比例为 48.2%。薛进军和高文书（2012）[③] 利用 2005 年的小普查数据将劳务派遣人员排除在外，得出 2005 年中国城镇非正规就业的比例为 58.85%，近九成的非正规就业者都集中在制造业、批发零售业、社会服务和建筑业中，正规就业者的收入水平较低，与正规就业者之间的小时收入差距达到

[①] 郭悦，李燕虹. 促进我国灵活多样就业形式的健康发展 [J]. 中国劳动，2002（12）：8 – 11.

[②] 吴要武，蔡昉. 中国城镇非正规就业：规模与特征 [J]. 中国劳动经济学，2006，3（2）：67 – 84.

[③] 薛进军，高文书. 中国城镇非正规就业：规模、特征和收入差距 [J]. 经济社会体制比较，2012（6）：59 – 69.

了 1.65 倍；中国城市劳动者小时收入的基尼系数达到了 0.39，具有较大的收入不平等。

从人力资源外包和劳务派遣的业务规模看，人力资源外包和劳务派遣处于增长较快。根据人力资源和社会保障部统计数据，2010 年全国各类人力资源服务机构共为 25 万家用人单位提供了人力资源外包服务，2011 年达 65 万家，2012 年有一定下降，为 43 万家。从劳务派遣服务来看，劳务派遣人员总量 2010 年后增速较为陡峭，2010 年共派遣 340 万人，2011 年派遣人员总量是 2010 年的 2 倍多，达 720 万人，而 2012 年为 1345 万人，是 2010 年的近 4 倍。2013 年派遣人员总量有所下降，但也有 1080 万人；派遣服务用人单位数在 2010 年后增加较多，2013 年各类人力资源服务机构共为 33.6 万家用人单位提供了劳务派遣服务，虽较 2012 年减少 1.3 万家，仍是 2010 年的 2.6 倍；登记要求派遣的人数 2010 年至 2012 年波动较小，基本保持在 500 万人左右，2013 年增长较快，达 633 万人（见图 3 - 3）。

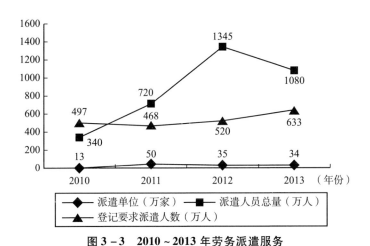

图 3 - 3　2010～2013 年劳务派遣服务

资料来源：王克良. 中国人力资源服务业发展报告（2014）[M]. 北京：中国人事出版社，2014。

从私营企业投资者就业情况看，投资者就业总人数呈稳步增长优势，平均每年增加约150余万人。就业总人数2005年为1110万人，突破1000万人；2008年为1507万人，突破1500万人；2012年为2200万人，突破2000万人。就业总人数从2001年的461万人，增加到2012年的2200万人，增长了约3.8倍（见图3-4）。按城乡分，城镇私营企业投资者就业人数和乡村私营企业投资者就业人数都呈上升趋势，其中城镇的就业人数与乡村的就业人数开始比较接近，但两者呈逐年扩大趋势，城镇私营企业投资者就业人数远高于乡村的就业人数。城镇私营企业投资者就业人数2003年为520万人，突破了500万人；2008年达1067万人，突破了1000万人；2012年为1646万人，突破1500万人。而乡村私营企业投资者就业人数增长相对缓慢，2004年突破300万人，2006年超过400万人，2010年突破500万人。城镇私营企业投资者就业人数从2001年的299万人，增加到2012年的1646万人，增长了约4.5倍；乡村私营企业投资者就业人数从2001年的162万人，增加到2012年的554万人，增长了约2.4倍（见图3-5）。

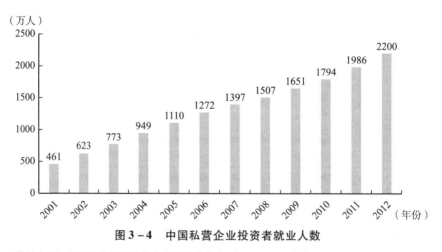

图3-4 中国私营企业投资者就业人数

资料来源：国家统计局网站的年度统计数据库（2001～2012年）。

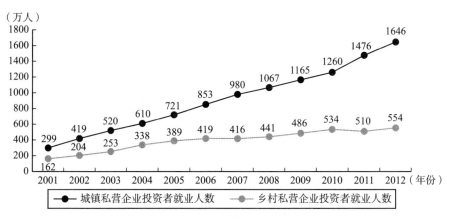

图 3－5　按城乡分中国私营企业投资者就业人数

资料来源：国家统计局网站的年度统计数据库（2001～2012 年）。

从全国的个体就业情况看，个体就业总人数呈现先下降后止跌回升。2001 年至 2004 年呈下降趋势，2005 年开始出现快速增长势头，2009 年加速上升，同比增量超过 800 万人。个体就业总人数从 2001 年的 4760 万人，下降到 2004 年的低谷 4587 万人，再增加到 2012 年的 8629 万人；2012 年个体就业总人数比 2001 年增长了 81.3%（见表 3－5）。

表 3－5　　　　　　　　　　　中国个体就业人数　　　　　　　　　　单位：万人

年份	个体就业人数	城镇个体就业人数	乡村个体就业人数
2001	4760	2131	2629
2002	4743	2269	2474
2003	4637	2377	2260
2004	4587	2521	2066
2005	4901	2778	2123
2006	5159	3012	2147
2007	5497	3310	2187
2008	5776	3609	2167
2009	6586	4245	2341

年份	个体就业人数	城镇个体就业人数	乡村个体就业人数
2010	7007	4467	2540
2011	7945	5227	2718
2012	8629	5643	2986

资料来源：国家统计局网站的年度统计数据库（2001～2012 年）。

按城乡分，城镇个体就业人数处于加速车道，而乡村个体就业人数先减速慢行再到稳步增长，城镇个体就业人数 2003 开始超过了乡村个体就业人数，两者间差距越来越大。城镇个体就业人数从 2001 年的 2131 万人，增加到 2012 年的 5643 万人，增量为 3512 万人；2012 年比 2001 年增长了约 1.65 倍。乡村个体就业人数从 2001 年的 2629 万人，下降到 2004 年的低谷 2066 万人，之后缓慢增加到 2012 年的 2934 万人；2012 年乡村个体就业人数比 2001 年增加了 353 万人，增长了 13.4%（见表 3 - 5）。

四、鼓励发展期（2013～2018 年）

这个时期我国就业和企业用工面临新形势和任务，主要表现在：解决高校毕业生、农民工、就业困难群体等重点群体就业、产业结构调整出现大批失业人员需要安置就业、脱贫攻坚等。

第一，掀起了"双创"浪潮，激发了全社会创新活力，扩大就业门路。2015 年国务院发布《关于大力推进大众创业万众创新若干政策措施的意见》正式开启了全社会"大众创业，万众创新"新局面。《意见》明确提出了扩大创业投资、发展创业投资服务，从基于国家高端科技成果的创业创新、针对大量发明专利成果的创业创新、基于就业性的创业创新、基于未来高端科技研发等四个方面，实施有针对性的政策措施。

第二，高度重视高校毕业生就业。党中央、国务院明确将高校毕业生就业放在就业工作首位。2013 年和 2014 年国务院办公厅发布了《关于做好高校毕业生就业创业工作的通知》多措并举解决高校毕业生就业工作。2016 年，国务院、中共中央办公厅出台了《关于进一步引导和鼓励高校毕业生到基层工作的意见》进一步鼓励和支持高校毕业生向基层一线流动，开展就业创业，在基层服务增长才干，扎根基层为国效力。

第三，支持农民工等人员返乡创业。2015 年国务院办公厅印发《关于支持农民工等人员返乡创业的意见》，制定了《鼓励农民工等人员返乡创业三年行动计划纲要 （2015～2017 年)》，从创业培训、资金支持、孵化服务、场地安置等方面提出一系列政策措施。

第四，经济发展进入新常态，实施创新驱动发展战略，积极应对去产能带来的人员过剩需要安置的问题。2016 年国务院印发《有关钢铁和煤炭行业化解过剩产能实现脱困发展的意见》，强调妥善安置职工。人社部等 7 部门印发《关于在化解钢铁煤炭行业过剩产能实现脱困发展过程中做好职工安置工作的意见》。财政部印发《工业企业结构调整专项奖补资金管理办法》对去产能过程中的职工安置渠道、方式和资金来源、使用作出了具体规定。人社部等五部门共同启动实施东北等困难地区就业援助专项行动。

第五，强化就业困难人员帮扶，促进贫困家庭就业创业，打好脱贫攻坚战。对就业困难人员采取分类和实名制管理，确保零就业家庭至少一人能实现就业。2016 年国务院印发《"十三五"脱贫攻坚规划》提出劳务协作对接行动、重点群体免费职业培训行动、春潮行动等"就业扶贫"六个专项行动。人社部等部门印发《关于切实做好就业扶贫工作的指导意见》，细化了就业扶贫的具体措施，如摸清基础信息、促进就地就近就业、加强劳务协作、加强技能培训、促进稳定就业。2017 年国务院印发《"十三五"促进就业规划》转变了就业扶贫重点，强调多渠道就业创业并重；就业服务工作强调精准和个性化。2018 年中共中央、国务院印发《关于打赢脱贫攻坚战三年行动的指导意见》要求全力推进就业扶贫，加大深度贫困地区政策力度。

新形势下企业灵活用工和劳动者灵活就业方面也制定了一系列规范和鼓励发展的政策措施。主要包括：

第一，对劳务派遣实施进一步规范发展的政策。2013 年人社部第 10 次部务会审议通过了《劳务派遣行政许可实施办法》详细规定了劳务派遣业务开业条件、劳务派遣行政许可的申请受理、审查批准、《劳务派遣经营许可证》管理、劳务派遣的监督检查、相关法律责任等事项。2013 年 12 月人社部第 21 次部务会审议通过《劳务派遣暂行规定》，明确了《暂行规定》的适用范围、用工范围和用工比例，规定只能在临时性、辅助性或者替代性的工作岗位上使用被派遣劳动者；用工单位应当严格控制劳务派遣用工数量，不得超过其用工总量的 10%；细化了劳动合同、劳务派遣协议的有关事项，明确了用工单位和派遣单位的权利义务，以及跨地区劳务派遣的社会保险和法律责任等。

第二，重视人力资源服务业满足企业用工和促进就业的重要作用，出台了多项鼓励和支持政策文件。2014 年《国务院关于加快发展生产性服务业促进产业结构调整升级的指导意见》提出积极发展服务外包，积极承接国际离岸服务外包业务，大力培育在岸服务外包市场；积极发展信息技术外包、业务流程外包和知识流程外包服务业务；鼓励政府机构和事业单位购买专业化服务，支持企业购买专业化服务。以产业引导、政策扶持和环境营造为重点，推进人力资源服务创新；提高人力资源服务水平，发挥人力资源服务在提升劳动者素质、人力资源配置效率的重要作用。营造尊重人才、有利于优秀人才脱颖而出的社会环境；鼓励人力资源服务创新，积极创建人力资源服务知名品牌。

2014 年 12 月《国务院关于促进服务外包产业加快发展的意见》强调服务外包产业培育竞争新优势，要明确产业发展导向、构建以中国服务外包示范城市为主体，结构合理、各具特色、优势互补的产业发展格局；支持各类所有制企业从事服务外包业务，鼓励服务外包企业专业化、规模化、品牌化发展，多渠道培育壮大市场主体；加强服务外包各类人才培养培训，引育并重加强行业中高端人才队伍建设。

2014 年 12 月人力资源社会保障部等 3 部门联合印发《关于加快发展人力资源服务业的意见》（以下简称《意见》），这是中央层面第一个促进人力资源服务业发展的专门意见，标志着人力资源服务业发展进入快车道。《意见》从人力资源服务业指导思想、目标和任务等方面作了全面部署，如构建多层次、多元化的人力资源服务机构集群，增加人力资源服务供给；实施人力资源服务能力提升计划，推进人力资源服务领域的管理创新、服务创新和产品创新；鼓励运用云计算和大数据等技术，推动人力资源服务业信息化建设；多举措培育人力资源服务需求；鼓励人力资源服务提高自身价值，重点鼓励人力资源外包、高级人才寻访、人才测评、人力资源管理咨询等新兴业态快速发展；鼓励人力资源服务机构开展自主品牌建设，形成一批知名企业和著名品牌；加强人力资源服务产业园的统筹规划和政策引导，推进行业集聚发展；加大人力资源服务业高层次人才的培养引进力度、开展人力资源服务业专业技术人员继续教育、完善人力资源服务业职业水平评价制度，打造一支素质优良、结构合理的人力资源服务业人才队伍；依法实施人力资源服务行政许可，加强事中事后监管，深入推进人力资源服务机构诚信体系建设，加快人力资源服务标准化建设。

2018 年 5 月国务院第七次常务会议通过《人力资源市场暂行条例》进一步完善了人力资源市场的法制环境，放宽了人力资源市场准入，鼓励社会力量参与，制定出台相关扶持政策。该条例包含总则、人力资源市场培育、人力资源服务机构、人力资源市场活动规范、监督管理、法律责任、附则等内容，系统规范了人力资源市场供需活动。

第三，实施网络强国战略，重视互联网技术对经济和就业的推动作用。2015 年 5 月国务院印发《关于大力发展电子商务加快培育经济新动力的意见》重视电子商务对就业创业的促进作用的发挥。如鼓励电子商务领域就业创业，可以享受有关就业创业扶持政策，以及灵活就业人员的有关扶持政策；根据商户的性质，按规定将网络从业人员纳入各项社会保险或者按灵活就业人员参保缴费办法参加社会保险，并制定了社会保险优惠政策。

2015 年 7 月《国务院关于积极推进"互联网 +"行动的指导意见》专门对推进"互联网 +"作出全面部署。如推动"互联网 +"创新创业，积极推广众包、用户参与设计、云设计等新型研发组织模式，推动跨区域、跨领域的技术成果转移和协同创新；发展"互联网 +"益民服务新业态，发展共享经济，规范发展网络约租车，积极推广在线租房等新业态；发展基于互联网的文化、媒体和旅游等服务新业态。

2015 年 10 月《中共中央关于制定国民经济和社会发展第十三个五年规划的建议》明确指出，坚持就业优先战略，实施更加积极的就业政策；着力解决结构性就业矛盾；完善创业扶持政策，鼓励以创业带就业；统筹人力资源市场，打破城乡、地区、行业分割和身份、性别歧视，维护劳动者平等就业权利；加强对灵活就业、新就业形态的支持，促进劳动者自主就业。

2016 年交通运输部等七部门联合印发《网络预约出租汽车经营服务管理暂行办法》对网约车服务管理做了较全面的规定。如要求网约车平台公司应当保证提供服务的驾驶员具有合法从业资格，按照有关法律法规规定，根据工作时长、服务频次等特点，与驾驶员签订多种形式的劳动合同或者协议；网约车平台公司应当维护和保障驾驶员合法权益，开展有关法律法规、职业道德、服务规范、安全运营等方面的岗前培训和日常教育（见表 3 - 6）。

表 3 - 6   中国企业用工灵活化的相关政策与事件（2013 ~ 2018 年）

相关事件或政策	重要内容
2013 年《劳务派遣行政许可实施办法》	规定劳务派遣行政许可的申请受理、审查批准以及相关的监督检查等程序
2014 年《劳务派遣暂行规定》	提出 10% 的劳务派遣用工限制；以承揽、外包等名义采用劳务派遣用工的，视为劳务派遣用工
2014 年 3 月优步宣布正式进入中国大陆市场	开启了中国的平台经济时代

相关事件或政策	重要内容
2014 年 7 月《国务院关于加快发展生产性服务业促进产业结构调整升级的指导意见》	积极发展信息技术外包、业务流程外包和知识流程外包服务业务。以产业引导、政策扶持和环境营造为重点，推进人力资源服务创新；更好发挥人力资源服务在提升劳动者素质、人力资源配置效率的重要作用。鼓励人力资源服务创新，积极创建人力资源服务知名品牌
2014 年 12 月《国务院关于促进服务外包产业加快发展的意见》	强调服务外包产业培育竞争新优势。构建以中国服务外包示范城市为主体，结构合理、各具特色、优势互补的产业发展格局。支持各类所有制企业从事服务外包业务，多渠道培育壮大市场主体。加强服务外包各类人才培养培训，引育并重加强行业中高端人才队伍建设
2014 年 12 月《人力资源社会保障部、国家发展改革委、财政部关于加快发展人力资源服务业的意见》	构建多层次、多元化的人力资源服务机构集群，增加人力资源服务供给。实施人力资源服务能力提升计划，推进人力资源服务领域的管理创新、服务创新和产品创新。鼓励运用云计算和大数据等技术，推动人力资源服务业信息化建设。重点鼓励人力资源外包、高级人才寻访、人才测评、人力资源管理咨询等新兴业态快速发展。鼓励人力资源服务机构开展自主品牌建设，形成一批知名企业和著名品牌。加强人力资源服务产业园的统筹规划和政策引导
2015 年 5 月《国务院关于大力发展电子商务加快培育经济新动力的意见》	首次公开提出"新就业形态"这一概念，加强支持灵活就业、新就业形态
2015 年 7 月国务院《关于积极推进"互联网＋"行动的指导意见》	提出"发展共享经济，规范发展网络约租车，积极推广在线租房等新业态，着力破除准入门槛高、服务规范难、个人征信缺失等瓶颈制约
2015 年《中共中央关于制定国民经济和社会发展第十三个五年规划的建议》	提出"加强对灵活就业、新就业形态的支持，促进劳动者自主就业"
2016 年《政府工作报告》	提出"加强对灵活就业、新就业形态的支持，促进劳动者自主就业"
2016 年 7 月《网络预约出租汽车经营服务管理暂行办法》	赋予网约车平台与驾驶员意思自治的权利，双方可根据工作时长、服务频次等特点签订多种形式的劳动合同或者协议

相关事件或政策	重要内容
2018 年 3 月江苏吴江《灵活就业人员职业伤害保险办法》《灵活就业人员职业伤害保险实施细则》	允许未建立劳动关系的灵活就业人员参加职业伤害保险
2018 年 6 月《人力资源市场暂行条例》	放宽了人力资源市场准入，鼓励社会力量参与。系统规范了人力资源市场培育、人力资源市场活动规范、监督管理、法律责任等
2018 年 6 月北京"闪送"案	海淀法院认定闪送员与平台公司间存在劳动关系

资料来源：根据公开信息整理。

从企业灵活用工和灵活就业的规模上看，非正规就业成为城镇就业重要组成部分。陈明星等（2021）[①] 经多源数据估算，2016 年中国城镇非正规就业占城镇总就业的 33.2% ~ 44.7%，就业人数达 1.38 亿 ~ 1.55 亿，就业以隐性部分为主。在空间分布上总体呈现东、中、西逐渐减少的特征；在雇佣类型上以从事各类非正规工作的被雇型就业为主；行业结构主要集中在批发和零售贸易及餐饮业，居民服务、修理和其他服务业与制造业等。

从全国的个体就业情况看，个体就业总人数稳步快速增长。2014 年以后，个体就业总人数增量每年突破 1000 万人，2018 年增量最高，达 1800 余万人。2014 年个体就业总人数破 1 亿人，达 10584 万人，2018 年为 16038 万人，突破 1.5 亿人。个体就业总人数从 2013 年的 9335 万人，增加到 2018 年的 1.6 亿人，增加了 6700 万人，增长了 71.8%（见图 3 - 6）。

按城乡分，城镇个体就业人数和乡村个体就业人数双双步入加速轨

---

① 陈明星，黄莘绒，黄耿志，等．新型城镇化与非正规就业：规模、格局及社会融合［J］．地理科学进展，2021（1）：50 - 60.

道，城镇个体就业人数平均增速更高，城镇个体就业人数远高于乡村个体就业人数。城镇个体就业人数从 2013 年的 6142 万人，增加到 2018 年的 10440 万人；2018 年城镇个体就业人数比 2013 年增加约 4300 万人，增长了约 70%。乡村个体就业人数从 2013 年的 3193 万人，增加到 2018 年的 5597 万人；2018 年乡村个体就业人数比 2013 年增加约 2400 万人，增长了 75.3%（见图 3 - 7）。

图 3 - 6　中国个体就业人数

资料来源：国家统计局网站的年度统计数据库（2013 ～ 2018 年）。

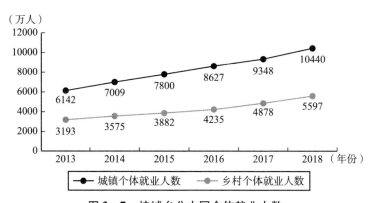

图 3 - 7　按城乡分中国个体就业人数

资料来源：国家统计局网站的年度统计数据库（2013 ～ 2018 年）。

五、健康发展期（2019 年至今）

随着互联网平台型企业的发展，特别是新冠疫情的暴发，进一步催化了"互联网＋"对经济的渗透。在这一阶段新就业态形态受到政府鼓励，出台了一系列鼓励灵活就业、新就业形态发展的支持政策；同时在疫情期间，企业多平台自主号召共享用工，促进了中国灵活用工市场的快速成长。以互联网平台为依托的约车出行、外卖、即时配送、众包等业务模式得到飞速发展，互联网平台因为用工关系较为复杂，劳动者权益保障受到一定损害，为了促进灵活就业和新就业形态的健康发展，政府密集出台了关于维护劳动者权益的政策措施，特别是针对新就业形态的劳动者。据国家统计局相关数据，截至 2021 年底，中国灵活就业人员已经达到 2 亿人，其中从事主播及相关从业人员 160 多万人，较 2020 年增加近 3 倍①。

2019 年，在国务院政府工作报告中指出，要完善就业政策，加大就业培训力度，加大对灵活就业、新就业形态的支持。同年 7 月，《成都市促进新经济新业态从业人员参加社会保险的实施意见》率先对平台从业人员在内的新经济新业态从业人员的社会保险参保制度作出探索性安排。同年 8 月，《国务院办公厅关于促进平台经济规范健康发展的指导意见》提出落实和完善包容审慎监管要求，开展职业伤害保障试点，积极推进全民参保计划。

2020 年 2 月，中央一号文件《中共中央国务院关于抓好"三农"领域重点工作确保如期实现全面小康的意见》提出开展新业态从业人员职业伤害保障试点。同年 7 月国家发展改革委等多部门发布了《关于支持新业

---

① 中国灵活就业者已达 2 亿人　线上工作受到年轻人追捧［EB/OL］.［2022 - 03 - 16］. http：// news. cctv. com/2022/02/09/ARTIlY5KvS8GHsLlCxJDo6Am220209. shtml.

态新模式健康发展激活消费市场带动扩大就业的意见》，明确提出支持网络直播和微商、电商等多样化的自主就业、分时就业。国务院办公厅也在7月发布《关于支持多渠道灵活就业的意见》强调，当下就业形态、个体经营等灵活多样就业方式，是就业创收的重要途径；提出拓宽灵活就业渠道、优化自主创业环境、提高灵活就业的保障支持等政策措施。2020年9月，人力资源社会保障部印发《关于做好共享用工指导和服务的通知》指导和支持企业间使用共享用工，以缓解稳岗压力大、用工波动大等用工难题。2020年11月的《中共中央关于制定国民经济和社会发展第十四个五年规划和二〇三五年远景目标的建议》提出支持和规范发展新就业形态。

2021年4月，《国务院办公厅关于服务"六稳""六保"进一步做好"放管服"改革有关工作的意见》提出，要破除新产业新业态发展的隐性壁垒，开拓就业渠道；监管和引导平台就业，进一步完善服务协议与交易规则收费合理，实现竞争公平有序，促进就业形态发展。

2021年6月，人力资源社会保障部印发《人力资源和社会保障事业发展"十四五"规划的通知》提出，推动全面实施全民参保计划；不限制灵活就业人员就业地参保，鼓励灵活就业人员与新就业形态从业人员等参加企业职工基本养老保险；重点推动中小微企业、灵活就业人员积极参加失业保险；推进平台灵活就业人员职业伤害保障工作。推进以创业带动就业，支持多渠道灵活就业。

2021年7月，人社部等8部委印发《关于维护新就业形态劳动者劳动保障权益的指导意见》从明确劳动者权益保障责任、健全劳动者权益保障制度、优化劳动者权益保障服务、完善劳动者权益保障工作机制四方面对新就业形态进行全面规范管理。

2021年7月，国家市场监管总局等部门印发《关于落实网络餐饮平台责任切实维护外卖送餐员权益的指导意见》，要求外卖平台及第三方合作单位为正式劳动关系的外卖送餐员参加社会保险，支持其他外卖送餐员参加社会保险，而没有建立劳动关系的外卖配送员，给予参保支持，开展职业伤害保障试点；探索保险保障方案。

2021 年 8 月，人力资源社会保障部等部门印发《关于巩固拓展社会保险扶贫成果助力全面实施乡村振兴战略的通知》提出推动推进职业伤害保障试点，加强平台灵活就业人员职业伤害保障。

2021 年 8 月，国务院印发《"十四五"就业促进规划的通知》提出，提高灵活就业人员和新就业形态从业人员的参保率和社会保障水平。要求平台企业规范用工，明确劳动保护责任。完善职业体系，动态调整职业目标，制订新职业标准。

2021 年 9 月，《"十四五"全民医疗保障规划》也明确落实全民参保计划，放开灵活就业人员参保户籍限制职工与城乡居民可以在常住地、就业地参保。

2021 年 11 月，人力资源社会保障部等 5 部门印发《关于推进新时代人力资源服务业高质量发展的意见》强调建立高标准人力资源市场体系规范发展人力资源服务业；促进网络招聘、在线培训、劳务派遣、人力资源服务外包等服务业态；强化劳务外包、劳务派遣中劳动者权益保障。

2021 年 11 月，《中共中央　国务院关于加强新时代老龄工作的意见》提出侧重于学校、医院等单位和社区家政服务、公共场所服务管理等领域，探索适合老年人灵活就业的模式。

2021 年 12 月，发布《"十四五"数字经济发展规划》明确要求，健全灵活就业人员参加工伤保险制度、社会保险制度和劳动者权益保障制度，开始针对灵活就业人员的住房公积金制度试点。新业态企业探索建立劳动保障信用评价、守信激励和失信惩戒等制度。

2022 年 4 月，《国务院办公厅关于进一步释放消费潜力促进消费持续恢复的意见》提出，支持各类劳动力市场、人才市场、零工市场建设，鼓励个体经营、非全日制就业，规范新就业形态发展，完善灵活就业劳动用工，灵活就业人员的社会保障政策（见表 3-7）。

表 3 - 7　　　中国企业用工灵活化的相关政策与事件（2019～2022 年）

相关事件或政策	重要内容
2019 年 7 月《成都市促进新经济新业态从业人员参加社会保险的实施意见》	率先对平台从业人员在内的新经济新业态从业人员的社会保险参保制度作出探索性安排
2019 年 8 月《国务院办公厅关于促进平台经济规范健康发展的指导意见》	提出落实和完善包容审慎监管要求，开展职业伤害保障试点，积极推进全民参保计划
2020 年 2 月中央一号文件《中共中央国务院关于抓好三农领域重点工作确保如期实现全面小康的意见》	提出开展新业态从业人员职业伤害保障试点
2020 年 3 月浙江省湖州市《人力资源和社会保障局等 5 部门关于试行快递企业等新业态从业人员职业伤害保障办法的通知》	允许本市邮政速递、快递业务或外卖配送服务（餐饮）等新业态企业为从业人员参加单险种工伤保险
2020 年 7 月发改委等多部门印发《关于支持新业态新模式健康发展激活消费市场带动扩大就业的意见》	提出强化灵活就业劳动权益保障探索多点执业。探索适应跨平台、多雇主间灵活就业的权益保障、社会保障等政策。完善灵活就业人员劳动权益保护、保费缴纳、薪酬等政策制度，明确平台企业在劳动者权益保障方面的相应责任，保障劳动者的基本报酬权、休息权和职业安全，明确参与各方的权利义务关系
2020 年 7 月《国务院办公厅关于支持多渠道灵活就业的意见》	强调个体经营、非全日制以及新就业形态等灵活多样的就业方式，对拓宽就业新渠道、培育发展新动能具有重要作用。提出三个方面政策措施：拓宽灵活就业发展渠道，优化自主创业环境，加大对灵活就业保障支持
2020 年 9 月《人力资源社会保障部办公厅关于做好共享用工指导和服务的通知》	指导和支持企业间开展共享用工，解决稳岗压力大、生产经营用工波动大的问题
2020 年 11 月《中共中央关于制定国民经济和社会发展第十四个五年规划和二〇三五年远景目标的建议》	提出支持和规范发展新就业形态
2021 年 4 月《国务院办公厅关于服务"六稳""六保"进一步做好"放管服"改革有关工作的意见》	提出着力推动消除制约新产业新业态发展的隐性壁垒，不断拓宽就业领域和渠道；加强对平台企业的监管和引导，促进公平有序竞争；推动平台企业依法依规完善服务协议和交易规则，合理确定收费标准，改进管理服务，支持新就业形态健康发展

相关事件或政策	重要内容
2021年6月人力资源社会保障部印发《关于印发人力资源和社会保障事业发展"十四五"规划的通知》	规划明确推动全面实施全民参保计划;放开灵活就业人员在就业地参加社会保险的户籍限制,积极促进有意愿、有缴费能力的灵活就业人员以及新就业形态从业人员等参加企业职工基本养老保险;重点推动中小微企业、灵活就业人员积极参加失业保险;推进平台灵活就业人员职业伤害保障工作。推进以创业带动就业,支持多渠道灵活就业
2021年7月人社部等八部委印发《关于维护新就业形态劳动者劳动保障权益的指导意见》	从明确劳动者权益保障责任、健全劳动者权益保障制度、优化劳动者权益保障服务、完善劳动者权益保障工作机制四方面对新就业形态进行全面规范管理
2021年7月国家市场监管总局等部门印发《关于落实网络餐饮平台责任切实维护外卖送餐员权益的指导意见》	督促餐饮外卖平台及第三方合作单位为建立劳动关系的外卖送餐员参加社会保险,支持其他外卖送餐员参加社会保险,按照国家规定参加平台灵活就业人员职业伤害保障试点。探索提供多样化商业保险保障方案
2021年8月人力资源社会保障部等部门印发《关于巩固拓展社会保险扶贫成果助力全面实施乡村振兴战略的通知》	提出推动放开外地户籍灵活就业人员在就业地参加职工养老保险的户籍限制,组织未参加企业职工基本养老保险的灵活就业人员按规定参加城乡居民基本养老保险,推动基本养老保险应保尽保。推进职业伤害保障试点,加强平台灵活就业人员职业伤害保障
2021年8月《国务院关于印发"十四五"就业促进规划的通知》	提出引导支持灵活就业人员和新就业形态劳动者参加社会保险,提高灵活就业人员和新就业形态劳动者社会保障水平。规范平台企业用工,明确平台企业劳动保护责任。健全职业分类动态调整机制,持续开发新职业,发布新职业标准
2021年9月《"十四五"全民医疗保障规划》	明确落实全民参保计划,推进职工和城乡居民在常住地、就业地参保,放开灵活就业人员参保户籍限制
2021年11月《人力资源社会保障部、国家发展改革委、财政部、商务部、市场监管总局关于推进新时代人力资源服务业高质量发展的意见》	规范发展网络招聘等人力资源服务,规范劳务派遣、人力资源服务外包、在线培训等人力资源服务。以加强劳动者的社会保障为重点,着力解决劳务派遣和劳务外包中的保障缺失和不足问题,维护劳动者合法权益
2021年11月《中共中央国务院关于加强新时代老龄工作的意见》	提出在学校、医院等单位和社区家政服务、公共场所服务管理等行业,探索适合老年人灵活就业的模式

续表

相关事件或政策	重要内容
2021 年 12 月国务院发布的《"十四五"数字经济发展规划》	提出完善灵活就业的工伤保险制度。健全灵活就业人员参加社会保险制度和劳动者权益保障制度，推进灵活就业人员参加住房公积金制度试点。探索建立新业态企业劳动保障信用评价、守信激励和失信惩戒等制度
2022 年 4 月《国务院办公厅关于进一步释放消费潜力促进消费持续恢复的意见》	支持各类劳动力市场、人才市场、零工市场建设，支持个体经营发展，增加非全日制就业机会，规范发展新就业形态，健全灵活就业劳动用工和社会保障政策

资料来源：作者根据公开信息整理。

第四章

数字经济时代企业用工模式选择

企业用工模式如何选择，特别是数字经济时代用工模式如何抉择，还未有系统的理论分析模型，本章将着重探索和构建企业用工模式选择影响因素分析模型框架。经过系统研究，企业用工模式选择主要受到企业用工需求、劳动力供给、劳动力成本、数字技术进步、就业和用工政策法规等五大方面影响。

一、企业用工需求对用工模式的影响

企业管理层的人力资源管理思维、企业业务订单的季节性波动、企业生命周期等从用工需求方面，对企业用工模式选择产生一定影响。

（一）企业人力资源管理思维对用工模式的影响

1. 战略人力资源管理思维

从发展历程看，战略人力资源管理（Strategic Human Resource Management）经由传统人事管理、人力资源管理阶段发展而来。传统人事管理阶段，发端于18世纪的工业革命时期，形成于19世纪20年代，以泰勒的科学管理理论、梅奥的霍桑实验等为代表，企业主要围绕"事"为中心进行人事管理活动。人力资源管理阶段，源于1954年彼德·德鲁克《管理的实践》中提出的"人力资源"概念，行为科学理论更加强调了人是企业一项重要的资源，需要有效利用人力资源，企业的人力资源部职能得到了扩展，包括人力资源规划、开发、工作设计、职业规划等。战略人力资源管理阶段，起源于19世纪80年代，以戴瓦纳等（Devanna et al.）学者的论文《人力资源管理：一个战略观》① 为代表提出，经济全球化的发展，企业认识到人力资源是获取竞争优势的战略资本，企业人力资源部参与到企业战略的制定和执行中，强调人力资源管理战略与企业整体战略的协调性。

战略人力资源管理的概念解释无统一表述，以莱特和麦克马汉（Wright & McMahan，1992）② 提出的定义较为流行，他们将战略人力资源管理界定为"以组织实现其目标为目的，有计划的人力资源部署和活动模式"。该定义有别于传统人力资源管理，强调了人力资源管理实践需要在垂直方向上与组织的战略管理过程相联系，也需要在水平方向上有计划协调一致行动。

战略人力资源管理的特征主要有：第一，人力资源是企业获取竞争优势的最重要资源。企业的核心人员是企业的根本资源，也是技术资源、管理资源及相关资源的获取源。第二，参与战略决策是人力资源管理的核心职能，战略人力资源管理职能不是具体执行性事务，而是偏重组织层次的决策、规划与实践汇总。第三，人力资源管理职能与组织战略规划是动态一体联系的，将直接融入企业战略形成和执行过程中。第四，更加强调员

---

① Devanna A M，Fombrun C，Tichy N. Human resources management：A strategic perspective [J]. Organizational Dynamics，1981.

② Wright P & Mcmahan G. Theoretical Perspectives for Strategic Human Resource Management [J]. Journal of Management，1992，37：17~29.

工与企业目标的一致性，以及企业人力资源管理活动的匹配性、协调性。第五，人力资源管理部门的绩效，与企业绩效融为一体，更多关注企业绩效获取和保持持续的竞争力（颜士梅，2003）①。

数字经济时代企业的竞争，归根到底是人力资源的竞争，特别是核心人力资源的竞争，企业实施战略人力资源管理思维，将对传统的人力管理理念升级。企业用工，将更多关注核心人力资源的获取、培育、使用，不断增强人力资源素质，这会引起企业用工需求量和用工人员结构的变化，企业将更多关注核心人员的战略储备，而非核心人员将更多引入灵活化用工。

2. 战略柔性思维

企业经营环境更为多变、竞争性更强，企业资源的获取和配置更加强调柔性，并提高到了战略的高度，增强企业管理的战略柔性是企业管理的重要思维之一。战略柔性学界有多种描述，一般认为包括资源柔性和能力柔性。如桑切斯（Sanchez，1995）② 认为，企业战略柔性取决于资源的拥有和获取能力，包括两种能力，即资源柔性和协调柔性。资源柔性反映企业的资源本身，是企业创造或积累资源的固有灵活性；协调柔性反映企业利用资源的能力，是企业协调、运用可获得资源的灵活性。战略柔性作为一种动态能力，能够帮助企业调整现有资源，打破原有运作模式，促进资源灵活使用（陈育增，2022）③。

企业保持一定的战略柔性，可以增强企业创新能力，提高企业绩效。如，桑切斯（1995）④研究表明，企业较高的战略柔性可以促进创新工作，形成新产品和新的竞争优势，进而提高企业绩效。陈国权和王晓辉等

---

① 颜士梅. 战略人力资源管理 ［M］. 北京：经济管理出版社，2003（6）：29－30.
②④ Sanchez R. Strategic flexibility in product competition ［J］. Strategic Management Journal, 1995，16（1）：135－159.
③ 陈育增. 中小企业战略柔性文献综述 ［J］. 河北企业，2022（1）：75－77.

（2012）① 研究表明，组织授权和组织学习能力对战略柔性有正向影响，并进一步提高组织绩效。许晓娜和赵德志（2020）② 研究发现，资源柔性和协调柔性对组织创造力均有正向影响。资源柔性和协调柔性使组织资源的获取、积累、配置和协调具有灵活性，使资源转换的难度降低、成本减少、时间缩短，为增强组织创造力提供了资源基础。

人力资源作为企业最为重要的战略资源，为适应环境的动态变化和日益增强的竞争性，企业保持人力资源战略柔性，才能更好实现战略目标，提高企业绩效。企业用工应当注重战略柔性思维，尽可能获取技术人才和战略人才等核心人才，保持异质性资源柔性。当核心人才不能为企业所有，可以采取"人才为我所用"，从外部通过柔性引进，灵活使用。而对于一般岗位人员，可以采用一定比例灵活用工，借助外部人力资源服务机构力量，保持资源柔性，通过灵活配置人力资源，增强调配能力，保持协调柔性。

（二）企业业务订单的季节性波动对用工模式的影响

有些企业业务受多种因素影响呈现季节性波动特征，业务波动性大，引起企业用工季节性波动，人力资源市场上出现季节性供需矛盾成为常态。业务需求的季节性波动，从保持灵活性、降低企业运营成本考虑，企业用工一般采取劳务外包、打零工等灵活用工方式。

业务季节性波动主要受如下因素影响：第一，经济周期的影响。当经济处于上行周期时，企业扩大产能，企业用工需求增长；而经济处于下降周期时，企业生产产能过剩，用工需求将压缩（孙丽莎，2016）③。第二，

---

① 陈国权，王晓辉，李倩，等．组织授权对组织学习能力和战略柔性影响研究［J］．科研管理，2012，33（6）：128－136．

② 许晓娜，赵德志．战略柔性、政治技能与组织创造力：环境不确定性的调节作用［J］．东北大学学报（社会科学版），2020，22（5）：31～39．

③ 孙丽莎．企业季节性用工的法律问题研究［D］．呼和浩特：内蒙古大学，2016．

节假日因素。如春节时期用工季节性比较明显，因为春节一般外出就业人员会选择回家过年，而春节也是企业销售最旺的时段之一，春节期间经常出现人力资源短缺（吴敏良，2009）①。第三，企业供应链季节性。如，棉花加工行业，新疆是主要棉花生产地区，在棉花成熟季节，需要大量的采摘棉花工人，而棉花加工企业的需要大量工人进行棉花加工处理，呈现明显的农作物供应周期性波动（孙丽莎，2016）②。第四，企业经营决策引起的波动。如企业研制新的产品或者推出新服务项目时，也会出现短暂的用工高峰；企业发展战略方向调整时，也会引起用工需求的调整变化（孙丽莎，2016）③。

（三）企业生命周期对用工模式的影响

企业也和自然界的生物一样，也是有生命特征的，管理学界以此为出发点产生了企业生命周期理论。企业生命周期理论最早由马森·海尔瑞1959年提出，其认为企业可以被看作是自然界的生物，往往会有诞生、成长、停滞和死亡的现象（赵艳梅，2013）④。随后有关企业生命周期的研究逐步发展，出现了企业生命周期的四阶段理论、十阶段理论、六阶段理论、五阶段理论。

国外的企业生命周期理论以美国的伊查克·爱迪斯的研究最为深入系统。爱迪斯的著作《企业生命周期》⑤，奠定了其企业生命周期领域的核心地位。该书中指出，企业生命周期主要受灵活性和自我控制能力影响，当企业处于成长期，企业灵活性非常强，而自控能力较弱；而当处于老化阶段时期，企业自控能力增强，但失去了灵活性。并将企业生命周期细分为十个阶段：孕育期、婴儿期、学步期、青春期、壮年期、稳定期、贵族

① 吴敏良. 企业用工季节性变动规律及对策探讨 [J]. 现代商业，2009（20）：156-157.
②③ 孙丽莎. 企业季节性用工的法律问题研究 [D]. 呼和浩特：内蒙古大学，2016.
④ 赵艳梅. 企业生命周期视角下的人力资源外包研究 [D]. 西安：陕西科技大学，2013.
⑤ [美] 伊查克·爱迪思. 企业生命周期 [M]. 赵睿，译. 北京：华夏出版社，2004.

期、官僚化早期、官僚期、死亡。

国内的企业生命周期理论，主要以陈佳贵的六阶段理论和李业提出的修正模型为代表。陈佳贵（1995）[①] 构建了企业生命周期模型，将企业规模、大小作为纵坐标，分为大中型企业和小型企业两类；将企业成长方式分为 A 型欠发育型、B 型正常发育型、C 型超常发育型三种类型；横坐标将企业生命周期分为孕育期、求生存期、高速发展期、成熟期、衰退期和蜕变期等六个阶段。李业（2000）将销售额作为纵坐标，将企业生命周期分为孕育期、初生期、成长期、成熟期和衰退期五个阶段[②]。

虽然对生命周期阶段划分不统一，但学界一般包括初创期、成长期、成熟期、衰退期。曹等（2011）[③] 指出，虽然企业生命周期划分方法不同，但一般认为企业发展均存在诞生、成长、稳定到衰退的过程。袁玉赞（2017）[④] 将企业生命周期分为初创期、成长期、成熟期和衰退期。赵艳梅（2013）[⑤] 认为企业会经历出生、成长、成熟到衰老、死亡四个阶段。

企业不同生命周期阶段有不同经营特征，也会采取不同的用工策略。具体分析如下：

（1）初创期。这个时期，企业市场规模小，业务不稳定，财务压力大。人员需求小，管理还不规范，可能没有专门的人力资源管理部门，主要是核心关键人员为主，需要多面手人才。有时短期内有较大业务订单，可以采取外包等灵活用工方式。因此，初创期的企业用工以标准雇佣为主，灵活用工为辅。

（2）成长期。这个时期，企业业务开始走向正轨，业务订单呈上升

---

① 陈佳贵. 关于企业生命周期与企业蜕变的探讨 [J]. 中国工业经济, 1995 (11): 5－13.

② 李业. 企业生命周期的修正模型及思考 [J]. 南方经济, 2000 (2): 47－50.

③ Cao Y, Chen X, Wu D D, et al. Early warning of enterprise decline in a life cycle using neural networks and rough set theory [J]. Expert Systems with Applications An International Journal, 2011, 38 (6): 6424－6429.

④ 袁玉赞. 基于企业生命周期理论的 TR 公司成长路径研究 [D]. 北京: 华北电力大学, 2017.

⑤ 赵艳梅. 企业生命周期视角下的人力资源外包研究 [D]. 西安: 陕西科技大学, 2013.

势头，财务压力开始减小，管理部门逐步扩大，人力资源管理部开始规范化管理。人员需求跟随业务量呈快速增长趋势，关键核心人才和普通员工的需求迅速扩大。此时，企业用工模式，标准用工和灵活用工需求都处于上升阶段。关键核心人员可以通过招聘外包、高级人才寻访等人力资源服务机构协助完成，普通员工可以采用劳务外包、劳务派遣等方式。

（3）成熟期。这个时期，企业业务板块趋于稳定，市场声誉较高，市场规模处于高位，盈利能力处于较高水平，人力资源管理更加科学精细规范。人员需求高位运行，空岗少。企业市场声誉高，也容易吸引到各类人员。此时，企业用工维持之前的模式，标准用工和灵活用工人员处于相对稳定水平。

（4）衰退期。这个时期，企业在市场竞争中失利，市场占有率下降，盈利能力下滑，甚至亏损，企业管理内耗加大。业务订单下滑，企业普通人员过剩，企业开始较大规模裁员。核心关键人才开始流失，需要寻求能整合资源、开拓创新的关键人才，引领企业走向新一轮生命周期之路。此阶段，标准用工人员大量裁员后，企业出现短期用工高峰时，可以采取灵活用工，保持较高灵活性和经济性。

二、劳动力供给对用工模式的影响

劳动者是企业灵活用工的供给方，人力资源供给总量、结构、素质，劳动者工作偏好等都对企业灵活化有一定影响。

（一）人力资源供给

劳动力供给一般指一定市场工资率条件下，劳动者愿意而且能够提供的劳动时间。企业劳动力供给有两种来源，一是企业内部工作人员，二是外部劳动力市场供给。当内部供给不能满足需要时，企业会考虑从外部获取人力资源。

除了市场工资率，影响人力资源供给的因素主要有：人口规模和结构、劳动者工作偏好、劳动工资制度等。其中，工资率的变动存在劳动力供给的替代效应和收入效应。替代效应是指工资提高引起工作对闲暇的替代，就是说随着工资的增加，替代效应增加了劳动供给；收入效应是指工资增加，提高了收入进而增加了对闲暇的需求，而工作时间被挤出，就是说工资的收入效应会减少劳动供给。

企业用工模式的选择，会受到人力资源供给数量和质量的影响。一般来说，企业所需人力资源，在人力资源市场供给量充足和人力资源素质符合企业所需时，企业可以自由选择标准用工和灵活用工方式。而当企业所需人力资源供给不足或素质不达标时，企业不能左右外部人力资源市场，因此会改变标准用工模式，转而使用灵活用工作为补充，如选择外部人力资源服务机构的劳务派遣、劳务外包、兼职、众包等用工模式。

（二）劳动者工作偏好

劳动者工作偏好是影响劳动供给的重要因素之一。在劳动力市场中，偏好作为劳动者个体的主观感受和意愿，会显著影响其劳动供给时间（Renaud，2002）[1]。如果灵活就业者对其工作偏好较强，其可能拥有更高的工作满意度，更有可能会延长其劳动供给时间（戚聿东等，2021）[2]。美国心理学家亚伯拉罕·马斯洛（Abraham Maslow）的需要层次理论（Need Hierarchy Theory）认为每个人有五种需要，包括生理需要（如食物和衣服）、安全需要（如工作保障）、社会需要（如友谊）、尊重、自我实现需要等。其中自我实现需要是一种追求个人能力极限的内驱力，不断挖

---

[1]　Renaud，Stephane. Rethinking the union membership/job satisfaction relationship：Some empirical evidence in Canada ［J］. International Journal of Manpower，2002，23（2）：137–150.

[2]　戚聿东，丁述磊，刘翠花. 数字经济背景下互联网使用与灵活就业者劳动供给：理论与实证［J］. 当代财经，2021（5）：3–16.

掘自身潜能，实现自己的追求。美国行为科学家克雷顿·奥尔德弗（Clayton Alderfer）的 ERG 理论（ERG Theory）指出，人有 3 种核心需要，包括生存（Existence）需要（基本的物质需求）、相互关系（relatedness）需要（发展人际关系的需要）、成长（growth）需要（自我发展和自我完善的需要）（陈国权，2006）[①]。

　　劳动者不同的偏好，对工作会持有不同观点，进而影响劳动供给和工作绩效。企业能给予劳动者的工作条件，包括工资、薪酬福利、职业生涯规划等，以及企业文化特征，包括企业对员工的尊重与关心、同事间和谐关系以及对员工工作试错的容忍等，都能影响到劳动者本身工作偏好的满足，而且不同劳动者追求的偏好有差异，企业提供的工作条件和企业文化如果能与劳动者个人偏好相匹配，劳动供给时间会提高，工作人员将更积极高质量完成工作；如果两者不匹配，将对劳动供给有负面影响，工作人员会出现消极怠工等，工作绩效将降低。

　　当前年轻一代更倾向于弹性工作机制、灵活就业机会，倾向工作和家庭兼顾，这给企业采用灵活用工提供了有利选择。德勤《2017 千禧一代年度调研报告》[②] 发现，千禧一代更倾向弹性工作安排，比如弹性选择上班时间、地点，以便在工作的同时能够兼顾家庭责任。他们对雇主也更加忠诚，工作更积极产生高工作绩效。全球范围内倾向于灵活就业的人占比31%，欧美发达国家占比 25%，中国、印度等新兴市场倾向于灵活就业的人占到 37%（万宝盛华，2020）[③]。德勤《2020 全球人力资本趋势报告》[④] 指出，有59%的受访者认同"代际差异正在扩大"，比如不同时代的员工都很在意工作与生活之间的灵活性、期望获得企业承诺及工作保障

---

① 陈国权. 组织行为学 [M]：北京：清华大学出版社，2006.

② 德勤. 2017 "千禧一代" 年度调研报告 [EB/OL]. https：//www.mayi888.com/archives/10756.

③ 万宝盛华. 中国灵活用工与合规管理研究分析报告 [EB/OL]. https：//www.manpowergrc.com/pdf/about_research/20200923162241_94232414_sc.pdf，2020.

④ 德勤. 2020 全球人力资本趋势报告 [EB/OL]. http：//www.360doc.com/content/20/0520/18/68816611_913526909.shtml

以及期望获得职业发展。

三、劳动力成本对用工模式的影响

劳动力成本是指企业（单位）因雇佣社会劳动力而支付的费用。根据1996年国际劳工组织（ILO）的定义，劳动力成本是由雇主承担的所有与雇佣关系有关的支出的总额。根据国际劳工组织的规定，劳动力成本是劳动者所有报酬之和，劳动者报酬包括了工资、奖金、实物报酬和保险等。因此，劳动力成本的范围不仅包括以货币形式表现的工资和薪金，还包括以物质或非物质形式表现的福利，如实物发放、社会保障等（冷晴等，2014）[①]。根据国务院批准发布的《关于工资总额组成的规定》[②]，工资由计时工资、计件工资、奖金、津贴和补贴、加班加点工资、特殊情况下支付的工资六个部分组成；工资的计算以直接支付给职工的全部劳动报酬为依据，不论是否计入成本，不论是以货币形式还是以实物形式支付均包括在内。它不仅包括基本工资、奖金福利、津补贴，还包括了用人单位代缴的住房公积金、医疗保险金、基本养老保险金、失业保险金以及代扣个人收入所得税等（冷晴等，2014）[③]。

近年来，我国劳动力成本呈上升趋势，众多学者对劳动力成本的变化开展了研究。如丁守海（2011）研究表明，受计划生育政策、人口结构转型的影响，中国低技能劳动力市场供给结构发生了深入、彻底的变化，低技能劳动力出现明显短缺，农民工平均工资迅速上涨[④]。沈永建等（2017）[⑤]研

[①③]　冷晴，龚丹，韩梅.江西省劳动力成本变动因素及影响分析［J］.中国统计，2014（2）：56−58.

[②]　《关于工资总额组成的规定》（国家统计局令第1号）［J］.中华人民共和国国务院公报，1990（1）：25−28.

[④]　丁守海.劳动剩余条件下的供给不足与工资上涨：基于家庭分工的视角［J］.中国社会科学，2011（5）：4−21.

[⑤]　沈永建，范从来，陈冬华，等.显性契约、职工维权与劳动力成本上升：《劳动合同法》的作用［J］.中国工业经济，2017（2）：117−135.

究发现，劳动力成本总量上升的原因，主要是《中华人民共和国社会保险法》和《住房公积金管理条例》等法律法规的实施，同时新《劳动合同法》强化这些法律法规的实施。张三峰和徐心悦（2022）[①] 指出，中国劳动力成本快速上涨，包括低技能劳动力工资迅速上涨，高技能劳动力成本也呈上涨势头。此外，根据《第一财经》的报道，因为劳动力成本上升，中国纺织服装业大量产能转移到东南亚国家，东南亚已成为多数国际服装品牌代工首选地。如加拿大运动服装品牌（Lululemon）2009 年有 75% 的产品在中国生产，而 2020 年中国代工的份额只占 9%，东南亚及南亚已占据了 80% 以上[②]。

从对企业用工模式影响看，面对日益增长的劳动力成本，企业为了降本增效，防范因法律法规对用工的合规要求带来的用工风险，越来越多的企业采取了非标准劳动用工、劳务外包、兼职、众包、平台型用工等多元化用工模式。可以说，劳动力成本是企业用工灵活化的主要动因。

四、数字技术进步对用工模式的影响

网络通信、集成电路、自动化设备、工业机器人、智能软件管理系统、大数据、人工智能、区块链、传感器、量子信息等技术持续创新，企业的经营模式、组织结构、人们的工作方式也发生了较大变革。企业组织逐步呈现网络化、扁平化、无边界等特征，企业用工模式也变得更为灵活。

德勤发布《2018 全球人力资本趋势报告》[③] 显示，技术变革在创造了实现可持续、包容性增长的众多机会的同时，也对社会产生不可预见的影响。人工智能（AI）和新通信技术的进步正在从根本上改变工作的完成

---

① 张三峰，徐心悦."技能偏向型"技术进步、就业结构升级与劳动力成本上涨 [J]. 阅江学刊，2022，14（2）：121 – 132.

② 第一财经. 劳动力成本仅中国的五分之一！东南亚成多数国际服装代工地 [EB/OL]. https://baijiahao.baidu.com/s? id = 1722252412780486667&wfr = spider&for = pc，2022.

③ 2018 德勤全球人力资本趋势报告中文版 [EB/OL]. http://www.360doc.com/content/18/0410/11/34630855_744414240.shtml.

方式、工作的主体，以及影响社会的方式。而德勤《2019 年全球人力资本趋势报告》指出，业内领先组织正在努力把人类加入进来——重新思考工作架构、重新培训员工、重新构架组织以便使用技术改造业务。国家信息中心的《数字经济对就业与收入分配的影响研究》① 表明，数字经济时代，网络化、扁平化的平台型组织崛起壮大，成为最为重要的数字经济用工主体。王本章、毕夏洁（2020）② 研究发现，新兴的互联网企业产品研发与技术迭代的速度惊人，它们可以快速地顺应市场需求开发新产品。企业根据业务需求跨部门组建研发小组，按预定时间完成任务，并向市场反馈调整。而新媒体运营、创意设计等行业，可以通过在线发布任务，能够短时间内快速征集优秀作品。"发布任务，按需用人、迅速匹配"的灵活用工模式，提升了组织的灵活性及应对市场变化的能力。2020 年 11 月人力资源媒体公司 HRoot 发布《全球人力资源服务供应商市值排名》显示，新冠肺炎疫情改变了一部分人的工作方式，接纳远程、数字化工作方式的公司股票市值大幅提升，自由职业者平台在疫情的催化作用下也获得了快速增长。以 Fiverr 为例，自 2020 年初以来，市值已增长了近 8 倍，截至 11 月 26 日收盘时间，市值已达到 72.24 亿美元。③

五、政策法规对用工模式的影响

党和政府的政策法规宏观调控也会影响企业用工模式的选择，其中就业政策和用工制度的影响较为明显。

---

① 国家信息中心青年人才基础研究项目成果.《数字经济对就业与收入分配的影响研究》［EB/OL］. http：//www. sic. gov. cn/Column/637/1. htm, 2022.

② 王本章，毕夏洁. 后疫情时代的企业用工变革［J］. 商场现代化，2020（15）：81-83.

③ HRoot. 自由职业者平台市值暴涨近 8 倍，国内灵活用工行业近况如何？［EB/OL］. https：//www. hroot. com/d_new-421823. hr, 2020.

（一）就业政策对用工模式的影响

就业是民生之本，是发展之基。我国一直重视就业工作，近年来我国实施就业优先战略，将就业放在经济社会发展的优先位置，坚持把就业摆在"六稳""六保"首位。国家"十二五"规划纲要明确提出了实施就业优先战略以来，特别是党的十八大以后，对积极就业政策的内容作了丰富和发展，强调了将就业与创业结合起来，《关于大力推进大众创业万众创新若干政策措施的意见》提出推进"大众创业，万众创新"。国务院印发《关于做好当前和今后一段时期就业创业工作的意见》，提出坚持实施就业优先战略、支持新就业形态发展、促进以创业带动就业、抓好重点群体就业创业、强化教育培训和就业创业服务等五个方面的政策措施（张小建，2019）①。党的十九大报告强调，就业是最大的民生，要坚持就业优先战略和积极就业政策，实现更高质量和更充分就业。

自新冠肺炎疫情暴发以后，国际形势日益复杂多变，我国多措并举千方百计稳定和扩大就业，特别强调支持和规范发展新就业形态，大力拓宽就业渠道。2020年《国务院政府工作报告》指出，当前我国包括零工在内的灵活就业人员数以亿计，尤其是电商网购、在线服务等新业态在抗疫中发挥了重要作用，要大力发展平台经济、共享经济，打造数字经济新优势。2020年7月，国务院办公厅印发的《关于支持多渠道灵活就业的意见》中强调，当前新业态蓬勃发展，要取消对灵活就业的不合理限制，鼓励自谋职业、自主创业。同年10月，党的十九届五中全会再次提出要强化就业优先政策，实现更加充分更高质量就业。2021年《国务院政府工作报告》进一步指出，就业优先政策需要继续强化，聚力增效，支持和规范发展新就业形态，继续对灵活就业人员给予补贴。2022年《国务院政府工作报告》明确指出，要强化就业优先政策，大力拓宽就业渠道，注重

---

① 张小建. 改革开放四十年中国就业砥砺前行：回顾与展望 [J]. 中国劳动，2019（1）：5-14.

通过稳市场主体来稳就业，增强创业带动就业作用；强化优化各类专项促就业政策，坚决清理取消对就业创业的不合理限制；各地都要千方百计稳定和扩大就业。

我国就业优先战略的实施，积极就业政策的推行，特别是对灵活就业和新业态就业的支持与规范发展，从企业用工角度看，新时代对灵活就业政策既有鼓励发展的一面，也有规范新就业形态发展的一面，这对企业用工灵活化既带来机遇、也带来挑战，规范发展从长远看也是企业灵活用工可持续健康发展的必要举措。

（二）用工政策对企业用工模式的影响

我国的用工制度经历了固定工制、固定工和临时工双轨制、劳动合同工制、标准用工和灵活用工制。固定工制，主要是在计划经济时代，劳动用工实施统包统配，其主要特征是"能进不能出、能上不能下、干多干少一个样、企业承担社会功能"的"铁饭碗"制度（李井奎等，2017）①。

固定工制不能满足企业临时、季节性等生产任务，缺乏弹性，逐渐出现了临时工制度，并成了一种主要的辅助用工制度，也是改革开放后进城务工人员主要受雇模式（李伟阳，2021）②。1965 年国务院印发《关于改进对临时工的使用和管理的暂行规定》，明确规定各单位招用临时工必须签订劳动合同，并要求企、事业单位积极推行用工双轨制，多用临时工，少用固定工。③ 1983 年 2 月，劳动人事部发布了《关于积极试行劳动合同制的通知》，开始在国营企业中推行劳动合同制改革的试点工作，1986 年 7 月，国务院发布了《国营企业实行劳动合同制暂行规定》，国营企业全

---

① 李井奎，朱林可，李钧. 劳动保护与经济效率的权衡：基于实地调研与文献证据的《劳动合同法》研究 [J]. 东岳论丛，2017 (7)：81 – 92.

② 李伟阳. 一个企业、两种制度：用工体制演变及劳务派遣工的工作组织与管理 [J]. 中国人事科学，2021 (6)：41 – 53.

③ 国务院. 关于改进对临时工的使用和管理的暂行规定（国经字 74 号）[Z]，1965 – 03 – 18.

面实行统一的劳动合同用工制（李井奎等，2017）①。

《劳动法》的实施结束了临时工制，双轨制用工模式转向了统一的劳动合同用工制度。1994 年 7 月，《中华人民共和国劳动法》在第八届全国人大常委会第八次会议上审议通过。这标志着双轨制用工模式彻底转变为统一的劳动合同用工制，"临时工"制度彻底退出历史舞台（李伟阳，2021）②。《中华人民共和国劳动法》于 1995 年施行，规定订立劳动合同以确立职工与企业之间的劳动关系，2008 年施行的《中华人民共和国劳动合同法》作为专项法律的形式将劳动关系的建立和调整纳入法制化轨道（张小建，2019）③。

随着劳动合同用工制推进，劳动用工进一步规范，合同用工灵活性不足，企业用工成本的上升，以劳务派遣为代表的灵活用工模式逐渐被广泛使用。劳务派遣最初是为了解决外事机构在华用工问题而设立的（来有为，2013）④。1979 年 11 月，国内第一家从事劳务派遣服务的企业——北京市友谊商业服务总公司宣告成立，其为北京外企人力资源服务有限公司（FESCO）的前身⑤。20 世纪 90 年代随着解决农村劳动力与国企改革下岗待业人员就业而发展起来。21 世纪初我国加入世界贸易组织以来，缺乏专门法律法规规制，劳务派遣用工快速发展。据全国总工会测算，2006 年前后全国劳务派遣工大约为 2500 万人。⑥ 2007 年《中华人民共和国劳动合同法》增加了劳务派遣方面的规制内容。2012 年以后国家对劳务派

① 李井奎，朱林可，李钧. 劳动保护与经济效率的权衡：基于实地调研与文献证据的《劳动合同法》研究 [J]. 东岳论丛，2017（7）：81–92.
② 李伟阳. 一个企业、两种制度：用工体制演变及劳务派遣工的工作组织与管理 [J]. 中国人事科学，2021（6）：41–53.
③ 张小建. 改革开放四十年中国就业砥砺前行：回顾与展望 [J]. 中国劳动，2019（1）：5–14.
④ 来有为. 我国劳务派遣行业发展中存在的问题及解决思路 [J]. 经济纵横，2013（5）：42–45.
⑤ 王剑栋. 我国劳务派遣制度的历史、问题与趋势 [J]. 人力资源管理，2016（2）：61–63.
⑥ 全总劳务派遣问题课题组. 当前我国劳务派遣用工现状调查 [J]. 中国劳动，2012（5）：23–25.

遣作了进一步规制，劳务派遣进入了规范和收缩阶段。2012 年 12 月，十一届全国人大常委会第三十次会议修订了《中华人民共和国劳动合同法》，首次对劳务派遣之"三性"进行了界定，并规定劳务派遣工不得超过用工单位"用工总量的一定比例"。2014 年 1 月，人力资源社会保障部颁布的《劳务派遣暂行规定》，规定了劳务派遣用工占用工总量 10% 的比例限制，以及劳务派遣工发生工伤及职业病后的责任承担等问题（李伟阳，2021）[①]。

六、企业用工模式选择影响因素分析框架

综合前述企业用工模式选择的主要影响因素分析，可以构建如下"企业用工模式选择影响因素分析框架"（见图 4 - 1）：

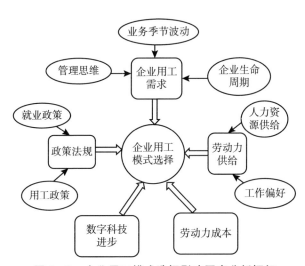

图 4 - 1　企业用工模式选择影响因素分析框架

资料来源：作者自行研制。

---

① 李伟阳．一个企业、两种制度：用工体制演变及劳务派遣工的工作组织与管理［J］．中国人事科学，2021（6）：41 - 53.

企业用工模式选择的主要因素包括如下五大方面：

第一，企业用工需求是影响用工模式选择的主要原动力。企业用工模式的选择从用工需求的角度，主要受到企业人力资源管理思维、业务订单季节性波动、企业生命周期的影响等主要因素推动或制约。（1）企业人力资源管理思维直接影响到企业用工模式选择。企业贯彻战略人力资源管理思维，企业将更多关注核心人员的战略储备，而非核心人员将更多引入灵活化用工；企业用工的战略柔性思维，当核心人才不能为企业所有，可以采取"人才为我所用"，从外部通过柔性引进，灵活使用。而对于一般岗位人员，可以采用一定比例灵活用工，借助外部人力资源服务机构力量。（2）企业业务需求的季节性波动性，从保持灵活性、降低企业运营成本考虑，企业用工一般采取劳务外包、打零工等灵活用工方式。（3）企业不同生命周期阶段会采取不同的用工策略。初创期的企业用工以标准雇佣为主，灵活用工为辅；成长期企业用工，关键核心人员可以通过招聘外包、高级人才寻访等人力资源服务机构协助完成，普通员工可以采用劳务外包、劳务派遣等方式；成熟期企业用工维持之前的模式，标准用工和灵活用工人员处于相对稳定水平；衰退期的企业，标准用工人员大量裁员后，企业出现短期用工高峰时，可以采取灵活用工，保持较高灵活性和经济性。

第二，从劳动力供给角度看，劳动者的工作偏好、人力资源供给数量质量制约着企业用工模式的选择。（1）人力资源供给数量和质量影响到企业用工模式选择自由度。当人力资源市场供给量充足和人力资源素质符合企业所需时，企业可以自由选择标准用工和灵活用工方式。而当企业所需人力资源供给不足或素质不达标时，将使用灵活用工作为补充。（2）劳动者工作偏好是影响劳动供给的重要因素之一。当前年轻一代劳动者更倾向于弹性工作机制、灵活就业机会，倾向工作和家庭兼顾，这给企业采用灵活用工提供了更大选择余地。

第三，劳动力成本是企业用工灵活化的主要动因。企业为了降本增效，防范因法律法规对用工的合规要求带来的用工风险，越来越多的企业采取了非标准劳动用工、劳务外包、兼职、众包、平台型用工等多元化用工模式。

第四，数字技术进步影响到企业生产组织形式、人力资源流动配置平台的创新，进而影响到企业用工模式。数字技术持续创新，影响着企业的经营模式、组织结构、人们的工作方式。企业呈现网络化、扁平化、无边界等组织特征，企业用工模式也变得更为灵活。

第五，政策法规是企业用工模式选择的宏观调控因素。就业政策和用工制度的规制是主要调控方式。（1）从就业政策角度看，新时代对灵活就业政策既有鼓励发展的一面，也有规范新就业形态发展的一面，这对企业用工灵活化既带来机遇、也带来挑战。（2）从用工制度看，我国的用工制度经历了固定工制、固定工和临时工双轨制、劳动合同工制、标准用工和灵活用工制等阶段。以劳务派遣为代表的灵活用工模式也经历了萌芽、发展、规制、健康发展阶段。

第五章

我国企业用工灵活化发展现状调查分析

一、问卷调查的基本情况

为全面了解中国灵活就业市场及企业用工灵活化的现状、问题与发展趋势，中国人事科学研究院企业人事管理研究室联合社宝科技集团旗下品牌多米互联科技（杭州）有限公司、社宝信息科技（上海）有限公司与多个行业协会等开展了《企业用工灵活化现状及问题研究》问卷调查。本次调查分"企业版"与"个人版"两份问卷同步进行。

本次问卷调查重点聚焦了全国及重点区域企业灵活用工化现状、灵活就业人员的劳动保障现状与问题、国家对灵活就业的政策支持、灵活就业人员劳动保障的政策制定与完善等内容。

本次问卷调查获取的数据，通过系统监测、人工筛查，对严重同质化、内容缺失、前后选项严重矛盾等问题数据进行了筛除，使数据更为精准、真实可靠。本次调查覆盖了全国21个省份，4个直辖市，涵盖178个城市，共计发送13423份（个人版问卷11967份、企业版问卷1456份）

调研问卷，其中有效问卷共计 3037 份（个人版问卷 1967 份、企业版问卷 1070 份）。

二、企业灵活用工人员的供给特点

（一）中青年成为企业灵活用工人员的主力军

随着新经济的发展，主播、外卖运营师、宠物烘焙师、创客指导师、奶茶试喝员、密室设计师、汉服造型师、收纳师等新职业的诞生，使年轻人有了更多的就业选择。如今，年轻人是"零工经济"时代的主力军。本次调研发现，80 后和 90 后是企业灵活用工人员的主力军，接近八成。其中年龄在 31～45 岁之间的人占比 51.37%；年龄层在 18～30 岁之间的人占比 41.52%。新冠肺炎疫情暴发以来，"00 后"生力军也在陆续加入（见图 5－1）。

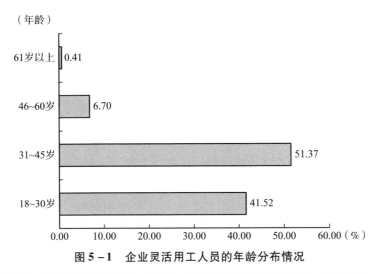

图 5－1　企业灵活用工人员的年龄分布情况

资料来源：中国人事科学研究院. 企业用工灵活化现状及问题调查报告（2021 年）.

（二）已婚和女性群体是企业灵活用工市场的主要供给者

面对激烈的职场竞争，及家庭压力与生活压力，尤其是在职场中女性，到一定年龄后需要面临家庭与工作的重心选择。2021年5月，第七次全国人口普查结果显示，我国男性人口为72334万人，占51.24%；女性人口为68844万人，占48.76%。在本次调研中发现，女性在灵活就业的市场占比明显高于男性，占比61.93%。在本次调研中还发现，62.94%的灵活就业从业者均为已婚群体（见图5-2）。

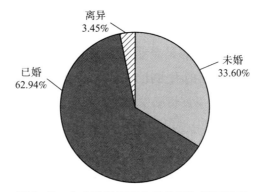

图5-2　企业灵活用工人员性别和婚姻状况

资料来源：中国人事科学研究院. 企业用工灵活化现状及问题调查报告（2021年）.

（三）追求弹性工作和自我价值实现的就业观念正在形成

企业灵活用工人员的就业的观念正在发生变化，中国的劳动者正越来越倾向于弹性时间的工作方式，追求自我价值的实现。"Z世代"表现于不同工作生活观念中，使这一代人受到互联网影响较深，自我意识强烈，对工作方式和工作内容有着独特理解。更加追求主见与认同感，更追求自己的价值感，因此会有更多的"Z世代"选择灵活就业，为自己打工。而普通蓝领有相当一部人跳出了传统产业，转而到数字经济下的外卖、快递等领域工作，从事相对灵活的就业，也实现了自我价值。

三、企业灵活用工的需求特点

（一）成本控制和运营效率间的平衡是企业用工灵活化的主驱力

此次调研中，49.61％的受访企业表示人力成本压力是当前困扰企业的难题之一，29.80％的受访企业表示"招工难"是困扰企业的重大难题（见图5-3）。

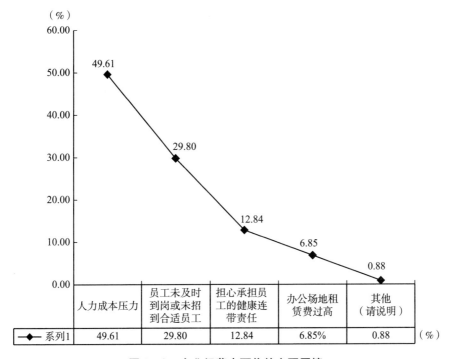

	人力成本压力	员工未及时到岗或未招到合适员工	担心承担员工的健康连带责任	办公场地租赁费过高	其他（请说明）	（％）
◆ 系列1	49.61	29.80	12.84	6.85%	0.88	

图5-3　企业经营中面临的主要困境

资料来源：中国人事科学研究院．企业用工灵活化现状及问题调查报告（2021年）．

　　企业用工灵活化有利于实现"三能"的解决方案：人员能进能出、岗位能上能下、酬劳能加能减，以实现企业成本控制与企业运营效率之间的有机平衡。在此次调研中，63％的受访企业表示企业用工灵活化可以"节约固定人力成本"，而表示"雇佣模式灵活""社保与税负压力小""对抗不确定性能力更强"的占比也均超过50％（见图5－4）。这也说明灵活用工模式能为企业带来切实利益，也是新业态下对抗企业风险的有效手段。

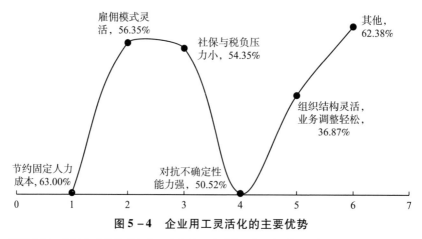

图5－4　企业用工灵活化的主要优势

资料来源：中国人事科学研究院.企业用工灵活化现状及问题调查报告（2021年）.

（二）技术技能要求较高的灵活用工岗位逐渐渗透

　　企业灵活用工岗位已经开始"渗透"招聘一些中高端技术技能岗位。比如：系统工程师、IT工作人员、财务、HR、法务等——这些"白领"通过灵活就业，依靠着自身的知识、技能、经验获得了相对稳定的工作和收入。在本次调研中发现，生产制造业、快递物流、新媒体运营等岗位成为企业用工灵活化的热门岗位，其中快递物流岗位占比38.54％，新媒体运营岗位占比18.17％，以及一线生产制造业岗位占比17.10％（见图5－5）。

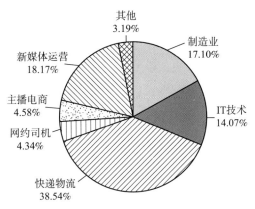

图 5 - 5　企业灵活用工岗位分布情况

注：快递物流涵盖快递网约配送、保洁/家政、保安、客服服务等岗位；研发技术涵盖 IT 服务、技术研发、教育培训等岗位；新媒体运营涵盖法务/法律、会计/财务、心理咨询、新媒体运营、人力资源等岗位、电商主播涵盖网络主播、网店店主等岗位。

资料来源：中国人事科学研究院. 企业用工灵活化现状及问题调查报告（2021 年）.

自 2020 年以来，受疫情影响，居家工作学习的模式盛行，企业灵活配置人力资源需求也在不断调整。在疫情最严重的 2 个月（2020 年初），美团新增骑手 33.6 万人，饿了么新增骑手 24.4 万人。毋庸置疑，这在一段时间让当时停滞的劳动力市场得到了"涌动"，而"快递物流、网约司机、外卖配送、电商主播"等职业担当了灵活用工岗位的重要角色。

（三）经济发达地区和互联网相关行业的灵活用工需求更为旺盛

企业灵活用工模式，能有效应对阶段性用工需求、季节性用工需求带来的劳动力闲置和短缺问题，提高员工使用率，是对企业而言应对经营环境变化的相对低成本、高效率、低风险的解决方案。

从区域分布看，经济越发达、用工成本越高、劳动管理越规范的地区，对"灵活就用工形式接受度越高，如华中、东南沿海发达地区灵活就业需求量较大"。据《中国灵活用工发展报告（2022）》调查数据显示，总部位于东部地区的企业有 61.72% 使用了灵活用工，中、西部地区相应比例为 59.8%。

从行业看，市场变化越快、季节性阶段特征越明显、人员流动性越大的行业对灵活就业的需求就越高；以互联网为代表的服务业、制造业、批发零售、餐饮旅游等行业灵活就业占比较高。据人社部数据统计，截至 2020 年 8 月，中国灵活就业从业人员规模达 2 亿人左右，其中有 7800 万人从事依托互联网平台的新就业形态。

从职位上看，外卖、安保、保洁、销售、职能、客服、运营等相对容易标准化的岗位采用灵活用工形式的占比较高。据《中国灵活用工发展报告（2022）》调查显示，普通工人岗位（一线生产工、服务员、快递员、外卖员、环卫、安保、保洁等）使用灵活用工人员的企业比例 56.53%，IT 及其他技术人员是企业使用灵活用工较高的岗位，比例为 26.13%。

（四）企业灵活用工岗位从蓝领生活服务业向白领服务业渗透

随着城镇化加速、企业需求多元化、生活服务需求个性化、不同行业创造了多种类型的岗位，工作岗位呈现了需求阶段性区域化等特点。本次调研发现，针对岗位阶段性需求的企业多达 15.39%，满足企业区域性用工需求的企业高达 16.62%，而要优化企业人员架构则有 11.72%（见图 5-6）。

当前灵活用工市场主要集中在蓝领为主体的生活服务业，以生活起居和衣食住行为主。随着市场环境的复杂性提高，科技进步的带动，企业对专业性较强的白领为主体灵活用工需求也在逐渐扩大，以律师、信息技术人才、咨询顾问等为代表。据杨伟国教授牵头发布的《中国灵活用工发展报告（2022）》调查数据，2021 年 16.07% 的互联网 IT 行业员工、16.57% 的教育培训行业员工、13.33% 的金融房地产行业员工，以灵活用工的方式为用工单位提供劳动。

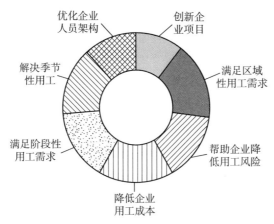

图 5-6　企业灵活用工的主要经营需求

注：区域性用工需求包括企业多区域、多网点、分散式人力资源管理。
资料来源：中国人事科学研究院.企业用工灵活化现状及问题调查报告（2021 年）.

四、企业灵活用工的配置特点

（一）企业灵活用工人员配置渠道互联网平台化特征明显

随着互联网及智能应用在国内的普及，各企业灵活用工人员配置渠道呈现多样化，人员配置更倾向于通过第三方平台（互联网）来实现。本次调查发现，通过第三方平台（互联网平台）灵活就业的人群占比 64.00%，通过传统招聘渠道来实现灵活就业的人群占比 18.74%（见图 5-7）。

（二）灵活用工人员收入接近全国城镇私营单位平均工资水平

灵活就业人员通过辛勤劳动，也有机会获得相对较高的收入。根据国家统计局就业人员平均工资数据统计，2020 年全国城镇非私营单位就业人员年平均工资为 97379 元，2020 年全国城镇私营单位就业人员年平均工资为 57727 元。而在此次调研中发现，在受访的灵活就业者（个体）中，月收入达 5000 元以上有 20.51%，月收入达 6000 元以上有 13.46%，月收入达 7000 元以上有 11.92%。这说明，劳动不分形态，只要努力工作，灵活就业从业者就有机会获得较高的收入。另据中国人民大学杨伟国教授牵头发布的《中国灵活用工发展报告（2022）》调查数据，传统零工和平台用工劳动者的月均收入最高，均超过 5800 元（见图 5-8）。

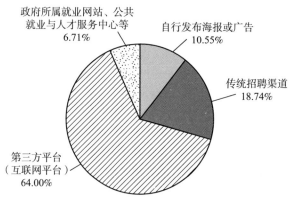

图 5-7 企业灵活用工人员配置渠道选择

资料来源：中国人事科学研究院. 企业用工灵活化现状及问题调查报告（2021 年）.

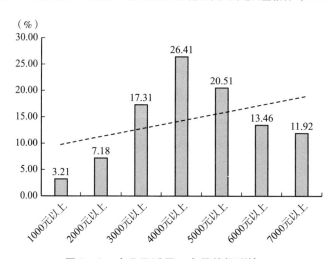

图 5-8 企业灵活用工人员的报酬情况

资料来源：中国人事科学研究院. 企业用工灵活化现状及问题调查报告（2021 年）.

（三）灵活用工人员报酬结算方式更为灵活

企业在采用灵活用工模式时，企业与个人之间基本是自由约定工资结算金额、结算规则、结算频率等，从而最大限度地满足双方的需求，体现双方的真实意愿。在此次调研中发现，参与调研的灵活就业受访者（个体）有近三成（26.54%）的人是按时计费，17.31%的灵活就业者按项目来计费。这也说明了灵活结算方式就是灵活用工的重要特点（见图 5-9）。

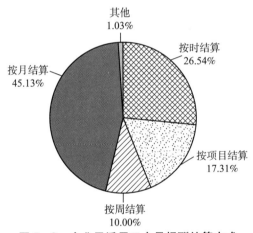

其他
1.03%

按时结算
26.54%

按月结算
45.13%

按项目结算
17.31%

按周结算
10.00%

图 5-9 企业灵活用工人员报酬结算方式

资料来源：中国人事科学研究院. 企业用工灵活化现状及问题调查报告（2021 年）.

（四）大部分灵活用工人员与第三方公司签署了业务合同

随着互联网平台的快速发展，以网络平台为依托的就业岗位不断被创造，在网络平台就业的灵活就业人员数量大幅增加，维护劳动者劳动保障权益面临新情况新问题。由于灵活就业者与企业之间不存在直接的劳动关系，因此大部分企业为规避法律责任或不与就业者签署劳动协议，或签署项目合作协议等，本次调研也发现，在参与调研的受访者（个人）中，关于在就业期间与企业签订劳动相关协议的问题调查中发现，个人与第三方公司签订业务合同占比 73.10%（见图 5 - 10）。

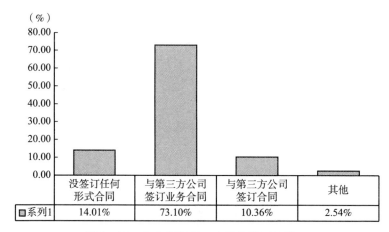

图 5 - 10　企业灵活用工人员协议签订情况

资料来源：中国人事科学研究院. 企业用工灵活化现状及问题调查报告（2021 年）.

（五）协商方式是灵活用工解决纠纷的主要途径

同传统用工方式相比，灵活用工模式因其灵活性，就业人员与用工企业也易产生纠纷。在此次调研中也发现，有 36.76% 的企业会直接与灵活就业人员协商解决，有 40.98% 的受访者会需求第三方公司出面协商解决，36.76% 的受访者会与灵活就业人员签订劳动协议的第三方公司协商解决（见图 5 - 11）。

（六）大部分企业对灵活用工人员的工作表现表示满意

企业用工灵活化有效缓解企业用工、降本问题的同时，很大程度上也提升了企业的创新度。随着 90 后新生代劳动力进入就业市场，不同于传统"铁饭碗""终身制"的就业观念，时间、地点更加自由的灵活就业方式备受年轻群体的追捧。具备一定专业技能的人才通过灵活就业的方式找到了职业发展的新路径，以其自身的优势及经验，为企业提供丰富的项目经验与创新知识点，成为提升企业创新度的支持力量。在本次调研中发现，就企业对灵活就业人员工作表现满意度的调查中发现，53.83%的受访企业对灵活就业者的工作表现满意，30.30%的受访企业更是对零就业者的工作表现比较满意，8.38%的受访企业对灵活就业者工作非常满意（见图5-12）。

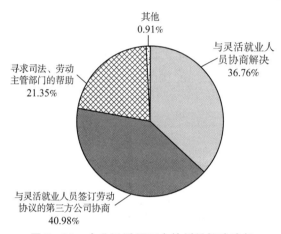

图 5-11　企业灵活用工中的纠纷解决途径

资料来源：中国人事科学研究院.企业用工灵活化现状及问题调查报告（2021 年）.

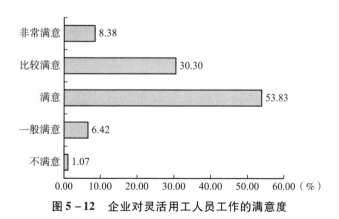

图 5-12　企业对灵活用工人员工作的满意度

资料来源：中国人事科学研究院.企业用工灵活化现状及问题调查报告（2021 年）.

五、企业灵活用工的发展趋势

（一）企业用工灵活化将被更多企业接受

新型用工模式的发展改变着人力资源管理模式，灵活用工已成为人力资源服务业的"新风口"。在此次调研发现，45.60%的受访企业表示接纳过灵活就业的用工模式，30.10%还有长期采用灵活用工模式的打算（见图5－13）。

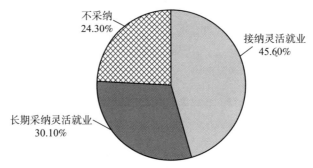

图5－13　企业对灵活用工的接受情况

资料来源：中国人事科学研究院．企业用工灵活化现状及问题调查报告（2021年）．

中国人民大学杨伟国教授牵头发布的《中国灵活用工发展报告（2022）》调查数据显示，企业进一步扩大了灵活用工规模。2021年中国有61.14%的企业在使用灵活用工，比2020年增加5.46%；2021年使用灵活用工的比例由高到低依次为外资/港澳台企业（78.44%）、国有企业（71.26%）和民营企业（56.99%）。

（二）企业用工灵活化将更多融入数字技术

数字化灵活用工模式能够满足时间、地点、需求以及成本弹性等个性化需求。以早中晚班划分的业态为例，非固定工时之外的弹性工时有用工需求，但雇佣全职员工成本颇高，早中晚班的交替部分还存在着人力资源浪费的情况。对于同一运营主体而言，要满足"弹性"的用工需求，在提供好灵活就业者供给的前提下，需要一套高效敏捷的系统来帮助企业快速合理地匹配人力资源，减少浪费。

数字化灵活用工模式也能针对不同业务场景提供更精细的差异化解决方案。以酒店行业为例，酒店行业作为劳动密集型用工企业，其具有工时标准多样、用工形式多样、人员管理复杂等特点，近年来随着新加入者的增多，市场竞争日益激烈，员工的流动性也在加大，用工成本持续增高，酒店行业面临着招工难、用工难等问题，灵活就业的出现极大地解决了部分岗位（客房保洁）的缺人问题，数字化的赋能使灵活就业更好地匹配就业者和酒店，实现人效最大化。

（三）企业用工灵活化将更为合法合规

随着共享经济、平台经济的飞速发展，人口红利逐渐消失，灵活用工模式不断创新。尤其在近两年新冠肺炎疫情的倒逼下，灵活就业受到很多创业者和求职者的青睐。同时，灵活用工方式也成为越来越多企业选择。特别是，2020 年突如其来的疫情席卷全球，几乎让全世界的经济都陷入崩溃的边缘。从 2020 年 2 月底全国逐步复工复产后，国家对灵活就业的政策支持力度也在持续提升。为支持灵活就业的健康发展，中央层面《关于支持新业态新模式健康发展激活消费市场带动扩大就业的意见》《国务院办公厅关于支持多渠道灵活就业的意见》等相继发布；地方政府也相继出台了有关支持鼓励健康发展灵活就业的政策。在本次调研中发现，30.38%的从业者表示在不久将来国内灵活就业肯定会合法合规化（见图 5 - 14）。

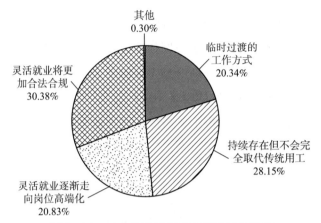

图 5 - 14　对企业灵活用工未来发展的预判

资料来源：中国人事科学研究院．企业用工灵活化现状及问题调查报告（2021 年）．

第六章

互联网平台用工

本章主要总结了数字经济时代的我国互联网平台用工的概念与特点、互联网平台用工类型、互联网平台用工现状、平台用工相关重要政策概况。

一、互联网平台用工的概念与特点

（一）互联网平台用工的概念

互联网平台用工的概念界定并无统一认识，学者和有关政策法规中根据不同需要和场景有相应定义。相关互联网平台用工相关的政策法规中有相关的概念界定。比如，《网络预约出租汽车经营服务管理暂行办法》第二条，将"网约车经营服务"界定为"以互联网技术为依托构建服务平台，整合供需信息，使用符合条件的车辆和驾驶员，提供非巡游的预约出租汽车服务的经营活动"，而将网约车平台公司"网络预约出租汽车经营者"界定为"构建网络服务平台，从事网约车经营服务的企业法人"。

《中华人民共和国电子商务法》中"电子商务平台经营者"是指"电子商务中为交易双方或者多方提供网络经营场所、交易撮合、信息发布等服务，供交易双方或者多方独立开展交易活动的法人或者非法人组织"；将"平台内经营者"定义为"通过电子商务平台销售商品或者提供服务的电子商务经营者"。

部分学者对互联网平台用工的概念也作了含义的界定。如谢增毅（2018）① 从分享经济的含义出发定义互联网平台用工，是指利用网络信息技术，通过互联网平台将分散资源进行优化配置，提高利用效率的新型经济形态中的一种用工形式，网络平台的地位以及互联网平台企业在共享经济用工中的主体地位。王全兴、王茜（2018）② 互联网平台用工是在平台经济下产生的一种既有传承又有创新的新型用工模式。平台用工下的劳务提供者是指利用互联网平台企业提供的信息向平台进行预约提供劳动服务的劳动者。王天玉（2020）③ 指出，互联网平台用工并非一个规范的法律概念，其一般是指以表述劳务提供者基于互联网平台提供特定内容的劳务活动。杨伟国、吴清军、张建国等④发布的《中国灵活用工发展研究报告（2022）》认为，互联网平台用工是多种用工形式的集合体，其包含标准化雇佣关系、劳务派遣、劳务关系、依附性自雇佣等多种用工类型，具体属于哪种用工形式，需要在具体的场景中进行辨识。

根据上述互联网平台用工相关的概念的认识，本书将互联网平台用工界定为：互联网平台用工是指，依托互联网信息技术为基础的平台，开展有关生产经营活动的集合用工形式。其参与主体间关系的用工关系，包括标准劳动关系、劳务派遣、劳务外包、劳务关系、依附性自雇等多种形式。

---

① 谢增毅. 互联网平台用工劳动关系认定 [J]. 中外法学，2018（6）：1546 – 1569.

② 王全兴，王茜. 我国"网约工"的劳动关系认定及权益保护 [J]. 法学，2018（4）：57 – 72.

③ 王天玉. 互联网平台用工的"类雇员"解释路径及其规范体系 [J]. 环球法律评论，2020，42（3）：85 – 100.

④ 杨伟国，吴清军，张建国，等. 中国灵活用工发展研究报告（2022）[M]. 北京：社会科学文献出版社，2021.

（二）互联网平台用工的特点

有学者分析了互联网平台用工的特点。比如，周湖勇等（2018）[①] 在网络直播劳动关系研究中，分析了网络主播用工的特点，表现在：（1）工作时间灵活。用工平台对网络主播时间安排相对灵活多样。比如有要求主播在固定时间段工作的，也有主播自主安排工作时间的。从直播时长看，有些平台有直播时长要求，也有不限制直播时长的；（2）工作场所灵活。有些平台要求直播在规定场所工作，而有些没有特殊要求，只要能上网就行；（3）主播酬劳计算灵活。有些主播报酬以小时计算，有些按提成计算，有些以底薪加提成计算，而有些网络主播无底薪；（4）合同签订形式多样。有些平台与主播订立劳动合同或劳务合同，有些平台、经纪公司没有与主播签任何合同；（5）主播使用的设备供给方式多样。电脑、麦克等直播设备由直播平台提供；而有些平台则要求主播自行购买相关设备。

陈宇佳（2019）[②] 将网络平台用工的特征总结为：（1）用工虚拟化。平台用工人员与网络平台一般会签订合作协议。轻资产运营的平台，一般由平台用工人员自行准备劳动工具，以合作加盟形式实现服务和获取收益。在用工过程中，网络平台通过系统指令实现对平台用工人员管理，而平台用工人员没必要去线下的平台企业办公地点工作；（2）人格从属性被弱化。网络平台用工不同于一般意义的劳动用工，难以很好区分和判断劳动者与网络平台间是否存在劳动关系；（3）用工关系复杂。网络平台用工突破了劳动者只服务于一家用人单位的限制。平台用工劳动者可以服务多家网络平台，获取多份报酬；（4）工作灵活。网络平台用工中的工作内容，一般通过网络平台搭建服务购买方与平台用工人员间沟通的桥

[①] 周湖勇，李勃和倪明雪. 网络主播劳动关系层次化研究 [J]. 前沿，2018（4）：69－76.

[②] 陈宇佳. 网络平台用工法律关系研究 [D]. 广州：广东财经大学，2019.

梁，完成工作任务后，服务购买方可以评价反馈平台用工劳动者的工作成果；工作时间方面，只要能确保按时交付工作成果，平台用工人员可以自主决定时间安排；工作地点方面，有些工作任务平台用工人员可以在自己家里或能上网的地方就能完成，也有部分工作任务需要平台用工人员根据订单要求，前往指定地点。（5）用工关系解除灵活。平台用工人员如果不想接单，可以关闭平台服务接单端口，也可以注销平台服务账号；网络平台也可以关闭平台用工人员的接单端口或冻结账号。不过网络平台如果主动解除用工关系，可能会发生用工争议。

沈锦浩（2021）[①] 研究了外卖行业用工模式中互联网技术与网约工抗争的问题，指出外卖骑手在劳动过程中的高度监管特征，表现在：（1）平台借助互联网技术手段对骑手进行三重空间监控（平台—代理商—消费者），从而实现对骑手的"超视距管理"；（2）平台通过经济惩罚和等级激励对骑手进行规训，从而使骑手成为"合格"的劳动力；（3）平台采用大数据收集和分析手段，将骑手的劳动过程纳入一切可以计算的程度，从而实现对骑手的"数据化控制"。

杨伟国、吴清军、张建国等发布的《中国灵活用工发展研究报告（2022）》指出，互联网平台用工是当前最受关注、争议最多、用工关系最为复杂的用工类型。其中一个重要特点是，数字化技术是平台对生产（服务）进行组织、管理和控制的基础。同时，不同互联网平台用工场景在劳动过程控制、劳动结果控制、劳动者自主性和形成的用工关系等有不同的特点。

综合上述学者的研究，本书认为互联网平台用工具有如下主要特点：（1）互联网平台用工以互联网、大数据、云计算等新一代信息技术为基础，依托互联网平台为交易载体，开展有关生产经营活动；（2）互联网平台用工可以用于多种场景，如网络约车、直播电商、外卖等；（3）互联网平台用工一般具有工作灵活性的特点。如弹性工作时间、灵活的工作

---

① 沈锦浩. 互联网技术与网约工抗争的消解——一项关于外卖行业用工模式的实证研究 [J]. 电子政务，2021（1）：57-65.

地点、劳务提供者选择自主性等；（4）互联网平台用工一般存在平台算法管理。如某些场景存在对劳务供需双方选择配置的算法控制，特别是线上提供的劳务过程一般受到平台算法的控制；（5）互联网平台用工参与主体间用工关系复杂多样。比如，根据平台用工企业与劳务提供者间关系可以分为标准劳动关系、劳务外包、劳务派遣、兼职、劳务承揽、依附性自雇等多种关系。

二、互联网平台用工的类型

（一）关于互联网平台用工分类的研究概述

学者们从多个角度对互联网平台用工的分类作了探讨。比如刘燕斌、郑东亮、莫荣等主编的《中国劳动保障发展报告（2017）》中按照经营模式和用工方式，将平台用工分为四种：平台自营模式、信息服务模式、新型共享模式和多元混合模式。其中，平台自营模式中，网络平台与平台用工人员之间建立劳动关系；信息服务模式中，平台发挥中介作用，不是用工主体；新型共享模式中，双方是合作关系；多元混合模式中，双方存在劳务派遣、直接雇佣、劳务外包等多种用工关系着重以"新型共享模式"和"多元混合模式"为主，兼顾其他模式，以交通出行、餐饮外卖等网络平台为例研究了平台用工的劳动关系认定问题。

肖竹（2018）[①]对网约车的经营模式根据平台提供车辆 B2C 模式不同，分为"四方协议模式"和"公司自营模式"两种。其中，"四方协议"模式是指，由驾驶员、劳务公司、网络平台公司以及汽车租赁公司四方主体签订协议，由该协议确定相关方的权利义务；"公司自营模式"以

———————————

① 肖竹. 网约车劳动关系的认定：基于不同用工模式的调研［J］. 财经法学，2018（2）：95－110.

神州优车和首汽约车为代表，该模式主要特点是车辆及驾驶员配备的自营性。该种模式也被学者称为"重资产"模式。

陈宇佳（2019）[①] 根据网络平台的角色，将网络平台分为三种：（1）网络平台作为劳动关系中的用人单位。如网约车按资产轻重分为轻资产网约车平台和重资产网约车平台。轻资产模式中，网络平台经营者给予驾驶员较高提成和奖励补贴，以吸引驾驶员利用自己私有车辆接入平台提供服务，以优步和滴滴出行为代表；而重资产模式则是网络平台聘请驾驶员，平台提供车辆由驾驶员提供网约车服务[②]，以曹操专车为代表。（2）网络平台作为网络信息平台提供者。该模式中，网络平台与网约工之间地位平等；网络平台作为网约工与客户间的中介，提供信息服务，并从中获取一定服务费。比如好厨师、滴滴顺风车等网络平台。（3）"四方协议"下网络平台用工关系。该模式中，存在多方法律关系的组合模式。例如，部分网约车平台与网约工、汽车租赁公司和乘客之间签订"四方协议"情况。四方主体之间有着错综复杂的关系，网络平台一般负责审核网约车辆运营资质、网约驾驶员驾驶车辆资质以及乘客身份信息，以尽可能保障网约服务过程中相关主体人身与财产安全[③]。

王天玉（2019）[④] 根据劳务交易中互联网平台的地位和功能，将互联网平台分为两类：（1）自治型平台。该类网络平台一般作为虚拟交易场所，并制定交易规则。劳务供给方和需求方，都需要在网络平台上注册才能进行交易。劳务需求方发布工作任务、报价和完成期限；劳务供给方选取工作任务，完成工作任务并交付，平台不参与定价和缔约，只是在交易成功后收取一定的费用。Amazon's Mechanical Turk（AMT）是自治型模式的代表。（2）组织型平台一般作为劳务交易的组织者，分别与劳务供需双方缔约。组织型平台根据基于劳动合同的情况分类，分为 3 种，包括平

---

① 陈宇佳. 网络平台用工法律关系研究［D］. 广州：广东财经大学，2019.
② 董朝. 共享经济用工的劳动关系法律规制研究［D］. 济南：山东大学，2018.
③ 郭建利."互联网＋"法治思维与法律热点问题探析［M］. 北京：法律出版社，2016.
④ 王天玉. 互联网平台用工的合同定性及法律适用［J］. 法学，2019（10）：165－181.

台直接雇佣劳务提供者的 A 模式、代理商雇佣劳务提供者的 B 模式以及劳务提供者自主参与的 C 模式。网约车、外卖配送、同城快递、网约代驾等用工平台一般都属于组织型平台。

沈艳进（2021）[①] 将互联网平台用工模式分为四种：（1）信息服务模式。该模式中，互联网平台企业以中介身份出现，为劳务供需双方提供信息服务；（2）平台自营模式。该模式中平台企业作为用工主体直接雇佣劳务提供者并与劳务提供者签订劳动合同。劳务提供者一般是通过手机 App 接受工作指令，有固定的工作时间，按照要求完成平台企业安排的订单任务。"神州优车"和"首汽约车"是这种模式的代表；（3）"三角用工"模式。该模式中，平台企业采用业务外包的形式，将特定区域或者企业全部的工作任务外包给承包商，借用承包商雇佣的人力资源来完成工作任务。如网约车行业，该用工模式一般有四方主体，即平台企业、汽车租赁公司、劳务公司（代理商）和司机。平台企业自己不雇佣劳动力或者仅雇佣少量劳动力；承包商一般会与劳务提供者签订劳动合同；平台企业因不需要与劳务提供者直接签订任何用工合同，平台企业不用负担劳务提供者的社会保险；（4）新型共享模式。该模式中，劳务提供者与平台企业间是合作关系，而不是标准用工模式中的从属关系。但是平台企业一般都会对劳务提供者进行一定程度的管理和约束。比如滴滴约车平台，司机在平台 App 上注册，滴滴进行资格审查，通过者滴滴会发给网约车司机使用指南、服务流程等，接下来可以通过手机 App 接受平台派单或抢单服务。网约司机以自有的车辆完成工作任务，平台会支付司机一定的报酬。但是劳务提供者仍然要接受平台企业一定程度的管理和约束。比如滴滴约车平台，司机在平台 App 上注册，滴滴进行资格审查，通过者滴滴会发给网约车司机使用指南、服务流程等，接下来可以通过手机 App 接受平台派单或抢单服务。网约司机以自有的车辆完成工作任务，平台会支付司机一定的报酬。

---

① 沈艳进. 互联网平台用工合同性质及法律适用研究［D］. 济南：山东政法学院，2021.

杨伟国、吴清军、张建国等发布的《中国灵活用工发展研究报告（2022）》[①] 根据平台组织生产和用工的具体场景，将互联网平台分为业务分包平台、在线工作平台、外包平台、税优平台等四种。（1）业务分包平台。劳动者或组织通过互联网平台自主承揽业务，并通过互联网远程工作，向平台交付劳动成果。好大夫在线、猪八戒网、阿里众包、亚马逊土耳其机器人等是业务分包平台用工的代表。（2）在线工作平台。互联网平台通过大数据和算法，实现供需双方信息匹配，劳动者在线完成工作任务并交付劳动成果。按劳动者承揽业务的自主性，可以分为自主接单和平台派单；按用工主体可分为两方关系（平台—劳动者）和三方关系（平台—加盟商/人力资源服务机构—劳动者）；按劳动报酬性质可分为薪资收入、劳务报酬所得和生产经营所得。（3）外包平台。一般是用工方将业务发包给平台，平台将相关业务外包给平台上的供应商及工作者。该用工模式中，用工方并不对接执行任务的供应商及工作者，工作者与平台建立劳务承揽或自雇合作关系。八戒严选、日本的自由职业平台 Lancers 等是此类平台的典型代表。（4）税优平台。税优平台从外在形式看，也是外包平台，但当前税优平台的业务模式在法律上存在争议。一般来说，税优平台从用工单位承揽业务，并将这些业务以众包的形式向劳动者派单，劳动者在平台上自主接单。平台将劳动者批量注册为个体工商户，并与劳动者建立自雇合作关系。税优平台的介入将劳务所得、薪资所得转变成生产经营所得，将劳务关系、劳动关系转变成自雇合作关系。

（二）互联网平台用工的主要类型

纵观上述各种对互联网平台用工的分类，本书主要从互联网平台的角度，以互联网平台与劳务提供者间的关系为分类变量，将互联网平台用工分为如下几种模式：

---

① 杨伟国，吴清军，张建国，等. 中国灵活用工发展研究报告（2022）［M］. 北京：社会科学文献出版社，2021.

1. 居间模式

互联网平台用工居间模式主要是指，互联网平台在用工活动中仅承担居间角色，作为劳务需求方和劳务提供者之间的交易媒介和载体，提供两者间交易的信息服务，劳务供需双方成交后，互联网平台会向劳务需求方收取一定服务费用。互联网平台并不与平台用工活动的劳务提供者间有用工关系，但需要劳务供需双方在平台注册。比如亚马逊的劳务众包平台AMT（Amazon's Mechanical Turk），该平台于2005年成立，劳务需求者一般是科研人员，会在平台发布数据工作任务，而劳务提供者在平台上自主选择和接受劳务需求方发布的任务，完成后会得到相应的劳务报酬。劳务提供者自称为"Turker"，可以足不出户就能便利地完成网络上的工作任务，具有较高灵活性和自主性。

2. 标准劳动关系模式

互联网平台用工的标准劳动关系模式主要是指，互联网平台在平台用工活动中自身是劳务的需求方，是生产资料的提供者，与劳务提供者间签订劳动合同，建立标准的劳动关系，对劳动者的工作进行管理和监督，给劳动者相应标准劳动用工的有关薪酬待遇。劳务需求方和劳务提供者都在互联网平台进行注册，平台根据劳务需求方的要求和劳务提供方的情况，进行匹配和派单。比如，曹操专车就是其中的代表。网络平台提供运营车辆，并招聘驾驶员，签订劳动合同。专车平台对驾驶员的工作时间、着装、接单服务规范等有明确的要求。驾驶员作为专车平台的劳动合同工，接受管理和指挥，工作任务由专车平台根据客户需求，利用平台的算法进行智能匹配，到指定地点接单和完成订单。驾驶员享受公司规定的职工工资、社会保险、住房公积金、职业培训和生涯规划等待遇。

3. 劳务外包模式

互联网平台用工的劳务外包模式主要是指，互联网平台是劳务用工方，但是平台企业不与劳务提供者建立直接关系，而是将劳务用工需求外包给第三方企业，由外包企业组织劳动者去完成平台的用工任务。外包企业与劳务提供者一般建立标准劳动关系，劳动者服从外包企业的劳动管理，并享受外包企业规定的薪酬福利待遇。劳务需求方和劳务提供者都需要在互联网平台注册，互联网平台在接到劳务需求方订单后，平台根据一定规则将劳务需求发送给外包方，并发送相应派单指令，外包企业的劳务提供者根据指令完成相应任务。

4. 多重用工关系模式

互联网平台多重用工关系模式主要是指，互联网平台是用工需求方，但为了满足用工需求，可能采取标准劳动关系、劳务外包、兼职、众包等多种用工方式。这种模式中，平台企业接受劳务需求方和多种用工关系的劳务提供者的注册，由互联网平台撮合劳务供需双方成交，劳务提供方来源多样，更好体现了共享经济的特点。劳务提供者根据自己的用工关系获得相应的劳务报酬。比如，根据美团的介绍，美团前几年组建了自营的外卖派送骑手队伍，目前美团外卖骑手，既有专送骑手也有众包骑手。其中，专送骑手是由合作商统一招聘、管理和支付薪资的骑手；众包骑手是通过美团平台面向外界开放注册，劳动者注册后成为众包骑手，然后自主选择接单，并获取相应的报酬。

三、互联网平台用工的现状

（一）总体情况

互联网平台用工，源于互联网、大数据、云计算、移动互联等新一代信息技术与生产和生活活动的融合，是共享经济的表现形式之一。互联网平台的发展对经济发展起到较好的促进作用，表现为：第一，互联网平台的发展是创新驱动发展战略实施的重要体现之一。平台经济的发展是集合新一代信息通信技术和生产生活方式变革的统一，实现了经济发展动力的有机转换；第二，互联网平台的发展能够有效打通市场对资源配置起决定性作用的信息障碍和壁垒。通过信息化平台的发展，市场供需双方的需求与供给的匹配，能够降低信息不对称的障碍，提高交易效率；第三，互联网平台的发展，可以打破实体市场的空间限制和局限，市场的虚拟化和数字化，有效破除市场的物理空间限制，有利于形成全国乃至全球的统一大市场；第四，互联网平台的发展，打破时间的限制，能够形成全国或者全世界日不落的市场，实现各个地区市场的时间上的连续联通与运营；第五，互联网平台的发展，突破了传统的经营方式，有利于商业模式创新，同时可以进一步降低某些商业模式的运营成本和交易成本。

互联网平台企业，通过数字化转型和提供扶持等方式，维护和发展上下游生态系统，创新业态和商业模式，有力促进了共享经济的快速发展。比如，美团开展"春风行动"商户成长计划，一年投入20亿元，推动其商户线上化营收平均增长30%，助力100万优质商户走上数字化道路。饿了么平台针对中小商户客流引入难、经营支撑弱、门店效率低、增值服务少等难点，阿里本地生活推出以"客如云"为主的数字化工具，帮助入驻商户提高数据分析能力、金融服务能力、即时配送能力、精准营销能力、硬件保障能力，从供应链管理、收益管理、库存管理、产能配置等运营管理等多方面经营能力。百度推出飞桨深度学习平台给中小企业提供AI能力和工具，如百度大脑AI开放平台提供了270多项核心技术，有260万开发者参与，服务了超过10万家企业，互联网、工业、农业、金融、城市、医疗、能源、教育等诸多行业受益。互联网平台的发展也催生了"探店经济"新业态新模式。比如，2021年小红书平台上有超过1200万篇关于"探店"的笔记，其中测评类笔记阅读量超过

90 亿次。①

从共享经济的发展规模看，共享经济发展规模总体上呈快速增长态势，2020 年因为新冠肺炎疫情的影响，对分享经济的不同类型带来不同的冲击与促进作用，但总量上保持了正增长；2021 年绝大部分分享经济领域出现触底回升，发生 V 型反转。据近几年国家信息中心发布的《中国共享经济发展报告》数据，我国共享经济市场交易规模从 2017 年的 20772 亿元，增加到 2021 年的 36881 亿元，增长了 77.6%。其中 2018 年增速最高，达 41.6%；2020 年的增速最低，为 2.9%；2021 年的增速恢复到 9.2%。分领域看，2021 年生活服务、生产能力、知识技能三个领域共享经济市场规模位居前三，分别为 17118 亿元、12368 亿元和 4540 亿元。其中生活服务领域的交易规模从 2017 年的 12924 亿元，增加到 2021 年的 17118 亿元，增长了 32.5%；知识技能、共享医疗、生产能力领域共享经济交易规模一直保持较高增长速度，特别是 2020 年新冠肺炎疫情期间，不降反升，知识技能领域 2020 年的交易规模比 2019 年的增长 30.9%，共享医疗领域 2020 年的交易规模比 2019 年的增长 27.8%，生产能力领域 2020 年的交易规模比 2019 年的增长 17.8%。新冠肺炎疫情对共享住宿、共享办公、交通出行等领域的负面影响较大，其中，共享住宿领域 2020 年的交易规模比 2019 年的下降了 29.8%，共享办公领域 2020 年的交易规模比 2019 年的下降了 26%，交通出行领域 2020 年的交易规模比 2019 年的下降了 15.7%（见表 6-1）。

从共享经济从业人员的情况看，以互联网平台为特征的共享经济对吸纳就业和扩大用工体现了很好的容纳力。中国信通院数据显示，2018 年我国数字经济领域就业人数约为 1.91 亿人次，占总就业人数比例 24.6%；数字经济领域就业人数同比增长 11.5%。远高于全国总就业人数增速（同比下降 0.07%）。其中，数字产业化领域的就业人数约为

① 国家信息中心. 中国共享经济发展报告（2022）［EB/OL］.［2022-05-03］. http://www.sic.gov.cn/News/557/11278.htm.

1220 万人，同比增长 9.4%；而产业数字化领域的就业人数达到 1.78 亿人，同比增长 11.6%。[①]

表 6-1 2017~2021 年我国共享经济发展概况

领域	共享经济市场交易额（亿元）					2020 年同比增速（%）	2021 年同比增速（%）
	2017 年	2018 年	2019 年	2020 年	2021 年		
交通出行	2010	2478	2700	2276	2344	-15.70	3.00
共享住宿	120	165	225	158	152	-29.80	-3.80
知识技能	1382	2353	3063	4010	4540	30.90	13.20
生活服务	12924	15894	17300	16175	17118	-6.50	5.80
共享医疗	56	88	108	138	147	27.80	6.50
共享办公	110	206	227	168	212	-26.00	26.20
生产能力	4170	8236	9205	10848	12368	17.80	14.00
总计	20772	29420	32828	33773	36881	2.90	9.20

资料来源：1. 国家信息中心. 中国共享经济发展报告（2022）[EB/OL]. [2022-05-03]. http：//www. sic. gov. cn/News/557/11278. htm. 2. 国家信息中心. 中国共享经济发展报告（2021）[EB/OL]. http：//www. sic. gov. cn/News/557/10779. htm.

共享经济发展在拓宽就业渠道、增强就业弹性、增加劳动者收入等方面具有不可低估的作用。据国家信息中心的《中国共享经济发展报告》[②]，2020 年我国共享经济参与人数达 8.3 亿人，其中服务提供者约为 8400 万人，比 2019 年增长约 7.7%。平台企业员工数从 2017 年的 556 万人，增加到 2020 年的 631 万人，增加了 75 万人，增长了 13.5%，年均增速在 4% 左右（见图 6-1）。

---

① 中国信息通信研究院. 中国数字经济发展和就业白皮书（2019）[EB/OL]. http：//www. caict. ac. cn/xwdt/hyxw/201904/t20190419_198046. htm，2019.

② 国家信息中心. 中国共享经济发展报告（2021）[EB/OL]. http：//www. sic. gov. cn/News/557/10779. htm.

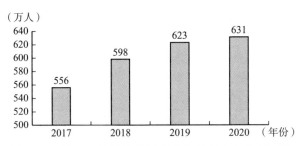

图 6-1　2017~2020 年我国共享经济平台企业员工数

资料来源：国家信息中心．中国共享经济发展报告（2021）［EB/OL］．http：//www. sic. gov. cn/News/557/10779. htm.

（二）网上外卖行业发展现状

外卖是一种历史悠久的销售模式，一般是以打包的形式销售给将商品带离销售点的顾客。随着电信科技、网络技术的发展，出现了网上外卖的形式，近年来成为一种新潮的消费方式。网上外卖，一般是消费者通过网上外卖平台使用手机 App 下单，由网约配送员送给顾客指定地点的销售模式。这种线上线下相结合的方式，减少了消费者的时间、减少了与外界的接触。特别是新冠肺炎疫情期间各种减少接触和人员流动管控等措施的实施，网上外卖成为许多人优先使用的采购方式，以获取美食等日常生活用品。我国网上外卖行业发展始于 2008 年的饿了么，之后出现了零号线、点我吧等商家。2013 年美团外卖正式上线，资本投资外卖行业出现热潮，行业出现快速发展，市场竞争日益激烈。2016 年之后，行业出现并购整合，饿了么收购百度外卖，阿里巴巴又收购饿了么，形成了以美团、饿了么两大寡头商家为主的市场结构。

1. 市场规模与结构

我国网上外卖用户规模近年来总体呈上升趋势。中国互联网络信息中心的统计数据显示，从总量规模看，我国网上外卖用户规模从 2017 年的 3.43 亿人，增加到 2018 年的 4.06 亿人，2020 年一季度达 3.98 亿人；

2021年增长最快，达5.44亿人，比2020年同期增加1.25亿人，同比增速29.9%。从网民渗透率看，网上外卖用户数与网民数的占比2017年以来除2020年略有下滑，总体呈上升势头。2017年外卖用户占网民整体的44.5%，2018年上升到49%，2020年下降到42.3%，2021年触底迅速反转达到52.7%（见图6-2）。

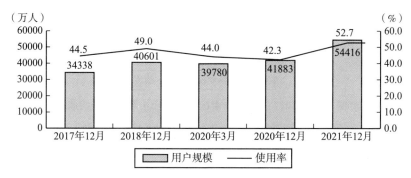

图 6 - 2　2017～2021年中国网上外卖用户规模及网民使用率

资料来源：中国互联网络信息中心. 第49次中国互联网络发展状况统计报告［R］，2022.

我国外卖行业自2020年疫情暴发后，业务走向多元化发展道路，从之前餐饮领域，扩大到日常用品、医疗物资等领域，行业市场交易规模自2020年以来增长较快。根据华经产业研究院的数据，外卖市场规模2017年以来稳步增长，2017年市场规模为2714亿元，2021年达8117亿元，约为2017年的3倍。从增速看，总体呈高速增长趋势。2017年到2020年增速下降，从2017年的64.8%下降到2020年的15%，2021年增速回升，达22.1%（见图6-3）。

随着人们消费观念多元化，对网上外卖接受度不断提高。特别是年轻人更偏好外卖这一消费方式，网上外卖在个人消费支出中比例逐渐提高。国家信息中心的数据显示，网上外卖人均支出从2019年的425.4元，增加到2021年的709.6元，2021年比2019年增加了284.2元，增长了66.8%；增量最大的是2021年，比2020年约增加235元。从网上外卖人均支出在餐饮消费支出中的占比看，2019 至 2021 年稳步提高，从 2019 年的 12.4%，提高到 2021 年的 21.4%，提高了 9 个百分点（见图 6 - 4）。

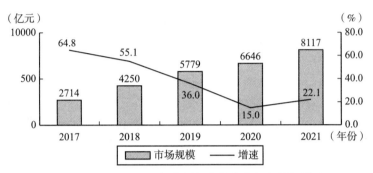

图 6 - 3　2017~2021 年中国网上外卖市场规模与增速

资料来源：华经产业研究院.2021 年中国外卖行业发展现状，"懒人经济"驱动外卖行业迅速发展［EB/OL］.［2022 - 05 - 23］.https：//baijiahao.baidu.com/s？id = 1732674961375548616& wfr = spider&for = pc.

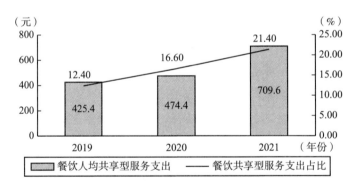

图 6 - 4　餐饮人均共享型支出与人均餐饮支出占比

资料来源：1.国家信息中心.中国共享经济发展报告（2022）［EB/OL］.［2022 - 05 - 03］. http：//www.sic.gov.cn/News/557/11278.htm.2.国家信息中心.中国共享经济发展报告（2021）［EB/OL］.http：//www.sic.gov.cn/News/557/10779.htm.

2. 外卖市场主体概况

网上外卖市场受年轻人足不出户的消费观念的流行，以及新冠肺炎疫情管控措施实施，外卖企业如雨后春笋爆发式出现。据华经产业研究院数据，中国外卖行业相关企业注册量 2020 年后爆发式增长。2017 年至 2019 年增长平稳，2020 年和 2021 年飞速增长。2017 年外卖相关企业注册量为 1.36 万家，增加到 2019 年的 5.61 万家，2020 年剧增到 78.48 万家，2021 年进一步增加到 147.24 万家。2020 年外卖相关企业注册量是 2019 年的 14 倍，而 2021 年的注册量接近 2020 年的 2 倍（见图 6 - 5）。

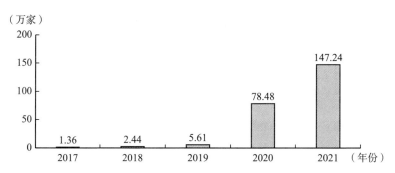

图 6 - 5　2017～2021 年中国外卖行业相关企业注册量（万家）

资料来源：华经产业研究院. 2021 年中国外卖行业发展现状，"懒人经济"驱动外卖行业迅速发展 [EB/OL]. [2022 - 05 - 23]. https：//baijiahao. baidu. com/s？id = 1732674961375548616& wfr = spider&for = pc.

从外卖相关企业数量地区分布看，据华经产业研究院数据，外卖相关企业数量最高的前 3 个省份是江苏、贵州、广西，企业数量分别是 113.88 万家、23.44 万家、16.8 万家。外卖相关企业数量，江苏省远高于其他省份，是排行第二的贵州的约 5 倍。山东、福建、江西、广东省的企业数量超过了 10 万家（见图 6 - 6）。

从外卖行业的市场格局看，近几年双寡头垄断为主的市场结构已经形成，行业前两家企业市场份额超过 80%。根据智研咨询数据，美团外卖一直处于行业领头地位，2016 年以来市场占有率从 47%，提高到 2020 年的 69%，提高了 22 个百分点。饿了么、百度外卖/饿了么星选排在美团外卖之后。2017 年 8 月，饿了么正式宣布收购百度外卖。2018 年 10 月百度外卖正式更名为"饿了么星选"。如果将饿了么和饿了么星选市场份额加总,市场份额呈下降趋势,从 2018 年的 37%,降为 2020 年的 30%(见图 6 - 7)。

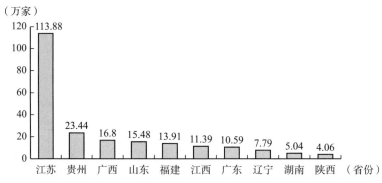

图 6 - 6 中国外卖相关企业数量最高前 10 省份分布情况

注:数据统计时间截至 2022 年 4 月 19 日。

资料来源:华经产业研究院 . 2021 年中国外卖行业发展现状,"懒人经济"驱动外卖行业迅速发展 [EB/OL].[2022 - 05 - 23]. https://baijiahao. baidu. com/s? id = 1732674961375548616& wfr = spider&for = pc.

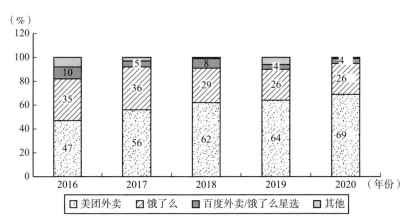

图 6 - 7 中国外卖市场主要企业市场份额

资料来源:智研咨询 . 2021 年中国外卖行业发展现状、市场竞争格局及未来发展趋势分析 [EB/OL].[2022 - 05 - 21]. https://www. 163. com/dy/article/H7G9P0GD0552YGNW. html.

3. 网上外卖平台用工模式

结合北京致诚农民工法律援助与研究中心发布的《外卖平台用工模式法律研究报告》[1] 和李怡然（2022）[2] 的研究，互联网外卖平台用工模式主要有如下六种：（1）传统模式，包括外卖平台直接雇佣骑手，签订劳动合同；（2）劳务派遣模式，是指外卖平台通过劳务派遣公司使用派遣工提供配送服务；（3）劳务外包模式，是指外卖平台将配送服务外包给劳务外包公司，外包公司进行线下人员管理；（4）众包模式，分为两种情况，一种是外卖平台自行招募众包骑手；另一种是外卖平台与众包服务公司合作，由众包服务公司与众包骑手签订协议、支付报酬、购买保险等；（5）转包分包模式，是指配送服务商将配送服务业务转包或分包给其他公司，共同对骑手进行管理；（6）个体工商户模式，是指配送商与灵活用工平台合作将骑手注册为个体工商户，开展配送服务。

经过多年的演变，当前互联网外卖平台灵活用工模式主要有两种：（1）专送模式。一般是配送员与平台代理商签订劳动合同或劳务派遣合同，执行配送任务；（2）众包模式。一般是配送员与第三方人力资源服务公司签订配送合作协议，由人力资源服务公司为配送员代缴人身意外险和第三者责任险等商业保险。

4. 外卖从业人员概况

外卖骑手的规模不断扩大。从美团外卖的骑手规模看，2018 年有 270 万骑手，其中 77% 来自农村，67 万骑手来自贫困县；[3] 而 2020 年上半年，从美团获得收入的骑手有 295.2 万人，比 2019 年增长 16.4%，比 2018 年

---

① 致诚劳动者. 骑手迷云法律报告：谁来捍卫外卖骑手的权益：致诚劳动者 [EB/OL].
[2021-10-16]. https：//www. huxiu. com/article/457441. html.
② 李怡然. 困住骑手的是系统吗：论互联网外卖平台灵活用工保障制度的完善 [J]. 中国劳动关系学院学报，2022，36（1）：67-79.
③ 国家信息中心. 中国共享经济发展年度报告（2019）[EB/OL]. http：//www. sic. gov. cn/News/557/9904. htm.

增加 25 万余人。①

从外卖骑手的之前或现在从事的职业看，骑手主要来自第二产业和第三产业的工人，也有不少白领人群兼职做骑手。据美团研究院调查报告，2020 年上半年新冠肺炎疫情期间，美团平台 35.2% 的骑手曾是工厂工人，31.4% 曾是创业或自己做小生意的人员。美团平台有近四成骑手是兼职，而且其中 8.8% 的骑手不止一份兼职工作，兼职从事的职业有律师、舞蹈演员、导演、企业中层管理者、金融从业者、软件工程师等群体。②

骑手主要在本省就业为主，主要来自欠发达地区。据美团研究院调查，2020 年上半年，美团平台上 58% 的骑手实现本省就业；其中河南、山西、江西、黑龙江、广西、安徽、甘肃七个省份的本省就业比例最高，均超过 90%。③据阿里本地生活公司法律政策研究中心针对蜂鸟众包平台骑手的问卷调查④，骑手主要来自安徽、江苏、河南、广东、湖南、湖北等 6 个省份，这 6 个省份的骑手占比均超过了 5%，这 6 个省份的骑手占全部骑手的 44.5%。

近年来，骑手以年轻人为主体，学历总体偏低，但有大学文化程度的接近四分之一。根据美团研究院调查数据，90 后骑手占据近半壁江山，成为骑手主力，其中大专及以上学历骑手占比达 24.7%（包括网络大学、电大等成人继续教育学历）⑤。据阿里本地生活公司的调查，骑手大专以上学历占比已经超过 20%，其中本科以上占 5.9%，大专占 15.8%，高中专以下占了近 80%。⑥

5. 骑手收入与权益保障

外卖骑手工作时间较长，通过延长工作时间获取了相对较高的收入。美团研究院报告显示，2020 年上半年，有近一半的骑手每月收入在 4000

---

①②③⑤　美团研究院. 2020 年上半年骑手就业报告［EB/OL］.［2022 – 05 – 01］. http：//www. capwhale. com/newsfile/details/20200720/29ac003c6e544218adebd0b2871523eb. shtml.

④⑥　李怡然. 困住骑手的是系统吗：论互联网外卖平台灵活用工保障制度的完善［J］. 中国劳动关系学院学报，2022，36（1）：67 – 79.

元以上。① 据阿里本地生活公司的调查报告，外卖骑手工作时间普遍较长，有超过三分之二的骑手每日工作时间超过 8 小时，而工作 12 小时以上的约占五分之一。46.8%的骑手工作时间在 8 至 12 小时。而从收入看，有近 50%的外卖骑手月收入在 5000 元至 1 万元，有 6.7%的骑手月收入超过 1 万元。也就是说，有一半的骑手月收入超过 2020 年城镇私营单位月平均工资 4810 元（年平均工资 57727 元）②

外卖骑手权益保障最重要的两个方面是意外伤害和社会保险。外卖骑手在工作中交通事故发生率总体偏高，同时发生事故后绝大多数外卖骑手选择找媒体曝光、找平台投诉等方式，缺乏有效的伤害处理途径；涉及事故的医疗费用绝大部分的骑手选择自己承担。据阿里本地生活公司的2021 年的调查，送餐过程中发生过交通事故的骑手占 63.1%，而且交通事故中 78.9%的骑手被撞伤。交通事故发生后，68.0%的骑手选择了"自费治疗"，31.2%的人表示"从来不就医"（有可能是轻伤无需就医），只有不到 20%的人选择了"会使用医保报销"。而在导致其他人受伤后，57.7%的骑手"不清楚医疗费用应该由谁来出"，22.4%的骑手"由自己承担医疗费"，其余不到 20%的骑手表示"由代理商承担、外卖平台承担或者骑手和代理商一起承担"。

从社保待遇享受上，大部分外卖骑手享受了医疗保险，约三分之一的外卖骑手享受了工伤保险、养老保险；同时，大部分外卖骑手缺乏对社会保险知识的了解；外卖骑手最需要医疗保险、工伤保险、养老保险。据阿里本地生活公司的 2021 年的调查，61.8%的骑手表示享受了新农合医疗保险，35.5%的骑手享受了工伤保险，32.5%的骑手享受了养老保险。社会保险的认知度方面，外卖骑手表示"完全不了解"的达 25.6%，"一般和比较不了解"的为 53.6%，"比较了解或者了解"的只有 20.8%。迫

---

① 美团研究院 . 2020 年上半年骑手就业报告 ［EB/OL］. ［2022 – 05 – 01］. http：//www. capwhale. com/newsfile/details/20200720/29ac003c6e544218adebd0b2871523eb. shtml.

② 国家统计局 . 2020 年城镇私营单位就业人员年平均工资 57727 元 ［EB/OL］. ［2021 – 06 – 10］. http：//www. stats. gov. cn/tjsj/zxfb/202105/t20210519_1817668. html.

切需要的保险需求方面，68.5%的外卖骑手人选择了医疗保险，59.9%的外卖骑手选择了工伤保险，58.9%的外卖骑手外卖骑手选择了养老保险。缴纳社保费用的意愿和金额方面，16.5%的骑手表示"不愿意缴费"，72.3%的骑手"只愿意缴纳500元以下金额"。①

（三）网约车行业发展现状

自2010年以来，网约车行业经过探索发展、飞速发展、规范发展等阶段。2016年国家确立了网约车合法地位，随后行业出现了大规模的兼并重组，优胜劣汰，形成了一个超级龙头——滴滴出行，以及美团、高德、T3、哈啰、首汽等多个有较强实力的公司的市场格局。虽然2021年7月滴滴出行被网络安全审查，审查期间"滴滴出行"停止新用户注册，其他竞争对手加大补贴和推广力度，抢占滩头，占领了部分市场份额，但对滴滴出行的超级龙头地位冲击有限。

1. 市场规模与结构

我国网约车用户规模总体呈扩张趋势，除了2020年新冠肺炎疫情期间略有下降。据中国互联网络信息中心的统计，从总量看，我国网约车用户规模从2017年的3.43亿人，增加到2018年的3.89亿人，2020年略有减少，截至2020年12月底约3.65亿人；2021年触底回升，再创新高，达4.53亿人，比2020年同期增加8733万人，同比增速23.9%。从网民渗透率看，网约车用户数与网民数的占比2017年以来，除2020年略有下滑，总体呈扩大态势。2017年网约车用户占网民整体的44.5%，2018年提高到47%，2020年下降到40.1%，2021年触底反弹，回升到43.9%（见图6-8）。

---

① 李怡然. 困住骑手的是系统吗：论互联网外卖平台灵活用工保障制度的完善 [J]. 中国劳动关系学院学报，2022，36（1）：67-79.

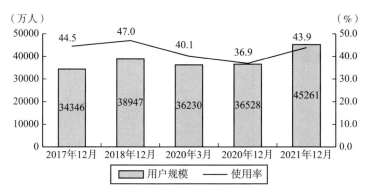

图 6 – 8　2017 ~ 2021 年网约车用户规模及使用率

资料来源：中国互联网络信息中心．第 49 次中国互联网络发展状况统计报告［EB/OL］．［2022 – 05 – 02］．http：//www．cnnic．net．cn/n4/2022/0401/c88 – 1131．html．

从网约车订单量看，近两年的我国网约车订单量少数月份有一定波动，但总体呈下降趋势。根据交通运输部公布的数据，2020 年 12 月至 2022 年 3 月每个季度的最后一个月的订单量，除 2021 年 12 月的订单量比 2021 年 9 月略高之外，当月的订单量逐渐减少。2020 年 12 月订单量为 8.1 亿单，下滑到 2021 年 9 月的 6.49 亿单，2021 年 12 月比 2021 年 9 月增加 3230 万单，2022 年 3 月减少到 5.39 亿单。2022 年 3 月订单量比 2020 年 12 月减少了 33.5%（见图 6 – 9）。

从传统的出租车与网约出租车的客运量占比看，近 5 年传统出租车的市场份额处于绝对优势地位，大部分年份中，传统出租车市场份额是网约出租车的 2 倍。据国家信息中心发布的《中国共享经济发展报告》，2017 年至 2021 年，网约车客运量占比最高的在 2019 年为 36.5%。网约车客运量占比从 2017 年的 30.1%，提高到近期高点 2019 年的 36.5%；2019 年之后持续下降，2021 年为 31.9%。近两年，网约车客运量下降的原因，可能是新冠肺炎疫情和国家对网约车规范健康发展的要求（见图 6 – 10）。

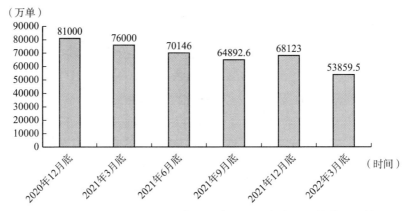

图 6 – 9　2020 年 12 月～2022 年 3 月中国网约车当月订单量（万单）

资料来源：交通运输部. 网约车监管信息交互平台发布 2020 年 12 月份网约车行业数据 [EB/OL]. [2021 – 01 – 19]. https：//mp. weixin. qq. com/s/4p9fqOAez11rS_xPJHFEDQ.

交通运输部. 网约车监管信息交互平台发布 3 月份网约车行业运行基本情况 [EB/OL]. [2021 – 04 – 28]. https：//mp. weixin. qq. com/s/zu5lteylx4snrPWcHfwPsA.

交通运输部. 网约车监管信息交互平台发布 2021 年 6 月份网约车行业运行基本情况 [EB/OL]. [2021 – 07 – 26]. https：//mp. weixin. qq. com/s/WPFRACY_cEkPufH6IKB0xQ.

交通运输部. 网约车监管信息交互平台发布 9 月份网约车行业运行基本情况 [EB/OL]. [2021 – 10 – 26]. https：//mp. weixin. qq. com/s/2M6hHsLZky7qihTYk7FKmA.

交通运输部. 网约车监管信息交互平台发布 2021 年 12 月份网约车行业运行基本情况 [EB/OL]. [2022 – 01 – 20]. https：//mp. weixin. qq. com/s/ZE6tTFH5HwHhirBqtXnB0g.

交通运输部. 网约车监管信息交互平台发布 3 月份网约车行业运行基本情况 [EB/OL]. [2022 – 04 – 16]. https：//mp. weixin. qq. com/s/x_LGk2so69HiF1cNSBhPCg.

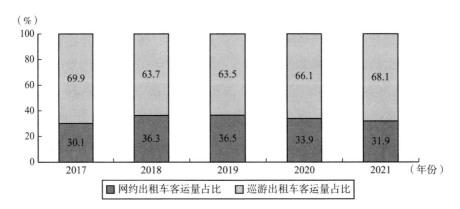

图 6 – 10　2017～2021 年中国网约车与巡游出租车客运量占比情况

资料来源：国家信息中心. 中国共享经济发展报告（2022）[EB/OL]. [2022 – 05 – 03]. http：//www. sic. gov. cn/News/557/11278. htm.

我国网约车市场规模近五年总体呈上升趋势，除了 2020 年略有下滑外。中商产业研究院的数据显示，2017 年我国网约车市场规模约 2120 亿元，增加到 2019 年的 3460 亿元，2020 年新冠肺炎疫情暴发，市场规模略有减少，减少了 346 亿元，2021 年市场回暖，再创新高，增加到 3581 亿元。2021 年网约车市场规模比 2017 年增长了 68.9%（见图 6 - 11）。

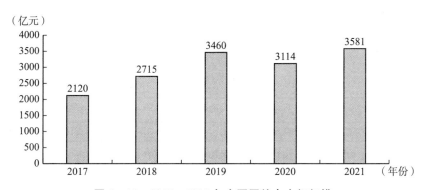

图 6 - 11　2017 ~ 2021 年中国网约车市场规模

资料来源：中商产业研究院.2021 年中国网约车市场回顾及 2022 年发展趋势预测分析［EB/OL］.［2022 - 03 - 25］. https://www.163.com/dy/article/H3AQ5GF9051481OF.html.

近几年因受新冠肺炎疫情影响，以及国家对网约车市场规范发展政策措施实施，网约车支出在个人消费支出中比例逐渐降低。国家信息中心的数据显示，网约车人均支出从 2019 年的 316.4 元，减少到 2021 年的 239.3 元，2021 年比 2019 年减少了 77.1 元，下降了 24.4%。从占比看，网约车人均支出在出行消费支出中的比例，2019 与 2020 年基本持平，2021 年比 2020 年下降了 3 个百分点，为 8.3%（见图 6 - 12）。

2. 网约车行业市场主体概况

网约车相关企业注册量近五年呈先增后减的态势。据中商产业研究院的数据，我国网约车相关企业注册量 2017 年至 2019 年增加较快，从 2017 年的 1041 家，增加到 2019 年的 2905 家，增量为 1864 家，增长了约

1.8 倍；而 2020 年至 2021 年急剧下降。2020 年网约车相关企业注册量为 1328 家，与 2019 年相比减少了 1577 家，下降约 50%；2021 年进一步减少到 913 家，比 2020 年下降约 31.3%（见图 6 - 13）。

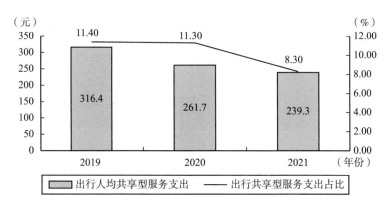

图 6 - 12　2017 ~ 2021 年中国网约车人均支出与占比

资料来源：国家信息中心. 中国共享经济发展报告（2022）［EB/OL］.［2022 - 05 - 03］. http：//www. sic. gov. cn/News/557/11278. htm.

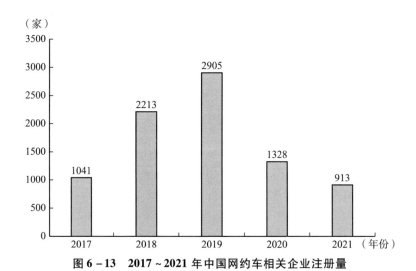

图 6 - 13　2017 ~ 2021 年中国网约车相关企业注册量

资料来源：中商产业研究院. 2021 年中国网约车市场回顾及 2022 年发展趋势预测分析［EB/OL］.［2022 - 03 - 25］. https：//www. 163. com/dy/article/H3AQ5GF9051481OF. html.

网约车行业经营逐步走向合规化。从网约车平台公司取得经营许可情况看，交通运输部数据，我国 2020 年 12 月底约有 214 家网约车平台公司获得经营许可，每个季度获得经营许可的平台公司数量稳步增加，每个季度约增加 10 家；截至 2022 年 3 月底，有 267 家网约车平台公司获得经营许可；2022 年 3 月底获得经营许可的平台公司数量比 2020 年 12 月底增加 53 家。从车辆运输证发放情况看，交通运输部数据显示，车辆运输证发放总量每个季度稳步增加约 10 万本，从 2020 年 12 月底的 112 万本，增加到 2022 年 3 月底的 163.4 万本（见图 6 – 14）。从当月的订单量超过

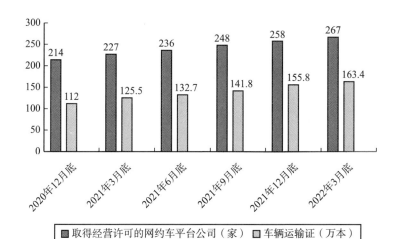

图 6 – 14　2020 年 12 月 ~ 2022 年 3 月中国网约车平台企业和车辆情况

资料来源：交通运输部 . 网约车监管信息交互平台发布 2020 年 12 月份网约车行业数据 [EB/OL]．[2021 – 01 – 19]. https：//mp. weixin. qq. com/s/4p9fqOAezl1rS_xPJHFEDQ.

交通运输部 . 网约车监管信息交互平台发布 3 月份网约车行业运行基本情况 [EB/OL]．[2021 – 04 – 28]. https：//mp. weixin. qq. com/s/zu5lteylx4snrPWcHfwPsA.

交通运输部 . 网约车监管信息交互平台发布 2021 年 6 月份网约车行业运行基本情况 [EB/OL]．[2021 – 07 – 26]. https：//mp. weixin. qq. com/s/WPFRACY_cEkPufH6IKB0xQ.

交通运输部 . 网约车监管信息交互平台发布 9 月份网约车行业运行基本情况 [EB/OL]．[2021 – 10 – 26]. https：//mp. weixin. qq. com/s/2M6hHsLZky7qihTYk7FKmA.

交通运输部 . 网约车监管信息交互平台发布 2021 年 12 月份网约车行业运行基本情况 [EB/OL]．[2022 – 01 – 20]. https：//mp. weixin. qq. com/s/ZE6tTFH5HwHhirBqtXnB0g.

交通运输部 . 网约车监管信息交互平台发布 3 月份网约车行业运行基本情况 [EB/OL]．[2022 – 04 – 16]. https：//mp. weixin. qq. com/s/x_LGk2so69HiF1cNSBhPCg.

30万单的网约车平台看，交通运输部数据显示，2022年3月订单量超过30万单的网约车平台共18家，其中订单合规率（指驾驶员和车辆均获得许可的订单量占比）增长排名前3名的是首汽约车、蓝道出行、美团打车。

3. 网约车平台用工模式

结合周宝妹（2022）[①]和徐鑫（2022）[②]对网约车司机与网约车平台关系的研究，网约车用工模式大致有如下几种：（1）平台企业自雇模式。该模式中，网约车平台自己雇佣网约车司机，与网约车司机签订劳动合同，禁止网约车司机与其他公司建立用工关系。网约车司机接受网约车平台公司管理，享受相应劳动合同工待遇。（2）独享合作模式。该模式中，网约车平台公司要求网约车司机只能在本公司平台注册，对其他平台公司有排他性，但网约车平台与网约车司机不订立劳动合同。网约车平台公司提供订单服务，由网约车司机自由选择。网约车司机需要给平台公司缴纳一定比例的服务费用。（3）多重的合作模式。该模式中，网约车平台公司允许网约车司机与多个公司建立用工关系，但是网约车平台公司不与网约车司机直接建立用工关系。网约车司机与第三方公司建立直接用工关系，这种用工关系可以是劳务派遣关系或外包关系。比如，网约车经营管理公司和网约车司机之间建立劳动关系，从网约车经营管理公司租赁或承包车辆，并在网约车平台公司注册提供网约车服务。又如，司机和劳务公司签订劳动合同，然后注册成为网约车司机。再如，网约车司机自带车辆在网约车平台公司注册开展约车服务，网约车司机按照订单结算，自行承担运营成本。网约车平台公司提取一定管理费用，不负责缴纳网约车司机社保费用等事宜。

---

① 周宝妹. 网约车司机的劳动者地位探析：以与传统出租车司机比较为视角［J］. 中国社会科学院大学学报，2022，42（3）：67–81.
② 徐鑫. 共享经济视阈下网约车平台公司与司机用工关系的司法认定［J］. 中国集体经济，2022（1）：111–112.

4. 网约车从业人员概况

近年来网约车司机规模处于稳步上升态势。据交通运输部数据，2020 年 12 月底至 2022 年 3 月底，我国获得网约车驾驶员证的司机人数，从 2020 年 12 月底的 289.1 万人，增加到 2022 年 3 月底的 407.3 万人，增量为 118.2 万人，增长了 40.9%。从每个季度的增速看，2021 年 3 月的增速最大，为 16.4%；其次是 2021 年 12 月为 9.8%；2022 年 3 月的增速为 3.2%，远低于 2021 年 3 月同期增速。

网约车司机的来源多样化，体现了网约车工作较强的包容性。据国家信息中心数据，滴滴平台上大约 20.4% 的专职司机是由于下岗、失业等原因从事网约车工作；从行业来源看，滴滴平台 41.1% 的专职司机来自制造业，13.6% 的来自交通运输业，4.9% 的来自钢铁、煤炭等产能过剩行业。[①] 据滴滴平台数据，2021 年 3 月底之前的 12 个月里，滴滴全球年活跃司机 1500 万人，全球年活跃用户为 4.93 亿人。其中，自 2020 年 3 月底至 2021 年 3 月底，滴滴在中国拥有 1300 万名年活跃司机和 3.77 亿名年活跃用户。2021 年第一季度，滴滴中国出行拥有 1.56 亿名月活用户，中国出行业务日均交易量为 2500 万次（见图 6 – 15）。[②]

5. 网约车司机的收入与权益保障

根据谢中秀（2022）[③] 对网约车司机工作的访谈，有关网约车司机的收入和权益保障情况如下：（1）网约车司机的收入构成多元。一般来说，网约车司机的收入一般分为基础车费、奖励和其他（高速费、过桥费、乘客加价、远程调度、感谢红包等）构成。其中，基础车费和奖励

---

① 国家信息中心. 中国共享经济发展报告（2021）［EB/OL］. http：//www. sic. gov. cn/News/557/10779. htm.

② 李静. 滴滴出行提交 IPO 招股书：2020 年营收 1417 亿［EB/OL］. https：//baijiahao. baidu. com/s？ id＝1702288032845359364&wfr＝spider&for＝pc.

③ 谢中秀. 网约车司机困在时长里［EB/OL］.［2022 – 03 – 23］. https：//weibo. com/ttarticle/p/show？ id＝2309404744786098651499#related.

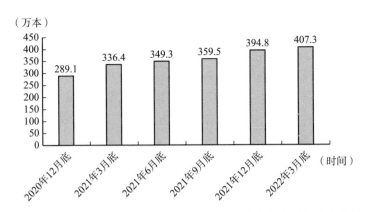

图 6 – 15   2020 年 12 月～2022 年 3 月中国网约车驾驶员证发放数量

资料来源：交通运输部.2021 年 1 月至 2022 年 4 月公布的《网约车监管信息交互平台发布的网约车行业数据》［R］，2021.

是司机的最重要收入项目。（2）网约车司机的收入水平与所在的城市、不同网约车市场发展时期、工作时长等有密切关系。从不同城市的网约车司机收入水平看，网约车流水扣除各项费用支出后，北京、上海、广州、深圳等一线城市大多数司机的平均月收入大概 7000 多元，其他二、三线城市一般月收入大概 3000 多元。（3）与过去几年相比，现在网约车司机的获取同等收入的工作时长更长，而且收入水平普遍比之前要低。2014 年左右，网约车市场竞争激烈，平台的补贴力度较大，网约车司机获得补贴与接单量成正比，网约车司机的收入一般过万元。2016 年之后滴滴收购优步（Uber），成为网约车行业龙头，补贴力度逐渐减弱，自从 2020 年后，开网约车的司机队伍越来越庞大，市场增量有限，订单量呈现了下降趋势，多方因素的影响，网约车司机的收入明显不如以前。据福建的网约车司机描述，2017 年至 2019 年开滴滴收入最高的时候折合时薪一般能达到 50 元以上；而从 2020 年开始，收入下降明显，到 2021 年 11 月，每小时流水降到了 30 元/小时。北京的网约车司机表示，如今面临"车多客少"的局面，为了获得和以前一样的收入，不得不增加跑车时长，比如之前 12 小时就能赚 1 万元，现在得跑 16 小时。（4）大部分网约车司机因与网约车平台不是劳动合同关系，社会保险一般由个人自行解决。不过现在国家的政策引导下，某些网约车平台开始试点多角度保障网约车司机利益。如滴滴建立了劳动时长保障、职业伤害保障、健康医疗、专属商业养老保险、公益帮扶等措施。（5）部分网约车平台公司存在抽成比例较高，而且抽成规则不透明，是网约车司机反映较为强烈的问题。网约车司机表示，现在网约车平台抽成普遍在 20% ~ 25% 左右。目前部分平台如滴滴出行对抽成问题采取了通过 App 开通透明账单功能，每一位网约车司机，登录滴滴车主端可查询到每笔订单的乘客支付金额、司机流水金额、奖励金额以及司机收入占比。不过，有网约车司机还是认为不清楚抽成规则，还需采取进一步的措施增加透明度。

（四）网络直播行业发展现状

近年来短视频社交日趋流行，抖音、快手等短视频社交平台迅速发展。短视频社交平台为载体的网络直播，为各个年龄段、不同学历、各种工作经历的人群所接受。网络直播极具灵活性、强包容性，不挑人群、不挑对象，在全社会流传深广。同时网络直播和短视频结合，出现了直播营销新模式，既具娱乐性，也有商业性，营销的效率和效果大大提升。

1. 市场规模与结构

我国网络直播用户规模近几年呈快速增长势头，网民渗透率达到三分之二。据中国互联网络信息中心统计数据，截至 2017 年 12 月我国网络直播用户规模 4.22 亿人，2018 年 12 月略有下降，之后恢复上涨趋势，2020 年 12 月突破 6 亿人，2021 年 12 月突破 7 亿人。2021 年 12 月同比增长 8652 万人。网络直播用户规模 2021 年 12 月比 2017 年 12 月增加约 2.8 亿人，增长了 66.6%。从网络直播用户占网民的比例看，我国网络直播用户占网民的比例从 2017 年 12 月的 54.7%，提高到 2021 年 12 月的

68.2%，提高了 13.5 个百分点。

不同类别的直播用户规模都不同程度增长。中国互联网络信息中心数据显示，截至 2012 年 12 月，电商直播用户规模为 4.64 亿人，比上年同期增加 7579 万人，网民渗透率为 44.9%；游戏直播的用户规模为 3.02亿人，比上年同期增加 6268 万人，网民渗透率为 29.2%；体育直播的用户规模为 2.84 亿人，比上年同期增加 9381 万人，网民渗透率为 27.5%；真人秀直播的用户规模为 1.94 亿人，比上年同期增加 272 万人，网民渗透率为 18.8%（见图 6-16）。[1]

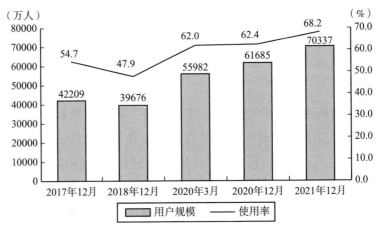

图 6-16 中国网络直播用户规模及网民使用率

资料来源：中国互联网络信息中心．第 49 次中国互联网络发展状况统计报告 [EB/OL]．[2022-05-02]．http：//www.cnnic.net.cn/n4/2022/0401/c88-1131.html.

从直播电商市场发展状况看，近几年网络直播营销随着短视频平台的流行而迅速发展，我国直播电商市场规模成倍扩张。据智研咨询数据，我国直播电商市场规模 2017 年为 190 亿元，2018 年增加到 1330 亿元，2018 年比 2017 年增长了 6 倍；2019 年为 4338 亿元，比 2018 年增长了

---

① 中国互联网络信息中心．第 49 次中国互联网络发展状况统计报告 [EB/OL]．[2022-05-02]．http：//www.cnnic.net.cn/n4/2022/0401/c88-1131.html.

2.26 倍；2020 年又实现了翻番，是 2019 年的 2.2 倍，达 9610 亿元；2021 年破万亿元大关，达 13165 亿元，同比增长 37%。[①] 商务部数据显示，2020 年上半年全国电商直播超过 1000 万场，观看人次超过 500 亿，上架商品数超过 2000 万。快手数据显示，快手平台电商交易总额由 2018 年的 9660 万元增至 2019 年的 596 亿元，2020 年 6 月 30 日达到 1096 亿元，两年时间增长 1000 倍。抖音平台上，2019 年 12 月至 2020 年 5 月直播共计 5531 万场，直播电商累计成交 119 亿元。小猪、飞猪等平台联合海南旅游和文化部门开展民宿专场直播活动，在两小时内就吸引了 50 万人在线观看，交易额突破 200 万（见图 6 - 17）。[②]

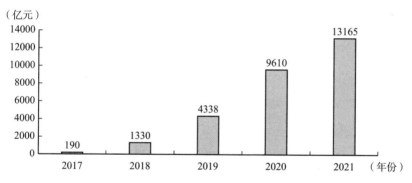

图 6 - 17　2017 ~ 2021 年中国直播电商市场规模

资料来源：智研咨询. 2021 年中国直播电商用户数量、成交额及企业数量分析 ［EB/OL］. https：//www. chyxx. com/industry/202201/991562. html.

2. 网络直播行业市场主体概况

随着网络直播营销的兴起，企业产品和服务的营销效率得到有效提高，企业增效效果明显，促进了网络直播行业市场主体的蓬勃发展。特别

---

① 智研咨询. 2021 年中国直播电商用户数量、成交额及企业数量分析 ［EB/OL］. https：//www. chyxx. com/industry/202201/991562. html.
② 国家信息中心. 中国共享经济发展报告（2021）［EB/OL］. http：//www. sic. gov. cn/News/557/10779. htm.

是 2017 年以来，网络直播市场主体注册量迅速增加。从直播电商相关企业注册数量看，近几年我国直播电商企业注册量成倍增长，市场热度极高。据智研咨询数据，中国直播电商相关企业注册量 2017 年接近 1 千家，2018 年增加了 400 余家，2019 年进一步增加近 500 余家，2020 年新冠肺炎疫情暴发后，直播相关企业注册量爆发式增长，2020 年注册量为 6641 家，2021 年跃升到 21791 家。从直播电商相关企业注册量的增速看，2018 年和 2019 年增速约为 40%，而 2020 年比 2020 年增长了 2.65 倍，2021 年比 2020 年增长了 2.28 倍（见图 6 - 18）。

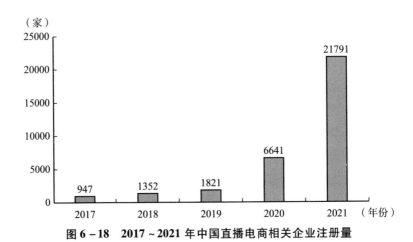

图 6 - 18   2017 ～ 2021 年中国直播电商相关企业注册量

资料来源：智研咨询 . 2021 年中国直播电商用户数量、成交额及企业数量分析 ［EB/OL］. https：//www. chyxx. com/industry/202201/991562. html.

从直播电商相关企业注册量的地区分布看，我国直播电商地区分布集中度较高。据智研咨询数据，2021 年我国直播电商相关企业注册量前十地区的总注册量接近 2.5 万家，排名前三的地区企业注册总量约 1.46 万家，地区分布集中度高。排名前三的地区是浙江、广东和山东，2021 年直播电商相关企业注册量分别是 5692 家、5318 家、3585 家，这三个地区注册量占前十位地区注册总量的 59.4%。2021 年注册量超过 1000 家的地区有浙江、广东、山东、福建、江苏、辽宁、安徽；湖北、四川、陕西注册量在900家左右。另外，文化和旅游部管理数据显示，截至2020年末，经营性互联网经营单位有网络表演（直播）经营资质的5966家，其中2020年获得网络表演（直播）经营资质的有3362家。《2020年中国网络表演（直播）行业发展报告》指出，目前直播行业头部平台企业约20家左右，主要分布在北京、上海、广州、深圳、武汉等一、二线城市。其中前5家企业约占整体市场规模的65%以上（见图6-19）。①

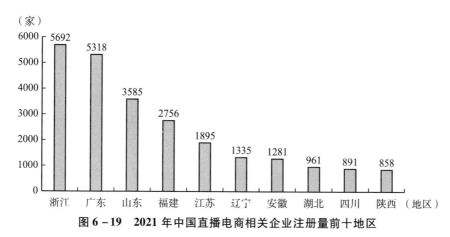

图6-19 2021年中国直播电商相关企业注册量前十地区

资料来源：智研咨询. 2021年中国直播电商用户数量、成交额及企业数量分析［EB/OL］.
https：//www. chyxx. com/industry/202201/991562. html.

从企业规模看，直播行业公司规模以中小企业为主。根据中国人民大学新闻学院等发布的《2021中国短视频和直播电商行业人才发展报告》②，员工在20～99人和100～500人的短视频与直播行业企业约占71%，大部分为行业中的生态服务公司。其中员工20～99人的公司占比为34%，员工100～500人的公司占比为37%。另外，2000人以上规模的公司占

---

① 网络表演（直播）行业发展报告发布 大多数主播月入3000～5000元（2021年5月21日）［EB/OL］.［2021－08－06］. https：//t. cj. sina. com. cn/articles/view/1749990115/684ebae30 200132ig.

② 中国人民大学新闻学院，巨量学，巨量算数. 2021中国短视频和直播电商行业人才发展报告［EB/OL］.［2021－11－06］. https：//trendinsight. oceanengine. com/arithmetic－report/detail/475.

16%，这部分公司主要以品牌商为主。中国人民大学国家发展与战略研究院课题组的调研数据显示，截至 2020 年 7 月，抖音平台超过 400 万家企业在抖音开通企业号功能；员工人数在 5 人以下的企业占 41%，在 5~20 人的企业占比 36%，二者合计 77%；开通企业号的行业主要分布在零售、服装配饰、商务服务、家具建材、生活服务、餐饮服务等，主要提供直接面向终端客户的产品和服务。[1]

3. 网络直播平台用工模式

结合王桂英（2019）[2] 和张樱（2020）[3] 等人的研究，网络直播平台用工模式主要分为如下三种：（1）直播平台自雇模式。该模式中，直播与直播平台企业签订劳动合同，成为平台签约主播，两者为劳动合同关系。主播受直播平台的日常工作管理，根据直播平台规定的时间、时长、工作任务等完成直播任务；平台对主播工作进行考核，直播收入包括打赏收入，平台具有直接控制权；主播根据公司规定享受相应的报酬、劳动保障等福利待遇。

（2）分成协议合作模式。该模式中，主播与直播平台签订分成合作协议，主播与平台是经济合作关系，不存在劳动雇佣关系；主播也可以注册个人工作室，与直播平台签订分成合作协议，两者是经济合作关系。在此模式中，主播具有较大自主性，包括主播的工作内容、时长等。主播在遵守法律法规的前提下，参与直播平台的活动，获取流量赚钱、广告、打赏等收入，并按照协议分成。平台企业无需给主播缴纳社会保险，有关社会保障事宜由主播自行办理。具有较大影响力的主播一

---

① 中国人民大学国家发展与战略研究院课题组. 人大国发院发布《灵工时代：抖音平台促进就业研究报告》［EB/OL］. ［2021 – 06 – 12］. http://nads.ruc.edu.cn/yjdt/0418c16254a54b6ba8bb7800571dac2c.htm.

② 王桂英. 网络主播收入的个税征管分析［J］. 湖南税务高等专科学校学报，2019，32（3）：42 – 47.

③ 张樱. 新个税下"网络主播"收入征税计算方法的探究［J］. 中国管理信息化，2020，23（10）：148 – 149.

般选择该种模式。

（3）经纪公司签约模式。该模式中，主播与经纪公司签订合同，经纪公司与直播平台合作，共同培养主播。主播与经纪公司的合同定性目前尚无明确规定，主播与经纪公司间是否为劳动合同关系，还要根据两者间从属性特点进行判断。主播与经纪公司可能是劳动合同关系，也可能是劳务关系。主播与直播平台没有直接关系，只有间接关系，主播需要通过直播平台完成经纪公司的有关工作任务，并获取直播报酬。

4. 网络直播从业人员概况

网络直播既是个人灵活就业和获取副业收入的流行方式，也是企业营销模式的重要变革方向。国家也设置了直播相关的新职业，2020 年 7 月人社部发布的互联网新职业中，"互联网营销师"下设"直播销售员"。网络直播市场的供需剧增，网络直播从业人员近几年来爆发式增长。据中国演出行业协会网络表演（直播）分会发布的《2020 年中国网络表演（直播）行业发展报告》，运用 23 家直播平台数据统计表明，截至 2020 年末，我国有累计超 1.3 亿个网络表演（直播）行业主播账号，其中日均新增主播峰值为 4.3 万人。[①] 国家信息中心发布的《中国共享经济发展报告（2021）》[②] 指出，2020 年春节复工后一个月内，直播相关兼职岗位数同比增长 166.09%，是全职岗位增速的两倍多；抖音平台上，2019 年 8 月至 2020 年 8 月，共有 2097 万人通过从事创作、直播、电商等工作获得收入；抖音平台上，2019 年 12 月至 2020 年 5 月增加了 285 万主播。中国人民大学国家发展与战略研究院发布的《灵工时代抖音平台促进就业研

---

① 网络表演（直播）行业发展报告发布　大多数主播月入 3000~5000 元（2021 年 5 月 21 日）[EB/OL].［2021 - 08 - 06］. https：//t. cj. sina. com. cn/articles/view/1749990115/684ebae30200132ig.

② 国家信息中心. 中国共享经济发展报告（2021）［EB/OL］. http：//www. sic. gov. cn/News/557/10779. htm.

究报告》①显示，在抖音平台直接获得收入的就业人群中，女性占54%，女性比例略高于男性；中青年是抖音平台直接就业的主力军，其中24～30岁的占比35%，31～40岁的占比32%，二者合计67%；在行业分布方面，占比靠前的是文化教育、时尚、剧情、娱乐、才艺、美食、游戏、体育等行业；在城市分布方面，新一线城市、二线和三线城市的就业规模最大，而处于一线和五线及以下的城市占比较低。新一线城市的就业人员占比最高，达21%。二线和三线城市的占比均为20%，而一线城市的占比仅为13%；围绕主播衍生出运营管理、直播服务、视频服务、直播电商、辅助后勤等五大类20余种职业，包括策划、助播、场控、品控、客户服务等多种新兴就业形态。综合测算，抖音平台共计创造了3561万个直接就业岗位。

从直播行业的供需情况看，呈现以下特点：（1）短视频和直播领域从业人员未来缺口越来越大。据中国人民大学新闻学院的预测数据，短视频和直播电商领域从业人员规模2021年、2022年、2023年的均值分别为676万人、873万人、1067万人，由此可计算得出，短视频和直播电商领域从业人员缺口（2021～2023年）分别为181万人、378万人、574万人。②

（2）需求量最大的岗位是主播、流量投放、直播运营等。据中国人民大学新闻学院的调查数据，主播、达人、短视频运营、直播运营、直播选品、流量投放等核心岗位需求中，需求量最大的是主播，占比达45%；排名第二的是流量投放（媒介投放），约占总需求的26%；第三是直播运营，占比12%左右；第四和第五是短视频运营和短视频达人，分别占8%和7%。③另据智联招聘的调查数据，2021年第三季度，视频主播、直播

---

① 中国人民大学国家发展与战略研究院课题组．人大国发院发布《灵工时代：抖音平台促进就业研究报告》[EB/OL]．[2021-06-12]．http：//nads. ruc. edu. cn/yjdt/0418c16254a54b6ba8bb7800571dac2c. htm.

②③ 中国人民大学新闻学院，巨量学，巨量算数．2021中国短视频和直播电商行业人才发展报告 [EB/OL]．[2021-11-06]．https：//trendinsight. oceanengine. com/arithmetic-report/detail/475.

运营岗位需求排在前两位，与上年同期略有提升，视频主播/艺人岗位占比最大，占行业岗位总数的71.97%；直播运营岗位排行第二，占行业岗位总数的15.9%。[①]

（3）直播行业求职人数大幅增长，大学生和年轻群体求职意愿强烈。智联招聘数据显示，2021年第三季度直播岗位的求职人数比2020年第三季度增加46.69%，增幅大于2020年同期的增幅（26.51%）。2021年第三季度，直播行业大学生求职人数同比增加69.52%，高于行业总体求职人数的增幅；应届毕业生专业分布方面，电子商务、计算机科学与技术、工商管理等占据前三位。95后、00后年轻群体，与直播相关的职位渐成其理想职业，据调查，有10.9%的95后、13.8%的00后想成为电商主播，这一职业排在"Z世代想从事的新兴职业"第三位。[②]

（4）一线城市、新一线城市和二线城市是直播人才主要需求地。据中国人民大学新闻学院的调查数据，短视频和直播行业岗位总需求北京、广州、深圳排行前三位，郑州、杭州、上海、成都、沈阳、长沙位居其后。[③] 智联招聘调查数据显示，2021年第三季度，直播人才招聘需求主要集中在新一线与二线城市，二者职位数占比分别是36.73%和23.44%，高于一线城市的21.39%。南方城市职位数占比达59.04%，明显多于北方的40.96%。被誉为"网红五大城市"的广州、成都、北京、郑州和杭州，岗位需求排在前五位。[④]

（5）网络直播行业岗位对学历、工作经验等要求有提高趋势，但各细分岗位有差别，主播岗位门槛相对较低。中国人民大学新闻学院的调查显示，主播是"学历不限"占比比较大的岗位，主播岗位需求中，有60%以上的岗位需求不限学历，达人岗位"学历不限"的占比也超过40%；短视频运营、直播运营、直播选品和流量投放对学历要求就相对较高，本科

①②④ 智联招聘.2021年直播产业人才报告［EB/OL］.［2022－05－29］.https：//www.sohu.com/a/548946348_121094725.

③ 中国人民大学新闻学院，巨量学，巨量算数.2021中国短视频和直播电商行业人才发展报告［EB/OL］.［2021－11－06］.https：//trendinsight.oceanengine.com/arithmetic－report/detail/475.

和大专以上学历占比要求均超过 70%①智联招聘数据显示，直播岗位工作经验要求为"经验不限""学历不限"的占比下降，2021 年第三季度"经验不限"占比为 73.31%，比 2020 年第三季度降低了 6.5 个百分点；在 2021 年第三季度，有 48.11% 的直播运营岗位要求 1～3 年工作经验。对于求职者的学历要求，2021 年第三季度，"学历不限"的岗位占比最高为 69.10%，明显低于 2020 年同期的 75.52%。②

5. 网络主播的收入概况

从有关网络直播行业主播收入的调查数据看，网络主播一般收入相对较高，报酬较为丰厚。中国演出行业协会网络表演（直播）分会发布的《2020 年中国网络表演（直播）行业发展报告》显示，大多数主播月收入 3000～5000 元。③智联招聘与淘榜单共同发布的《2021 年直播产业人才报告》表明，2021 年第三季度，直播相关岗位平均薪酬同比上涨 10.78%，达到 10448 元，突破"万元大关"。其中，直播产品开发岗位平均薪酬最高，达 26372 元。直播教师、视频主播、直播商务岗位平均薪酬也突破万元。④中国人民大学新闻学院等发布的《2021 中国短视频和直播电商行业人才发展报告》指出，短视频与直播行业的各岗位起薪（岗位最低工资）水平落在 5000～9999 元区间的占比最多，为 57%；排名第二的起薪区间是 10000～14999 元，占比 18%；起薪 5000 元以下的，占

---

① 中国人民大学新闻学院，巨量学，巨量算数 . 2021 中国短视频和直播电商行业人才发展报告［EB/OL］.［2021 - 11 - 06］. https：//trendinsight. oceanengine. com/arithmetic - report/detail/475.

②④ 智联招聘 . 2021 年直播产业人才报告［EB/OL］.［2022 - 05 - 29］. https：//www. sohu. com/a/548946348_121094725.

③ 网络表演（直播）行业发展报告发布 大多数主播月入 3000～5000 元（2021 年 5 月 21 日）［EB/OL］.［2021 - 08 - 06］. https：//t. cj. sina. com. cn/articles/view/1749990115/684ebae30200132ig.

比只有 12%；起薪超过 20000 元占比 5%。① 最近新东方在线旗下的直播品牌东方甄选急聘双语主播、英语主播、抖音客服、短视频剪辑师、运营编导等岗位人才，其中双语主播和英语主播等岗位薪酬待遇诱人。BOSS直聘相关信息显示，东方甄选双语主播的薪资待遇为月薪 5 万 ~ 6 万元，英语主播待遇为月薪 2.5 万 ~ 3.5 万元、14 薪；食品类主播、抖音主播、农产品主播、带货老师待遇均为月薪 2 万 ~ 4 万元。②

四、互联网平台用工的政策概况

我国互联网平台用工较早开始于网上外卖行业，网约车行业、网络直播行业。2008 年饿了么成立，2013 年美团外卖正式上线，之后经过行业的兼并重组后，形成了以美团、饿了么两大寡头商家为主的市场结构。2010 年以来网约车行业经过了自由发展、飞速发展和整合发展阶段，形成了一个超级龙头——滴滴出行，以及美团、高德、T3、哈啰、首汽等多个有较强实力的公司的市场格局。近年来短视频社交日趋流行，抖音、快手等短视频社交平台迅速发展。随着网络平台的飞速发展，带来了人们工作生活模式新变化，形成了依赖互联网平台的工作新方式，企业用工产生了互联网平台用工新模式。作为企业用工新模式，我国对互联网平台用工的治理经历了鼓励发展阶段和鼓励发展与规范发展并重阶段。

（一）鼓励发展阶段（2015 ~ 2018 年）

21 世纪初互联网平台经济悄然兴起，作为新经济形态，我国对其发

---

① 中国人民大学新闻学院，巨量学，巨量算数. 2021 中国短视频和直播电商行业人才发展报告 [EB/OL]. [2021 – 11 – 06]. https：//trendinsight. oceanengine. com/arithmetic – report/detail/475.

② 俞瑶，谢雨桐. 月薪 5 万急聘主播！新东方回应双语直播爆火 [EB/OL]. [2022 – 06 – 15]. https：//view. inews. qq. com/a/20220614A05BD900.

展先采取了摸着石头过河，走一步看一步，允许新生事物的自由成长，当成长过程中出现明显不利于行业健康发展的问题时，我国政府采取了适当干预的政策措施。自 2015 年我国正式实施"互联网＋"行动计划以来，针对平台经济发展中出现的问题，提出了探索式的规范治理方案，但坚持了以鼓励发展平台经济为侧重点，鼓励创新，包容审慎，更好发挥互联网平台对经济发展动力转换作用。

2015 年 5 月，国务院印发《国务院关于大力发展电子商务加快培育经济新动力的意见》明确提出，人才资源对经济发展不可或缺，因此，了解重点行业人才市场的年度趋势对企业、政府等相关用人决策方都至关重要。本章针对重点行业包括大健康、互联网、集成电路和金融行业人才市场趋势及薪酬状况，较为完整地揭示了 2021 年各重点行业领域的招聘市场活跃度、人才需求现状、人才流动及薪酬趋势，并对行业重点岗位年度市场薪酬水平提供方向。

2015 年 7 月，《国务院关于积极推进"互联网＋"行动的指导意见》专门对推进"互联网＋"作出全面部署。如推动"互联网＋"创新创业，积极推广众包、用户参与设计、云设计等新型研发组织模式，推动跨区域、跨领域的技术成果转移和协同创新；发展"互联网＋"益民服务新业态，发展共享经济，规范发展网络约租车，积极推广在线租房等新业态；发展基于互联网的文化、媒体和旅游等服务新业态。

2015 年 10 月，《中共中央关于制定国民经济和社会发展第十三个五年规划的建议》明确指出，坚持就业优先战略，实施更加积极的就业政策；着力解决结构性就业矛盾；完善创业扶持政策，鼓励以创业带就业；统筹人力资源市场，打破城乡、地区、行业分割和身份、性别歧视，维护劳动者平等就业权利；加强对灵活就业、新就业形态的支持，促进劳动者自主就业。

2016 年 7 月，文化部印发《关于加强网络表演管理工作的通知》要求，规范网络文化市场秩序，加强对网络表演的管理等政策措施：第一，网络表演经营单位和表演者都要落实网络表演的相应责任。其中，网络表演经营单位承担主体责任，表演者承担直接责任。第二，强化网络表演的内容管理。依法依规查处有关违法违规表演活动，同时要加强对网络表演经营单位的日常监管。对违法违规的网络表演者，责令关停表演者频道，并建立违法违规表演者黑名单或警示名单。第三，全面实施"双随机一公开"对网络表演市场进行监管。定期开展随机抽查，并公开查处结果，发布网络表演市场的黑名单和警示名单。

2016 年 7 月，交通运输部等部门印发《网络预约出租汽车经营服务管理暂行办法》对网约车服务管理做了较全面的规定。比如，网约车平台公司应当审查并确保网约车驾驶员的合法从业资格，根据工作时间、频次等情况，与网约车驾驶员订立劳动合同或协议。网约车平台公司还应当对网约车驾驶员进行服务规范、有关法律法规、安全运营、职业道德等方面的教育培训。

2016 年 11 月，国家互联网信息办公室发布《互联网直播服务管理规定》，以加强对互联网直播服务的管理，主要包括：第一，明确资质条件。互联网直播服务的提供者和互联网直播发布者，应当依法获取有关服务资质，才能开展互联网新闻信息服务，且不得超出许可范围提供服务。第二，互联网直播服务的提供者承担主体责任，配备一定比例的专业人员，以及信息安全管理、应急处置、信息审核等方面的管理制度。第三，互联网直播服务的提供者要加强内容管理。直播内容应当符合法律法规要求，并加强实时管理。第四，互联网直播服务提供者应当与互联网直播服务使用者签订服务协议，明确双方权利义务，要求其承诺遵守法律法规和平台公约。第五，互联网直播服务提供者应当建立互联网直播发布者信用等级管理体系，提供与信用等级挂钩的管理和服务，建立黑名单管理制度。第六，明确了各种违法和犯罪行为的处罚规定，依法依规处理。第七，鼓励支持相关行业组织制定行业公约，加强行业自律。第八，互联网直播服务提供者应当自觉接受社会监督，健全社会投诉举报渠道。

2016 年 12 月，文化部印发《网络表演经营活动管理办法》对网络表演经营活动作了管理规定，主要有：第一，明确许可经营条件，从事网络表演经营活动的网络表演经营单位，应当申请取得《网络文化经营许可证》，经营许可范围应包含网络表演。第二，网络表演经营单位承担主体责任，应当完善内容审核管理制度，搭建有相应资质的专业人员队伍，建立技术监管措施。第三，对网络表演内容的合规性作了细化。比如，不得有表演方式恐怖、低俗、残忍、暴力等内容，也不得摧残表演者身心健康。第四，有未成年人参与的网络表演，加强对未成年人的身心健康与权益保护。第五，网络表演经营单位对表演者应当加强管理。网络表演经营单位，如果应与开通表演频道的表演者签订协议，明确双方权利义务，落实有关法律法规以及相关管理规定。第六，网络表演经营单位应当依法依规加强对用户行为的管束，建立内部巡查监督管理制度，建立突发事件应急处置机制。第七，网络表演经营单位应当建立健全举报系统，主动接受网民和社会监督。第八，明确全国网络表演市场由文化部负责监督管理，建立统一的信用监管制度，如网络表演黑名单和警示名单；网络表演市场的事中事后监管主要由各级文化行政部门和文化市场综合执法机构开展，重点实施"双随机一公开"。第九，强调加强协会等行业自律，制定经营规范与行业标准，推动企业经营守法。第十，规定了网络表演经营单位违反本办法的处罚措施。

2017 年 4 月，国务院印发《关于做好当前和今后一段时期内就业创业工作的意见》要求，支持新就业形态发展，推动平台经济等创新发展；按规定对新兴业态企业实施财政、信贷等方面的优惠政策；加大对新兴业态企业产品与服务的政府购买力度；对新生代农民工全面开展职业培训，拓宽新生代农民工的就业创业渠道，鼓励新生代农民工在"互联网＋"新产业新业态进行就业创业。强调要完善与新就业形态特点相适应的用工和社保方面的制度。新业态企业与劳动者签订了劳动合同，应当依法为劳动者参加职工社会保险，还可以依照有关规定享受吸纳就业的扶持政策。未签订劳动合同的新业态劳动者，可以灵活就业人员身份，依法依规参加社会保险以及缴纳住房公积金，还可以享受有关扶持政策。加强信息化建设，便利新就业形态从业者的参保及转移接续。建立全国住房公积金异地转移接续平台，方便跨地区就业的劳动者提供异地转移接续服务。

2017年7月，国家发展改革委等部门发布《关于促进分享经济发展的指导意见》明确提出"鼓励创新、包容审慎"的原则，创新监管模式，支持和引导各类市场主体积极探索分享经济新业态新模式，探索建立政府、平台企业、行业协会以及资源提供者和消费者共同参与的分享经济多方协同治理机制；科学合理界定平台企业、资源提供者和消费者的权利、责任及义务，促进行业规范发展；引导平台企业建立健全消费者投诉和纠纷解决机制，鼓励行业组织依法合规探索设立分享经济用户投诉和维权的第三方平台；切实加强对分享经济领域平台企业垄断行为的监管与防范，鼓励和引导分享经济企业开展有效有序竞争；鼓励和支持具有竞争优势的分享经济平台企业有序"走出去"，积极开拓国际市场，培育具有全球影响力的分享经济平台企业；积极发挥分享经济促进就业的作用，研究完善适应分享经济特点的灵活就业人员社会保险参保缴费措施，切实加强劳动者权益保障。

2017年11月，原国家食品药品监管总局发布的《网络餐饮服务食品安全监督管理办法》对网络餐饮服务第三方平台责任、入网餐饮服务提供者入驻资质、餐饮食品安全、送餐人员服务规范、违法处罚等作了明确规定。如，网络餐饮服务第三方平台提供者应当与入网餐饮服务提供者签订食品安全协议，明确食品安全责任；网络餐饮服务第三方平台提供者和入网餐饮服务提供者应当加强对送餐人员的食品安全培训和管理；网络餐饮服务第三方平台提供者应当对入网餐饮服务提供者的经营行为进行抽查和监测。

2018年5月，交通运输部印发《出租汽车服务质量信誉考核办法》旨在完善出租汽车行业信用体系、规范出租汽车经营行为、提高出租汽车服务水平，着重规定了：第一，明确了出租汽车企业包括巡游出租汽车企业和网络预约出租汽车经营者，驾驶员包括巡游出租汽车驾驶员和网络预约出租汽车驾驶员。第二，设置了服务质量信誉考核等级，细化了考核流程和标准。对出租汽车企业根据考核分数设定了6个等级，对驾驶员根据考核分数设定了4个等级。对网约车平台公司从企业管理、信息数据、安全运营、运营服务、社会责任和加分项目6类共19个项目设计考核指标。对驾驶员从遵守法规、安全生产、经营行为、运营服务等方面实施考核。第三，提出了考核的奖惩措施。出租汽车行政主管部门应当将出租汽车企业服务质量信誉考核结果作为配置巡游车经营权指标或延续出租汽车企业经营许可的重要依据。如对近三年服务质量信誉考核等级连续被评为AAA级及以上的巡游车企业，在申请新增巡游车经营权指标时，可优先考虑，或在巡游车经营权服务质量招投标时予以加分。

2018年8月31日，全国人民代表大会常务委员会第五次会议通过《中华人民共和国电子商务法》为我国电子商务的发展奠定了一个基本的法律框架，有利于保障电子商务各方主体的合法权益、规范电子商务行为、维护市场秩序。《中华人民共和国电子商务法》界定了电子商务活动有关概念和内涵，对电子商务经营者的经营行为、电子商务合同的订立履行、快递物流、电子支付、电子商务争议解决、电子商务促进、法律责任等作了具体规定。

2018年9月，交通运输部办公厅和公安部办公厅发布《关于进一步加强网络预约出租汽车和私人小客车合乘安全管理的紧急通知》，主要为了治理网络预约出租汽车（简称网约车）非法营运、私人小客车合乘（也称顺风车、拼车）恶性刑事案件频发现象，进一步加强网络预约出租汽车和私人小客车合乘安全管理有关事项：第一，明确要求各地交通运输主管部门、公安机关等部门要立即组织对本地运营的网约车平台公司和私人小客车合乘信息服务平台开展联合安全大检查。第二，加强网约车服务的驾驶员和私人小客车合乘服务的驾驶员背景核查，确保驾驶员符合有关管理规定的条件，全面清退不符合条件的车辆和驾驶员，并基本实现网约车平台公司、车辆和驾驶员合规化。第三，要求各地交通运输主管部门、公安机关要督促本地网约车平台公司和私人小客车合乘信息服务平台服务企业落实企业安全生产管理和维护行业稳定的主体责任。第四，健全完善投诉报警和快速反应机制，并采取多种方式，大力加强对网约车顺风车乘客的安全防范教育提醒。第五，强调各地交通运输主管部门、公安机关要高度重视，充分发挥各自职能作用，开展联合执法，严格查处各类非法营运行为。

2018年9月，国家发展改革委等多部门发布的《关于发展数字经济稳定并扩大就业的指导意见》提出：第一，要推动数字产业发展壮大，拓展就业新空间；做大做强平台企业，扩大新兴就业创业增长点；培育更多新就业形态，增强就业吸纳能力。第二，进一步完善新就业形态劳动用工制度，切实维护劳动者的合法权益。按照审慎包容监管、增强劳动力市场灵活性的要求，完善劳动法律法规、新就业形态下的劳动用工政策。第三，不断完善与新就业形态相适应的社会保险政策与管理服务机制。将互联网平台的灵活就业人员纳入社会保障范围；创新社会保险经办服务管理，加快建设全国统一的社会保险公共服务平台。第四，加快推动新就业形态的薪酬制度创新，持续完善一人多岗、兼职等灵活就业人员的按次提成、计件制等薪酬制度（见表6-2）。

表6-2　　　　　　2015~2018年中国平台用工相关重要政策概况

政策文件	重要内容	类别
2015年5月《国务院关于大力发展电子商务加快培育经济新动力的意见》	首次公开提出"新就业形态"这一概念，加强支持灵活就业、新就业形态；强调鼓励电子商务领域的就业创业，以及保障从业人员劳动权益	综合类
2015年7月国务院《关于积极推进"互联网+"行动的指导意见》	提出"发展共享经济，规范发展网络约租车，积极推广在线租房"等新业态，着力破除准入门槛高、服务规范难、个人征信缺失等瓶颈制约	综合类
2015年10月《中共中央关于制定国民经济和社会发展第十三个五年规划的建议》	提出"加强对灵活就业、新就业形态的支持，促进劳动者自主就业"	综合类

政策文件	重要内容	类别
2016 年 7 月《文化部关于加强网络表演管理工作的通知》（文市发〔2016〕12 号）	提出督促网络表演经营单位和表演者落实责任；加强内容管理，依法查处违法违规网络表演活动；对网络表演市场全面实施"双随机—公开"	网络直播类
2016 年 7 月《国务院办公厅关于深化改革推进出租汽车行业健康发展的指导意见》	明确了出租汽车服务主要包括巡游、网络预约等方式，促进巡游出租汽车转型升级，规范网络预约出租汽车经营；网约车平台公司要维护和保障驾驶员合法权益	网约车与出租车类
2016 年 7 月《网络预约出租汽车经营服务管理暂行办法》，2019 年 12 月修正	赋予网约车平台与驾驶员意思自治的权利，双方可根据工作时长、服务频次等特点签订多种形式的劳动合同或者协议	网约车类
2016 年 11 月《互联网直播服务管理规定》	明确了互联网直播服务资质条件；互联网直播服务提供者应当落实主体责任，配备与服务规模相适应的专业人员；互联网直播服务提供者应当与互联网直播服务使用者签订服务协议	网络直播类
2016 年 12 月文化部关于印发《网络表演经营活动管理办法》的通知（文市发〔2016〕33 号）	明确了网络表演经营活动许可经营条件；网络表演经营单位对本单位开展的网络表演经营活动承担主体责任；网络表演经营单位要加强对表演者的管理。为表演者开通表演频道的，应与表演者签订协议	网络直播类
2017 年 4 月《国务院关于做好当前和今后一段时期就业创业工作的意见》（国发〔2017〕28 号）	支持新就业形态发展，推动平台经济、众包经济、分享经济等创新发展；要完善适应新就业形态特点的用工和社保等制度	综合类
2017 年 7 月国家发展改革委等部门印发《关于促进分享经济发展的指导性意见》的通知	明确提出"鼓励创新、包容审慎"的原则，创新监管模式，支持和引导各类市场主体积极探索分享经济新业态新模式；研究完善适应分享经济特点的灵活就业人员社会保险参保缴费措施，切实加强劳动者权益保障	综合类
2017 年 11 月原国家食品药品监督管理总局公布《网络餐饮服务食品安全监督管理办法》	网络餐饮服务第三方平台提供者应当与入网餐饮服务提供者签订食品安全协议，明确食品安全责任；网络餐饮服务第三方平台提供者和入网餐饮服务提供者应当加强对送餐人员的食品安全培训和管理	外卖快递类

政策文件	重要内容	类别
2018 年 5 月交通运输部印发《出租汽车服务质量信誉考核办法》	明确了出租汽车企业包括巡游出租汽车企业和网络预约出租汽车经营者，驾驶员包括巡游出租汽车驾驶员和网络预约出租汽车驾驶员；设置了服务质量信誉考核等级，细化了考核流程和标准、考核奖惩措施	网约车与巡游出租车类
2018 年 8 月《中华人民共和国电子商务法》	对电子商务经营者的经营行为、电子商务合同的订立履行、快递物流、电子支付、电子商务争议解决、电子商务促进、法律责任等作了具体规定	综合类
2018 年 9 月交通运输部办公厅和公安部办公厅发布《关于进一步加强网络预约出租汽车和私人小客车合乘安全管理的紧急通知》	明确要求各地交通运输主管部门、公安机关等部门要立即组织对本地运营的网约车平台公司和私人小客车合乘信息服务平台开展联合安全大检查；确保驾驶员符合有关管理规定的条件，全面清退不符合条件的车辆和驾驶员；健全完善投诉报警和快速反应机制；严格查处各类非法营运行为	网约车类
2018 年 9 月国家发展改革委等部门印发《关于发展数字经济稳定并扩大就业的指导意见》	提出要推动数字产业发展壮大，做大做强平台企业，拓展就业新空间；按照审慎包容监管、增强劳动力市场灵活性的要求，推动完善劳动法律法规，及时完善新就业形态下的劳动用工政策，切实维护劳动者合法权益；要加快新就业形态薪酬制度改革	综合类

资料来源：根据网络公开政策文件整理。

（二）鼓励发展与规范发展并重阶段（2019 年至今）

2019 年以来，平台用工实践不断丰富，不同行业的平台经济市场结构相对趋于稳定，但平台经济发展还具有较大潜力，需要进一步促进就业和转换经济发展动力发挥了重要作用；与此同时，平台用工和新就业形态中存在一些问题，主要集中在劳动者权益保障，如劳动报酬、劳动工时、劳动标准、平台算法控制、意外伤害、社会保险等方面。

1. 平台用工治理综合类政策概况

从中央层面发布的有关平台用工的政策文件看，2019 年至 2022 年 5 月针对新就业形态和平台用工的综合类重要政策法规文件有 15 个。以 2019 年 8 月，《国务院办公厅关于促进平台经济规范健康发展的指导意见》为标志，开启了鼓励发展与规范发展的治理之路。2021 年 7 月，人力资源社会保障部等八部门联合印发《关于维护新就业形态劳动者劳动保障权益的指导意见》，标志着保护新就业形态劳动者权益和平台用工治理达到了新高度。从治理原则看，自 2019 年以来，我国强调包容审慎监管原则，规范平台企业用工，确保消费者安全，聚焦平台用工从业人员劳动权益保障，以促进行业健康发展。具体政策文件概况如下：

2019 年 8 月，《国务院办公厅关于促进平台经济规范健康发展的指导意见》肯定了互联网平台经济推动产业升级、促进就业的重要作用；明确提出优化完善市场准入条件，降低企业合规成本；创新监管理念和方式，落实和完善包容审慎监管要求，推动建立健全适应平台经济发展特点的新型监管机制，科学合理界定平台责任，着力营造公平竞争市场环境，建立健全协同监管机制，积极推进"互联网＋监管"；鼓励发展平台经济新业态，积极发展"互联网＋服务业"，大力发展"互联网＋生产"，深入推进"互联网＋创业创新"；保护平台、平台内经营者和平台从业人员等权益。研究完善平台企业用工相关的社保政策，积极推进全民参保计划，开展职业伤害保障试点。加强对平台从业人员的职业技能培训，将其纳入职业技能提升行动。

2020 年 3 月，《国务院办公厅关于应对新冠肺炎疫情影响强化稳就业举措的实施意见》明确要求，更好实施就业优先政策，支持平台就业等多渠道灵活就业。比如，要求更好实施就业优先政策，支持平台就业等多渠道灵活就业。比如，平台就业人员可以申请创业担保贷款和贴息，购买必需的生产经营工具；引导平台企业适当放宽入驻条件、降低管理服务费。加强平台企业与其就业人员在薪酬、工作时长等方面的沟通机制。在省内的灵活就业人员参保企业职工基本养老保险，不限制城乡户籍。

2020 年 7 月，国家发展改革委等部门发布《关于支持新业态新模式健康发展激活消费市场带动扩大就业的意见》明确要求，第一，积极支持个体自主创业就业。进一步降低个体经营者线上创业就业成本；支持微商电商、网络直播等多样化的自主就业、分时就业。第二，鼓励"副业创新"。形成副业创业等多种形式蓬勃发展格局；支持线上多样化社交、短视频平台有序发展；引导"宅经济"合理发展，促进线上直播等服务新方式规范健康发展。第三，强化灵活就业劳动权益保障，探索多点就业。完善灵活就业人员劳动权益保护、保费缴纳、薪酬等政策制度，明确平台企业在劳动者权益保障方面的相应责任，保障劳动者的基本报酬权、休息权和职业安全，明确参与各方的权利义务关系。支持建立灵活就业、"共享用工"服务平台，提供线上职业培训、灵活就业供需对接等就业服务。

2020 年 7 月，国务院办公厅下发《国务院办公厅关于支持多渠道灵活就业的意见》，第一，支持发展新就业形态。实施包容审慎监管，加快推动网络零售、互联网医疗、移动出行、在线娱乐、线上教育培训等行业发展。合理设定新业态新模式监管规则，鼓励互联网平台企业等机构降低服务费用。第二，推动新职业发布和应用。在征求社会各方面意见建议的基础上，动态发布新职业、职业分类，促进网约配送、直播销售等新就业形态发展；完善统计监测制度，探索建立新就业形态统计监测指标。第三，支持技能培训，增强劳动者就业能力。支持互联网平台企业等各类机构，更多组织开展养老、家政等多种技能培训。开展新兴产业、现代服务业等领域的新职业技能培训，按规定落实职业培训相关补贴。第四，维护劳动保障权益。研究制定平台就业有关的劳动保障政策，明确平台企业的劳动相关的责任，引导工会、协会等协商制定劳动定额标准、工时标准等行业规范。

2020 年 11 月，《中共中央关于制定国民经济和社会发展第十四个五年规划和二〇三五年远景目标的建议》提出强化就业优先政策，完善促进创业带动就业、多渠道灵活就业的保障制度，支持和规范发展新就业形态，健全就业需求调查和失业监测预警机制。

2021年3月发布的《中华人民共和国国民经济和社会发展第十四个五年规划和2035年远景目标纲要》提出，支持和规范发展新就业形态，建立促进创业带动就业、多渠道灵活就业机制，全面清理各类限制性政策，增强劳动力市场包容性；探索建立新业态从业人员劳动权益保障机制；深入实施职业技能提升行动和重点群体专项培训计划，广泛开展新业态新模式从业人员技能培训，有效提高培训质量。

2021年3月，国家发展改革委等部门印发《加快培育新型消费实施方案》提出了与平台经济有关的消费促进政策措施，具体来说：第一，培育壮大零售新业态。发展直播经济，鼓励政企合作建设直播基地，加强直播人才培养培训；推进电子商务公共服务平台建设应用，提升中小电商企业数字化创新运营能力。第二，积极发展"互联网＋医疗健康"。出台互联网诊疗服务和监管的规范性文件，推动互联网诊疗和互联网医院规范发展；探索医疗机构处方信息与药品零售消费信息互联互通，促进药品网络销售规范发展。第三，深入发展数字文化和旅游。加快文化产业和旅游产业数字化转型，积极发展演播、数字艺术、沉浸式体验等新业态。第四，有序发展在线教育。探索使用更多数据化、信息化、多媒体化教学工具，改造提升传统教育模式，发展开放式、泛在式、个性化在线学习，拓展多元化的教育新场景。第五，大力发展智能体育。加快新一代信息技术和高端智能制造利用，打造集合体育赛事活动、健身指导、技能培训、服务咨询等融合互通的体育产业新业态；支持社会力量建设智能健身房、开发在线健身课程。第六，加强新职业新工种开发和培训。不断更新职业分类目录，研究纳入新职业新工种；加强政府部门与行业协会、互联网平台等协同，制定新职业标准，以促进技能培训；研究将新职业从业人员纳入职业培训补贴范畴。第七，加强对新职业从业人员的劳动保障权益维护。推动企业落实带薪年休假等休息休假制度。加快制定维护新就业形态劳动者的劳动保障权益政策。推进平台从业人员职业伤害保障试点。完善就业和社保线上服务以便利灵活就业人员。第八，进一步健全监管服务。坚持鼓励创新、包容审慎、严守底线、线上线下一体化监管的原则，完善对新业态新模式的监管。全面开展部门联合的"双随机、一公开"的市场监管，建立健全抽查事项清单。加强整治线上平台垄断、侵犯知识产权等违法违规行为，以规范经济秩序。

2021 年 4 月，国务院办公厅印发的《关于服务"六稳""六保"进一步做好"放管服"改革有关工作的意见》明确要求：第一，推动降低就业门槛。进一步规范小微电商准入，科学界定《中华人民共和国电子商务法》中"便民劳务活动""零星小额交易活动"标准。第二，支持和规范新就业形态发展。推动消除制约新产业新业态发展的隐性壁垒；强化监管和引导平台企业公平有序竞争，依法依规经营，确保合理收费，提升管理和服务水平；改革针对灵活就业人员的社会保险政策，放开在就业地参保的户籍限制，开展职业伤害保障试点，推动工伤保险扩面，更好维护灵活就业人员劳动权益。

2021 年 6 月，人社部发布《关于印发人力资源和社会保障事业发展"十四五"规划的通知》针对新就业形态从三大方面提出政策措施：第一，支持和规范发展新就业形态。清理和取消针对灵活就业的不合理限制规定；实施新就业形态技能提升和就业促进项目，提高就业服务水平；加快完善相关劳动保障制度。第二，全面实施全民参保计划。对于灵活就业人员，应放开在就业地参保的户籍限制，积极推动灵活就业人员与新就业形态劳动者等积极参加企业职工基本养老保险；依托全国统一的社会保险公共服务平台，为新就业形态从业人员提供网上参保登记申请等一系列便捷服务；支持新就业形态中灵活就业人员在公共服务平台办理企业职工基本养老保险参保登记、个人权益记录查询、社会保险关系转移接续等业务；适应我国新业态用工特点，制定职业伤害保障试行办法，推动平台用工的灵活就业人员开展职业伤害保障试点。第三，健全劳动关系协调机制。建立完善新就业形态劳动者的劳动权益保障机制，维护新就业形态劳动者权益。

2021 年 7 月，人力资源和社会保障部等部门联合印发的《关于维护新就业形态劳动者劳动保障权益的指导意见》，主要从三大方面明确要求：第一，规范企业的用工行为，企业应当承担用工责任。符合确立劳动关系情形的，企业应当依法与劳动者订立劳动合同；对符合确立劳动关系情形、不完全符合确立劳动关系情形但企业对劳动者进行劳动管理的，企业与劳动者订立书面协议。第二，健全劳动保障权益制度。落实公平就业制度，消除就业歧视；将不完全符合确立劳动关系情形的新就业形态劳动者，纳入最低工资和支付保障制度保障范围；督促企业向提供正常劳动的劳动者支付劳动报酬的标准不低于当地最低工资标准，引导企业建立劳动报酬合理增长机制；完善休息制度，推动行业明确劳动定员定额标准；完善劳动安全卫生责任制，严格执行国家劳动安全卫生保护标准；落实全员安全生产责任制，不得制定损害劳动者安全健康的考核指标；健全灵活就业人员的基本养老保险、医疗保险等相关社会保险政策，各地要放开参加基本养老、基本医疗保险的户籍限制；企业要引导和支持不完全符合确立劳动关系情形的新就业形态劳动者根据自身情况参加相应的社会保险；重点在出行、同城货运、外卖、即时配送等行业的平台企业，开展灵活就业人员职业伤害保障试点；鼓励平台企业购买雇主责任、人身意外等商业保险，作为灵活就业人员的补充保障；推动企业制定修订平台进入退出、订单分配、抽成比例、计件单价、工作时间、报酬构成及支付、奖惩等劳动者权益相关制度规则和平台算法。第三，优化劳动者权益保障服务。积极为各类新就业形态劳动者，提供个性化创业培训、职业介绍、职业指导等服务，为企业和劳动者提供便捷化的劳动保障、税收等政策咨询服务，探索适合新就业形态的社会保险经办服务模式，建立与新就业形态劳动者相适应的职业技能培训模式，协助解决新就业形态劳动者停车、充电、饮水、如厕等难题，对符合条件的新就业形态劳动者，保障其子女在常住地平等接受义务教育的权利。

2021 年 8 月，国务院印发《"十四五"就业促进规划》，其中与平台用工有关的政策措施主要有：第一，推动数字经济和实体经济深度融合，催生更多新产业新业态新商业模式，促进平台经济等新产业新业态新商业模式规范健康发展，带动更多劳动者依托平台就业创业。第二，支持多渠道灵活就业和新就业形态发展。破除各种不合理限制，建立促进多渠道灵活就业机制，支持和规范发展新就业形态。鼓励传统行业跨界融合、业态创新，增加灵活就业和新就业形态就业机会。加快落实《关于维护新就业形态劳动者劳动保障权益的指导意见》，建立完善适应灵活就业和新就业形态的劳动权益保障制度，引导支持灵活就业人员和新就业形态劳动者参加社会保险，提高灵活就业人员和新就业形态劳动者社会保障水平。规范平台企业用工，明确平台企业劳动保护责任。健全职业分类动态调整机制，持续开发新职业，发布新职业标准。

2021 年 8 月，中华全国总工会印发《关于切实维护新就业形态劳动者劳动保障权益的意见》，主要从七个方面推动新就业形态劳动者劳动权益保障：第一，深入新就业形态劳动者群体，广泛宣传党的路线方针政策和保障新就业形态劳动者群体权益的政策举措。第二，加强对新就业形态劳动者入会问题的研究，加快制定出台相关指导性文件，对建立平台企业工会组织和新就业形态劳动者入会予以引导和规范，加快推进建会入会。第三，发挥产业工会作用，积极与行业协会、头部企业或企业代表组织就行业计件单价、订单分配、抽成比例、劳动定额、报酬支付办法、进入退出平台规则、工作时间、休息休假、劳动保护、奖惩制度等开展协商，维护新就业形态劳动者的劳动经济权益。第四，积极推动和参与制定修改劳动保障法律法规，充分表达新就业形态劳动者意见诉求，使新就业形态劳动者群体各项权益在法律源头上得以保障。第五，深入开展"尊法守法·携手筑梦"服务农民工公益法律服务行动和劳动用工"法律体检"活动，广泛宣传相关劳动法律法规及政策规定，督促企业合法用工。第六，加快推进智慧工会建设，紧扣新就业形态劳动者依托互联网平台开展工作的特点，大力推行网上入会方式，创新服务内容和服务模式，让广大新就业形态劳动者全面了解工会、真心向往工会、主动走进工会。第七，针对新就业形态劳动者职业特点和需求，开展职业教育培训、岗位技能培训、职业技能竞赛等活动，推动新就业形态劳动者职业素质整体提升。

2021 年 9 月，《"十四五"全民医疗保障规划》明确落实全民参保计划，推进职工和城乡居民在常住地、就业地参保，放开灵活就业人员参保户籍限制。2021 年 12 月，国务院发布《"十四五"数字经济发展规划》，提出完善灵活就业的工伤保险制度。健全灵活就业人员参加社会保险制度和劳动者权益保障制度，推进灵活就业人员参加住房公积金制度试点。探索建立新业态企业劳动保障信用评价、守信激励和失信惩戒等制度。2022 年 4 月，《国务院办公厅关于进一步释放消费潜力促进消费持续恢复的意见》明确提出，支持各类劳动力市场、人才市场、零工市场建设，支持个体经营发展，增加非全日制就业机会，规范发展新就业形态，健全灵活就业劳动用工和社会保障政策（见表 6 – 3）。

表 6 – 3　　2019～2022 年 5 月中国平台用工相关重要政策文件概况（综合类）

政策文件	重要内容	类别
2019 年 8 月《国务院办公厅关于促进平台经济规范健康发展的指导意见》	肯定了互联网平台经济推动产业升级、促进就业的重要作用；提出落实和完善包容审慎监管要求，开展职业伤害保障试点，积极推进全民参保计划	综合类
2020 年 2 月中央一号文件《中共中央国务院关于抓好三农领域重点工作确保如期实现全面小康的意见》	提出开展新业态从业人员职业伤害保障试点	综合类
2020 年 3 月《国务院办公厅关于应对新冠肺炎疫情影响强化稳就业举措的实施意见》	明确要求，更好实施就业优先政策，支持平台就业等多渠道灵活就业；取消灵活就业人员参加企业职工基本养老保险的省内城乡户籍限制	综合类
2020 年 7 月发改委等多部门印发《关于支持新业态新模式健康发展激活消费市场带动扩大就业的意见》	提出强化灵活就业劳动权益保障探索多点执业。探索适应跨平台、多雇主间灵活就业的权益保障、社会保障等政策。完善灵活就业人员劳动权益保护、保费缴纳、薪酬等政策制度，明确平台企业在劳动者权益保障方面的相应责任，保障劳动者的基本报酬权、休息权和职业安全，明确参与各方的权利义务关系	综合类

政策文件	重要内容	类别
2020 年 7 月《国务院办公厅关于支持多渠道灵活就业的意见》	强调个体经营、非全日制以及新就业形态等灵活多样的就业方式，对拓宽就业新渠道、培育发展新动能具有重要作用。提出三个方面政策措施：拓宽灵活就业发展渠道，优化自主创业环境，加大对灵活就业保障支持	综合类
2020 年 11 月的《中共中央关于制定国民经济和社会发展第十四个五年规划和二○三五年远景目标的建议》	提出强化就业优先政策，完善促进创业带动就业、多渠道灵活就业的保障制度，支持和规范发展新就业形态	综合类
2021 年 3 月国家发展改革委等部门关于印发《加快培育新型消费实施方案》的通知	鼓励政企合作建设直播基地，加强直播人才培养培训；积极发展互联网＋产业；加强新职业新工种开发和培训；维护新职业从业人员劳动保障权益，推动出台维护新就业形态劳动者劳动保障权益政策	综合类
2021 年 4 月《国务院办公厅关于服务"六稳""六保"进一步做好"放管服"改革有关工作的意见》	提出着力推动消除制约新产业新业态发展的隐性壁垒，不断拓宽就业领域和渠道；加强对平台企业的监管和引导，促进公平有序竞争；推动平台企业依法依规完善服务协议和交易规则，合理确定收费标准，改进管理服务，支持新就业形态健康发展	综合类
2021 年 6 月人力资源社会保障部印发《关于印发人力资源和社会保障事业发展"十四五"规划的通知》	规划明确推动全面实施全民参保计划；放开灵活就业人员在就业地参加社会保险的户籍限制，积极促进有意愿、有缴费能力的灵活就业人员以及新就业形态从业人员等参加企业职工基本养老保险；重点推动中小微企业、灵活就业人员积极参加失业保险；推进平台灵活就业人员职业伤害保障工作。推进以创业带动就业，支持多渠道灵活就业	综合类
2021 年 7 月人社部等八部委印发《关于维护新就业形态劳动者劳动保障权益的指导意见》	从明确劳动者权益保障责任、健全劳动者权益保障制度、优化劳动者权益保障服务、完善劳动者权益保障工作机制四方面对新就业形态进行全面规范管理	综合类

政策文件	重要内容	类别
2021 年 8 月《国务院关于印发"十四五"就业促进规划的通知》	提出引导支持灵活就业人员和新就业形态劳动者参加社会保险，提高灵活就业人员和新就业形态劳动者社会保障水平。规范平台企业用工，明确平台企业劳动保护责任。健全职业分类动态调整机制，持续开发新职业，发布新职业标准	综合类
2021 年 8 月《中华全国总工会关于切实维护新就业形态劳动者劳动保障权益的意见》（总工发〔2021〕12 号）	强调广泛宣传党的路线方针政策和保障新就业形态劳动者群体权益的政策举措；加强对新就业形态劳动者入会问题的研究；发挥产业工会作用；积极推动和参与制定修改劳动保障法律法规；，加快推进智慧工会建设；针对新就业形态劳动者职业特点和需求，开展职业教育培训、岗位技能培训、职业技能竞赛等活动	综合类
2021 年 9 月《"十四五"全民医疗保障规划》	明确落实全民参保计划，推进职工和城乡居民在常住地、就业地参保，放开灵活就业人员参保户籍限制	综合类
2021 年 12 月国务院发布的《"十四五"数字经济发展规划》	提出完善灵活就业的工伤保险制度。健全灵活就业人员参加社会保险制度和劳动者权益保障制度，推进灵活就业人员参加住房公积金制度试点。探索建立新业态企业劳动保障信用评价、守信激励和失信惩戒等制度	综合类
2022 年 4 月《国务院办公厅关于进一步释放消费潜力促进消费持续恢复的意见》	支持各类劳动力市场、人才市场、零工市场建设，支持个体经营发展，增加非全日制就业机会，规范发展新就业形态，健全灵活就业劳动用工和社会保障政策	综合类

资料来源：根据网络公开政策文件整理。

2. 平台用工治理网上外卖类政策概况

2019 年以来，国家市场监督管理总局、交通运输部、人力资源社会保障部等针对网上外卖行业平台企业、入网餐饮服务提供者合法合规经营、外卖送餐员权益保障等出台了四个重要的政策文件，针对平台用工的管理上主要聚焦在网络餐饮服务平台企业的主体责任落实、保障外卖送餐员报酬合理化机制、行业工资集体协商、社会保险保障、商业保险购买、职业伤害保障试点等政策（见表 6-4）。

表 6 – 4　　2019～2022 年 5 月中国外卖快递行业相关重要政策文件概况

政策文件	重要内容	类别
2020 年 11 月市场监管总局公布《网络餐饮服务食品安全监督管理办法（2020 年修订版）》	强调网络餐饮服务第三方平台提供者需要履行审查登记并公示入网餐饮服务提供者的许可信息等义务；入网餐饮服务提供者需要履行公示信息、制定和实施原料控制、严格加工过程控制、定期维护设施设备等义务	外卖快递类
2021 年 6 月交通运输部等部门《关于做好快递员群体合法权益保障工作的意见》	要求形成合理收益分配机制，制定《快递末端派费核算指引》；引导工会组织、快递协会建立行业工资集体协商机制；提升快递员社会保险水平；优化快递员生产作业环境；规范企业加盟和用工管理	外卖快递类
2021 年 7 月，国家市场监管总局等部门印发《关于落实网络餐饮平台责任切实维护外卖送餐员权益的指导意见》	督促餐饮外卖平台及第三方合作单位为建立劳动关系的外卖送餐员参加社会保险，支持其他外卖送餐员参加社会保险，按照国家规定参加平台灵活就业人员职业伤害保障试点。探索提供多样化商业保险保障方案	外卖快递类
2021 年 12 月人力资源社会保障部办公厅和国家邮政局办公室《关于推进基层快递网点优先参加工伤保险工作的通知》	快递企业应当依法参加各项社会保险；用工灵活、流动性大的基层快递网点可优先办理参加工伤保险；根据"以支定收、收支平衡"原则，合理确定本地区快递行业工伤保险基准费率；按照《工伤保险条例》和统筹地区有关规定享受工伤保险待遇	外卖快递类

资料来源：根据网络公开政策文件整理。

　　2020 年 11 月，国家市场监督管理总局公布了《网络餐饮服务食品安全监督管理办法（2020 年修订版）》，进一步细化了网络餐饮服务第三方平台和入网餐饮服务提供者的责任内容，其中网络餐饮服务第三方平台提供者需要履行审查登记并公示入网餐饮服务提供者的许可信息等义务，入网餐饮服务提供者需要履行公示信息、制定和实施原料控制、严格加工过程控制、定期维护设施设备等义务。

　　2021 年 6 月，交通运输部等部门印发《关于做好快递员群体合法权益保障工作的意见》，主要从七个方面保护快递员群体合法权益：一是，形成合理收益分配机制。制定《快递末端派费核算指引》，督促企业保持合理末端派费水平，保证末端投递基本支出，保障快递员基本劳动所得。二是，引导工会组织、快递协会建立行业工资集体协商机制，确定快递员最低劳动报酬标准和年度劳动报酬增长幅度；指导快递协会研究制定《快递员劳动定额标准》。三是，提升快递员社会保险水平。对用工灵活、流动性大的基层快递网点，按照统筹地区全口径城镇单位就业人员平均工资水平或营业额比例计算缴纳工伤保险费，优先参加工伤保险。推动企业为快递员购买人身意外保险。四是，优化快递员生产作业环境。督促企业严格执行安全生产相关标准，加大资金投入、配齐劳保用品、升级作业装备、改善工作环境。五是，落实快递企业主体责任。修订《快递市场管理办法》，明确企业总部在网络稳定、快递员权益保障等方面的统一管理责任；修订《快递服务》国家标准；将落实快递员权益保障情况纳入行业诚信体系建设范畴。六是，规范企业加盟和用工管理。末端备案网点损害快递员合法权益的，由该网点的开办企业依法承担责任。支持快递协会制定并推广加盟协议推荐文本，明确依法用工和保障快递员合法权益要求。七是，加强网络稳定运行监管。对企业重大经营管理事项开展风险评估，加强部门间信息共享和协同治理；支持企业工会建立劳动关系风险评估和化解机制，有效维护末端网点稳定。

2021 年 7 月，市场监管总局等部门发布《关于落实网络餐饮平台责任切实维护外卖送餐员权益的指导意见》主要从八方面提出了保障外卖送餐员权益的政策措施：一是，科学设置报酬规则。网络餐饮平台要认真完善外卖送餐员劳动报酬规则，建立与工作任务、劳动强度相匹配的收入分配机制；制定科学合理的劳动定额标准和外卖送餐员接单最低报酬。二是，优化算法规则，不得将"最严算法"作为考核要求，要通过"算法取中"等方式，合理确定订单数量、在线率等考核要素，适当放宽配送时限。三是，优化平台派单机制，优化外卖送餐员往返路线，降低劳动强度，保障劳动安全。四是，依法为建立劳动关系的外卖送餐员参加社会保险，鼓励其他外卖送餐员参加社会保险；按照国家规定参加平台灵活就业人员职业伤害保障试点，防范和化解外卖送餐员职业伤害风险；探索提供多样化商业保险保障方案。五是，优化从业环境，改善工作生活条件。设置外卖送餐员临时驻留点，提供必要的饮水、休息、充电等条件，鼓励研发智能头盔等穿戴设备，对外卖送餐员住宿、子女教育方面给予关心支持。六是，推动建立适应新就业形态的工会组织，积极吸纳外卖送餐员群体入会，引导帮助外卖送餐员参与工会事务。七是，积极倡导网络餐饮平台加强团队建设，丰富外卖送餐员文化生活；推动开展技能、素质、文化等多方位培训，提升外卖送餐员能力水平；制定完善救助预案。八是，网络餐饮平台及第三方合作单位要建立有效的风险防控和矛盾处置机制；要畅通外卖送餐员诉求渠道，明确诉求处置程序、时限。

2021年12月，人力资源社会保障部办公厅和国家邮政局办公室印发《关于推进基层快递网点优先参加工伤保险工作的通知》，对加强快递员群体工伤保障工作，推进基层快递网点优先参加工伤保险作了安排：第一，提出了工作原则，包括支持快递行业发展、规范企业用工、简化优化流程、兼顾市场公平。第二，明确参保范围。快递企业应当依法参加各项社会保险；快递企业使用劳务派遣方式用工的，应督促劳务派遣公司依法参加社会保险；用工灵活、流动性大的基层快递网点可优先办理参加工伤保险。第三，细化计缴方式。根据"以支定收、收支平衡"原则，合理确定本地区快递行业工伤保险基准费率；对难以直接按照工资总额计算缴纳工伤保险费的，原则上按照统筹地区上年全口径城镇单位就业人员平均工资和参保人数，计算缴纳工伤保险费。第四，优化经办服务。简化优化参保登记、缴费核定、工伤认定和劳动能力鉴定程序，强化部门间数据交换和业务协同，推进网上办、掌上办。第五，完善待遇支付。按照《工伤保险条例》和统筹地区有关规定享受工伤保险待遇；用人单位应参保未参保的，由用人单位按照《工伤保险条例》和生产经营地规定依法支付工伤保险待遇。

3. 平台用工治理网约车类政策概况

2019 年至 2022 年 5 月，交通运输部等部门发布了针对网约车行业的三个重要政策文件，主要从落实网约车平台企业主体责任、确保网约车司机和乘客安全、督促网约车平台企业依法依规经营、建立全方位多层次立体化监管体系、加强对网约车平台公司的事前事中事后全链条全领域监管、网约车平台与网约车司机利益分配机制等方面，促进网约车行业健康发展。

2021 年 9 月，交通运输部办公厅发布《关于维护公平竞争市场秩序加快推进网约车合规化的通知》以加快推进网约车合规化进程，明确要求：第一，各地交通运输主管部门要督促网约车平台公司依法依规开展经营，即日起，不得新接入不合规车辆和驾驶员，并加快清退不合规的驾驶员和车辆；要坚持监管规范和促进发展两手并重，优化审批流程，强化服务；将每月公布 36 个中心城市网约车合规率情况。第二，加快建立全方位、多层次、立体化监管体系，加强对网约车平台公司的事前事中事后全链条全领域监管；依法严厉查处低价倾销、大数据杀熟、诱导欺诈等违法违规行为，推动形成统一开放、竞争有序的市场体系。第三，积极会同有关部门指导督促网约车平台公司依法合规用工，科学制定平台派单规则，规范定价行为，完善利益分配机制，降低过高的抽成比例，保障驾驶员获得合理劳动报酬和休息时间。第四，要督促网约车平台企业加强对网约车驾驶员的安全教育，综合运用人防、技防、物防等手段，提升行业运营安全水平。

2021 年 11 月，交通运输部等印发《关于加强交通运输新业态从业人员权益保障工作的意见》主要从六个方面保障交通运输新业态从业人员权益：第一，完善平台和从业人员利益分配机制，保障从业人员合理劳动报酬。督促网络预约出租汽车平台企业向驾驶员和乘客等相关方公告计价规则、收入分配规则，保障驾驶员知情权和监督权；合理设定抽成比例上限并在移动客户端和媒体上公开发布；督促网约车平台企业向提供正常劳动的网约车驾驶员支付不低于当地最低工资标准的劳动报酬。第二，支持从业人员参加社会保险。强化网约车驾驶员职业伤害保障，鼓励网约车平台企业积极参加职业伤害保障试点；督促网约车平台企业依法为符合劳动关系情形的网约车驾驶员参加社会保险，引导和支持不完全符合确立劳动关系情形的网约车驾驶员参加相应的社会保险。第三，改善从业环境和工作条件。督促网约车平台企业科学确定驾驶员工作时长和劳动强度，保障其有足够休息时间；积极推进出租汽车综合服务区建设，破解出租汽车驾驶员"就餐难、停车难、如厕难"等问题；督促网约车平台企业加强对从业人员职业技能、劳动安全、运营服务的教育培训；加强对用工合作单位的管理；广泛开展多种形式的送温暖等关心关爱驾驶员活动。第四，促进网约车平台企业合规发展，督促网约车平台企业严格遵守法规规定，不得接入未获得网约车许可的驾驶员和车辆，严厉打击非法营运行为。第五，畅通投诉举报渠道。充分发挥12328交通运输服务监督电话、12315消费维权电话作用，督促交通运输新业态企业建立首问负责制，切实保障从业人员和消费者合法权益。第六，强化工会组织保障作用，各地工会组织要将网约车驾驶员作为推动建会入会的重点群体，探索建立从业人员与新业态企业平等协商机制。

2022年2月，交通运输部等部门发布《关于加强网络预约出租汽车行业事前事中事后全链条联合监管有关工作的通知》提出加强对网约车的联合监管措施：第一，各级交通运输、通信、公安、人力资源社会保障、人民银行、税务、市场监管、网信等部门，在各省份及地市层面加快建立健全由交通运输部门牵头的交通运输新业态协同监管工作机制。第二，加强事前事中事后全链条联合监管。如地方各级有关部门要优化服务流程，为符合条件的网约车平台公司、驾驶员和车辆申办许可等事项提供便利；网约车平台公司违法违规行为涉及多部门、跨省份、影响恶劣的，国务院相关部门和单位可组织开展联合约谈，督促网约车平台公司进行整改。第三，明确了网约车行业事前事中事后全链条联合监管事项。如网约车平台公司向未取得相应出租汽车许可的驾驶员、车辆派单，未按规定向网约车监管信息交互平台传输有关数据信息，或网约车经营服务过程出现其他严重违法违规行为；存在严重侵害网约车驾驶员劳动保障权益等违法违规行为。第四，细化了事前事中事后全链条联合监管处置流程，包括发起、上报、处置等环节，联合对网约车平台公司采取暂停区域内经营服务、暂停发布或下架移动互联网应用程序（App）、停止互联网服务、停止联网或停机整顿等处置措施（见表6-5）。

表6-5　　　　2019~2022年中国网约车行业相关重要政策文件概况

政策文件	重要内容	类别
2021年9月《交通运输部办公厅关于维护公平竞争市场秩序加快推进网约车合规化的通知》	各地交通运输主管部门要督促网约车平台公司依法依规开展经营；加快建立全方位、多层次、立体化监管体系，加强对网约车平台公司的事前事中事后全链条全领域监管；指导督促网约车平台公司依法合规用工，科学制定平台派单规则，规范定价行为，完善利益分配机制	网约车类
2021年11月《关于加强交通运输新业态从业人员权益保障工作的意见》	完善平台和从业人员利益分配机制，保障从业人员合理劳动报酬；支持从业人员参加社会保险；改善从业环境和工作条件；促进网约车平台企业合规发展	网约车类
2022年2月交通运输部办公厅等部门《关于加强网络预约出租汽车行业事前事中事后全链条联合监管有关工作的通知》	要求在各省份及地市层面加快建立健全由交通运输部门牵头的交通运输新业态协同监管工作机制；加强事前事中事后全链条联合监管；明确了网约车行业事前事中事后全链条联合监管事项、处置流程	网约车类

资料来源：根据网络公开政策文件整理。

4. 平台用工治理网络直播类政策概况

2019年以来，市场监管总局、国家互联网信息办公室、国家税务总局、中央文明办等部门印发了五个治理网络直播行业的重要政策文件，重点对网络直播营销活动监管、网络直播规范管理、网络直播营利活动、网络直播税收政策、网络未成年人参与网络直播活动的保护措施、对网络直播人员报酬分配、直播人员素质提升等提出了指导意见和明确规定。

2020 年 11 月，《市场监管总局关于加强网络直播营销活动监管的指导意见》主要从四大方面提出指导意见：第一，明确坚持包容审慎、创新监管理念，积极探索适应新业态特点、有利于各类市场主体公平竞争的监管方式。第二，强调压实网络平台、商品经营者、网络直播者等有关主体法律责任。如网络平台为采用网络直播方式销售商品或提供服务的经营者提供网络经营场所、交易撮合、信息发布等服务，应按照《电子商务法》规定履行电子商务平台经营者的责任和义务；自然人、法人或其他组织采用网络直播方式对商品或服务的性能、功能、质量、销售状况、用户评价、曾获荣誉等作宣传，应当符合《反不正当竞争法》有关规定。直播内容构成商业广告的，应按照《广告法》规定履行有关责任和义务。第三，要求严格规范网络直播营销行为，包括规范商品或服务营销范围、规范广告审查发布、保障消费者知情权和选择权。第四，强调依法查处网络直播营销违法行为，针对不同问题适用不同法律法规予以依法查处，包括依法查处电子商务违法行为、侵犯消费者合法权益违法行为、不正当竞争违法行为、产品质量违法行为、侵犯知识产权违法行为、食品安全违法行为、广告违法行为、价格违法行为。

2021 年 2 月，国家互联网信息办公室等部门关于印发《关于加强网络直播规范管理工作的指导意见》旨在治理网络直播行业中主体责任缺失、内容生态不良、主播良莠不齐、充值打赏失范、商业营销混乱、青少年权益遭受侵害等问题，提出了指导意见：第一，明确要构建良好网络直播产业生态，为广大网民特别是青少年营造积极健康、内容丰富、正能量充沛的网络直播空间。第二，强调督促落实主体责任。网络直播平台应当严格履行网络直播平台法定职责义务，落实网络直播平台主体责任清单；网络主播应当依法依规开展网络直播活动；网络直播用户参应当严格遵守法律法规，文明互动、理性表达、合理消费。第三，强化主流价值引领，大力弘扬社会主义核心价值观，大力扶持优质主播，扩大优质内容生产供给。第四，加强对网民权益维护和未成年人保护，应当向未成年人用户提供"青少年模式"，防范未成年人沉迷网络直播，不得向未成年人提供充值打赏服务。第五，严惩违法违规行为，全面清理低俗庸俗、封建迷信、打"擦边球"等违法和不良信息。第六，要求强化网络直播活动准入备案管理，构建行业制度体系，网络直播平台应当建立健全和严格落实相关管理制度。

2021 年 4 月，国家互联网信息办公室等七部门联合发布《网络直播营销管理办法（试行）》，以促进网络直播营销健康有序发展，对直播营销平台和直播间运营者、直播营销人员的主要规定有：第一，明确了办法的适用范围，并对直播营销平台、直播间运营者、直播营销人员、直播营销人员的服务机构等作了界定。第二，对直播营销平台的经营行为作了规范。如直播营销平台应当依法依规履行备案手续、依法需要取得相关行政许可；应当配备与服务规模相适应的直播内容管理专业人员；依据相关法律法规和国家有关规定，制定并公开网络直播营销管理规则、平台公约；直播营销平台应当与直播营销人员服务机构、直播间运营者签订协议，要求其规范直播营销人员招募、培训、管理流程，履行对直播营销内容、商品和服务的真实性、合法性审核义务；建立直播营销人员真实身份动态核验机制；建立健全未成年人保护机制，注重保护未成年人身心健康等。第三，对直播间运营者和直播营销人员作了规定。如直播营销人员或者直播间运营者为自然人的，应当年满十六周岁，其中十六周岁以上的未成年人，应当经监护人同意；应当遵守法律法规和国家有关规定，遵循社会公序良俗；直播间运营者、直播营销人员与直播营销人员服务机构合作开展商业合作的，应当与直播营销人员服务机构签订书面协议，明确信息安全管理、商品质量审核、消费者权益保护等义务并督促履行。第四，明确了监督管理和有关法律责任，加强行业自律。

2022 年 3 月，国家互联网信息办公室、国家税务总局、国家市场监督管理总局印发《关于进一步规范网络直播营利行为促进行业健康发展的意见》，对网络直播营利行为中网络直播平台管理责任不到位、商业营销行为不规范、偷逃缴纳税款等问题提出了意见，主要包括：第一，强调构建跨部门协同监管长效机制，加强对网络直播营利行为的规范性引导，推动网络直播行业在发展中规范，在规范中发展。第二，强化网络直播平台更好落实管理主体责任，包括加强网络直播账号注册管理、网络直播账号分级分类管理、配合开展执法活动等。网络直播平台应当在服务协议中明确提示网络直播发布者在市场主体登记、税收等方面的权利义务，但不得强制要求网络直播发布者成立工作室或者个体工商户。第三，要求规范税收管理。网络直播平台、网络直播服务机构应当明确区分和界定网络直播发布者各类收入来源及性质，并依法履行个人所得税代扣代缴义务，不得转嫁或者逃避个人所得税代扣代缴义务；网络直播发布者开办的企业和个人工作室，对其原则上采用查账征收方式计征所得税；依法查处偷逃税等涉税违法犯罪行为。第四，加强网信、税务部门、市场监管部门间信息共享，对网络直播营利活动开展联合奖惩。

2022 年 5 月，中央文明办等部门印发《关于规范网络直播打赏　加强未成年人保护的意见》旨在规范网络直播打赏、治理未成年人沉溺直播、参与打赏等问题，提出了有关工作举措：第一，提高认识，要求各部门各平台要从"塑造什么样的未来人"的高度，深刻认识规范网络直播、加强未成年人保护的极端重要性和迫切性。第二，禁止未成年人参与直播打赏。网站平台应当健全完善未成年人保护机制，禁止为未成年人提供现金充值、"礼物"购买、在线支付等各类打赏服务。第三，严控未成年人从事主播。不得为未满 16 周岁的未成年人提供网络主播服务，为 16 ~ 18 周岁的未成年人提供网络主播服务的，应当征得监护人同意。第四，优化升级"青少年模式"，严格内容审核把关流程，配备与业务规模相适应的专门审核团队，既选优选精又杜绝"三俗"。第五，网站平台应建立未成年人专属客服团队，对未成年人冒用成年人账号打赏的，属实的需按规定办理退款。第六，规范重点功能应用。如网站平台应在本意见发布 1 个月内全部取消打赏榜单，禁止以打赏额度为唯一依据对网络主播排名、引流、推荐，禁止以打赏额度为标准对用户进行排名。第七，加强高峰时段管理。如，每日 20 时至 22 时高峰时段，单个账号直播间"连麦 PK"次数不得超过 2 次，不得设置"PK 惩罚"环节，不得为"PK 惩罚"提供技术实现方式，避免诱导误导未成年人；每日 22 时后，对"青少年模式"下的各项服务强制下线。第八，加强对未成年人网络素养教育，培育未成年人网络安全意识、文明素养、行为习惯和防护技能（见表 6 - 6）。

表 6 - 6　　　　　2019 ~ 2022 年 5 月中国网络直播行业相关重要政策文件概况

政策文件	重要内容	类别
2020 年 11 月《市场监管总局关于加强网络直播营销活动监管的指导意见》	明确坚持包容审慎、创新监管理念，探索适应新业态特点、有利于各类市场主体公平竞争的监管方式；强调压实网络平台、商品经营者、网络直播者等有关主体法律责任	网络直播类
2021 年 2 月国家互联网信息办公室等部门关于印发《关于加强网络直播规范管理工作的指导意见》的通知	强调营造积极健康、内容丰富、正能量充沛的网络直播空间；督促落实网络直播相关主体责任，依法依规开展直播活动；加强对网民权益维护和未成年人保护；严惩违法违规行为	网络直播类
2021 年 4 月《网络直播营销管理办法（试行）》	对直播营销平台的经营行为作了规范；直播营销平台应当与直播营销人员服务机构、直播间运营者签订协议，要求其规范直播营销人员招募、培训、管理流程；对直播间运营者和直播营销人员作了规定；明确了监督管理和有关法律责任，加强行业自律	网络直播类
2022 年 3 月国家互联网信息办公室等部门印发《关于进一步规范网络直播营利行为促进行业健康发展的意见》的通知	提出推动网络直播行业在发展中规范，在规范中发展；不得强制要求网络直播发布者成立工作室或者个体工商户；网络直播平台、网络直播服务机构应当依法履行个人所得税代扣代缴义务，不得转嫁或者逃避个人所得税代扣代缴义务	网络直播类
2022 年 5 月《中央文明办文化和旅游部国家广播电视总局国家互联网信息办公室关于规范网络直播打赏加强未成年人保护的意见》	要求各部门各平台要从"塑造什么样的未来人"的高度，认识规范网络直播、加强未成年人保护的重要性和紧迫性；禁止未成年人参与直播打赏，严控未成年人从事主播；优化升级"青少年模式"；网站平台应建立未成年人专属客服团队；加强高峰时段管理；加强对未成年人网络素养教育	网络直播类

资料来源：根据网络公开政策文件整理。

第七章

国外灵活用工的发展概况

一、企业灵活用工的演化逻辑

企业用工灵活化，实质上是企业灵活用工模式创新的总体特征。而企业灵活用工的发展与生产力发展水平、生产资料配置、劳动力要素的供求匹配、技术变革，以及生产关系等具有密切联系。

工业革命以来，社会化大生产带来了生产关系的变革，出现了标准化劳动雇佣关系。工业革命时期，欧美国家不断通过立法保障工人的基本劳动权益，形成了以人为中心、强调劳动保护和劳动秩序规范的现代劳动关系。

20 世纪 80 年代，随着企业经营国际化，资本的全球化配置也带来了全球化人力资源配置需求。企业为了应对全球化经营的复杂环境，实现国际化和当地化平衡，更好发挥国际化市场布局的优势，充分利用当地市场人力资源和财力物力资源配置，实现差异化和成本控制目标，灵活配置劳动力变得更加流行。西方发达国家出现了多样化的劳动关系，劳务派遣、临时工作、非全日制工作等非标准化、非典型化劳动雇佣关系逐渐兴起。

20 世纪 90 年代特别是 21 世纪以来，工业化和新一代信息技术飞速发展，带来新业态新领域的创新发展，2008 年经济危机对经济社会发展带来较大负面影响，产业结构调整和经济社会转型提速。为了适应产业结构调整、降低开辟新领域的经营风险，许多企业采取裁员、减产、降薪等手段以压缩成本，进一步推动了企业用工模式的创新，企业用工更趋向于灵活化。

与此同时，劳动者就业理念不断趋于接受灵活性强的工作和自我价值的实现，追求工作和生活的平衡，这契合了企业灵活用工的弹性特点。尤其是在发达国家，劳动者自我意识较强，希望有更多的时间来享受生活，而企业灵活用工模式正好符合劳动者的灵活就业需求，企业和劳动者的需求共振，给企业灵活用工模式创新带来源源不断的活水。

尤其是 2020 年以来新冠肺炎疫情造成了全球经济绝大多数经济体严重衰退，许多国家为了更好控制新冠肺炎疫情蔓延，采取了居家隔离、减少直接接触、弱化人员流动等防控措施，人们工作和生活方式呈现更多数字化特点。这促进了数字技术与企业经营实现了更高程度融合，与数字技术融合的远程办公和零接触服务等得到快速发展。更多劳动者接受远程办公、灵活工作，依托互联网平台的网约车、外卖、金融、众包等新就业形态蓬勃发展，平台用工模式盛行。同时共享经济发展理念，疫情导致经营困难，企业将富余劳动力借给有用工需求的企业，出现了共享用工新模式。

二、国外灵活用工的发展历程

（一）初步发展期（1920～1989 年）

灵活用工产生自 20 世纪 20 年代的美国，受经济萧条的影响，当时美国的灵活用工缓解了失业问题和社会保障问题，诞生了劳务派遣的雏形。1948 年，万宝盛华在美国成立，灵活用工开始在美国模式化、业务化。随着全球化的发展，灵活用工逐渐引入其他国家，开始了全球性的发展。

20 世纪中期，在工业革命和信息技术革命推动下，社会化和集约化生产方式占据了主导地位，国际化的分工与合作普遍加强；以市场细分为标志的集约化生产方式成为主流，社会化程度由一国之内发展到世界各地；以资源和市场以及科技和资本的占有程度，奠定了各个国家的国际分工，构建了经济全球化趋势的市场体系。在这个过程中，开始大量出现业务外包和人员外包；基于企业需求，企业对于各类人才的需求和企业经营过程中出现用工数量波动，劳务派遣、兼职、临时用工等用工方式开始出现。在 20 世纪中期，美国临时就业人数占就业总人数的比例约为 6%，英国、荷兰、新西兰、澳大利亚、西班牙分别约为 7%、11%、16%、18%、30%（俞弘强，2009）[1]。

20 世纪 70 年代，发达国家经济增速放缓、产业结构调整、劳动力供求失衡导致发达国家的失业率持续高位徘徊。1973 年到 2007 年 35 年间，美国年均失业率为 6.2%，最高年份达到 9.7%；德国为 6.6%，最高达 11.2%；意大利为 7.3%，最高达 11.5%；英国为 7.4%，最高达 11.8%；加拿大为 7.9%，最高达 11.6%；法国为 8.7%，最高达 11.9%。各国政府发现传统的用工模式不利于扩大就业、减少失业，而灵活用工则可以有效缓解就业压力，于是相继出台各种支持和保护措施，为非传统就业快速发展营造出有利的政策环境（俞弘强，2009）[2]。

20 世纪 80 年代，发达国家出现了劳动力短期、经济全球化发展。西方发达国家劳动用工呈现劳动关系多样化、非正规化、非标准化特点，劳动派遣、非全日制工作、临时工作等新工作形态逐渐兴起。以日本为例，1972 年全球石油危机爆发，日本经济增速出现换挡，企业开始逐步抛弃

---

①② 俞弘强. 发达国家非传统就业基本情况 [J]. 学习与研究，2009（6）：77–79.

"终身雇佣制"，大量裁员的同时增加派遣用工的比例，大量不规范的灵活用工涌现，直到日本政府1985年出台《劳动者派遣法》以缓解民众的恐慌情绪，首次肯定了派遣用工在日本的合法地位，但是对工种和期限有所限制。后期出台了一系列政策法规用来放松对灵活用工的限制，并保障灵活用工人员平等的经济地位，对日本灵活用工行业产生了深远的影响。日本非正式雇佣劳动者从1985年的655万上升到2010年的1756万，其占据全体劳动人口的比例从16.4%升至34.4%。到2012年，非正式雇佣劳动者比例达到35.2%，其中，兼职员工、短期合同工、劳务派遣工和契约工的比例各占17.2%、6.8%、1.7%、6.9%（黄伟等，2014）[①]。

（二）探索发展期（1990~1999年）

20世纪90年代中期，西方国家劳动就业方面的研究热点转向劳动力市场的灵活与安全问题，政府和外界开始探讨并学习借鉴丹麦的经验，总结了劳动力市场发展的丹麦模式。到了上个世纪末，灵活用工在发达国家就业结构中的比例迅速上升。荷兰的临时就业占全体雇佣劳动者的比例在1997年达到12.1%，灵活用工的迅速发展使得荷兰的失业率降低的水平；英国1992年到1997年间增加了93万个就业岗位，其中非全日制就业岗位增加了63.7万，占增加就业岗位的68.5%；1998年，美国的独立就业人数为825万，占就业总人数的6.3%。1999年，美国的远程就业人数就达到了1570万人，占就业总人数的12.9%。日本远程就业人数有209万。在欧盟各国中，德国的远程就业人数最多，为180万人；荷兰的远程就业比例最高，为18.2%（久叶，2006）[②]。

随着20世纪90年代泡沫经济的破灭和经济全球化的发展，日益激烈的跨国竞争加强了企业压低用工成本和增加雇佣灵活性的意愿，政府也通

---

① 黄伟，廖慧珍，林瑶. 日本劳务派遣法律规制对企业用工决策的影响［J］. 中国人力资源开发，2014（13）：101-106，112.

② 久叶. 就业的新概念［J］. 社保财务理论与实践，2006（4）：127-130.

过削减社会福利给予企业更多成本支持。90 年代泡沫经济崩溃后经济持续低迷，传统的劳动关系制度受到挑战，发达国家劳动力市场发生了新的转变，以小时工、合同工和派遣工为代表的非正式雇佣兴起。企业为了降低成本开始更多使用小时工和派遣工。以日本为例，1990 年日本的经济泡沫达到了顶点，经济长时间萎靡，失业率节节攀升，1990～2008 年，日本 GDP 复合增速仅为 0.9%，但灵活用工行业收入却增长了近 8 倍，行业渗透率达到 2.8% 的历史高点，具有很强的抗周期性。

随着全球经济一体化进程的加快，国际市场竞争日益激烈，同时，商品市场更新换代加快，对劳动力的需求越来越要求个性化，在这种环境下，灵活用工的重要性愈发显现。传统用工模式较为单一，企业在用工富余时不易辞退员工，造成用工冗余且需要承担较高的人工成本（包括社会保险费用和其他企业福利），从而导致产品定价高，影响销量。而灵活用工的形式则可以帮助企业提高应对市场变化的能力，降低人力成本，提高经济效益。

与此同时，对于劳动者来说，随着经济的发展和社会的进步，人们的就业理念也与时俱进。尤其是在发达国家，人们自我意识较强，对工作的自由度要求较高，他们希望有更多的时间来享受生活，而灵活用工的形式恰好能满足这种需求。很多女性劳动者也需要更加灵活的工作时间来平衡工作和家庭，因此对灵活用工更加青睐。在企业和劳动者的双重需求下，灵活用工越来越为人们所接受和应用。以荷兰为例，荷兰的非全日制工种比例占 40%，对于妇女来说要占到 70%，但对于男人来说占 20%[1]。除了非全日制工作以外，劳务派遣公司也是提供灵活用工的重要途径。经合组织的数字显示，从 1990 年至 2000 年期间，全部劳务派遣公司就业增长了 40%，劳务派遣公司所签合同由 20% 增加到 2000 年的 40%，劳务派遣公司代表了荷兰 60% 的灵活用工的份额。雇用的工人数量由 1973 年的

---

① 贝蒂. 荷兰的灵活就业及劳务派遣（摘要）[J]. 中国就业，2004（6）：20 - 23.

24.45 万人增加到 2000 年的 30 万人①。

（三）快速发展期（2000～2007 年）

随着 21 世纪经济的飞速发展，工业化和信息化步伐加速，很多国家出现了产业结构调整和经济社会转型、市场对劳动力的需求和用工形式也更加丰富了起来。产业结构的变化，尤其是第三产业的蓬勃发展，使人们对消费的需求更具个性化，这就需要更加灵活的用工模式来满足市场的发展和消费者的需求。回顾历史，经济的高速发展往往是由于第二产业的快速增长带来的，而随着一、二产业增速放缓，第三产业比例提升，三产结构将发生变化。产业结构变化的同时，带来的是经济增速的放缓；企业开始精简人员，人力派遣服务适应了当时降低企业用工成本的需求，派遣行业得到快速发展；另外，随着新经济的快速发展，新的服务业态不断涌现，许多行业存在明显的阶段性用工特征，对灵活用工产生大量需求。

进入 21 世纪后，各国临时就业人数有了进一步增长，灵活用工的比例进一步得到了提高，2007 年，美国非全日制就业人数占就业总人数的比例为 12.6%，法国为 13.4%，意大利为 15.1%，加拿大为 18.2%，日本为 18.9%，新西兰为 22%，德国为 22.2%，英国为 23.3%，澳大利亚为 24.1%，荷兰为 36.1%②。

（四）变革创新期（2008 年至今）

2008 年以来受全球金融危机的影响，许多发达国家经历了自二战结束以来最漫长的经济衰退期，许多企业在采取裁员、减产、降薪等手段以压缩成本，造成失业率的上升。以日本为例，劳务派遣人数在 2000 至

---

① 贝蒂. 荷兰的灵活就业及劳务派遣（摘要）[J]. 中国就业，2004（6）：20－23.
② 俞弘强. 发达国家非传统就业基本情况 [J]. 学习与研究，2009（6）：77－79.

2008 年呈现大幅递增的趋势，并在 2008 年达到最高值 140 万人，派遣工占全体非正式雇佣人数的比例为 8%。2008 年全球经济危机开始后，大量劳务派遣工被企业解雇，因此 2008 年后派遣工实际人数和占非正式雇佣人数比重有所回落①。在日本，"员工雇员"分为三大类，包括长期员工（或者叫作普通的、核心的员工）、专业的员工以及非典型的员工（或者说非普通的员工）。而第三类员工经常被称为临时工、社外工、期间工、兼职者、派遣员工、合同工等。2015 年，第三类员工占日本总雇员人数的 37.5%，而在 1985 年，这个比例只有 16.5%。按性别区分，非典型的员工有 68% 是女性；按工种区分，有 68.9% 是兼职工、6.3% 是派遣员工、14.5% 的合同工以及 5.9% 的临时工②。

在经历了 2008 年美国次贷危机引发的国际金融危机造成的经济大规模衰退后，经济正在实现逐渐复苏，这也为劳动市场的再次活跃提供了良好的外部环境。多数发达国家的劳动力市场出现了失业率普遍呈现下降的趋势，失业率下降的原因之一就是灵活用工的发展。从数据上来看，灵活用工对于缓解发达国家的就业压力发挥了重要的作用。以法国为例，从统计局提供的数据来看：法国国内生产总值在 2015 年底～2017 年初平均徘徊在 1% 的增长率，2017 年二三季度增长超过 2%，并在 2018 年初达到 2.8% 的新高。2015～2017 年初，法国失业率一直徘徊在 10% 左右，而自 2017 年第二季度开始失业率近年首次跌破 10%，并在 2017 年末达到了低峰值 8.9%③。2017 年日本灵活用工市场渗透率达到 40%。根据美国商务部经济和统计管理局数据，灵活用工的市场份额由 2010 年的 68% 上升至 2014 年的 81%，在每次经济萧条后灵活用工指数都持续走高。这说明经济的复苏为就业市场的回暖打下了基础。

随着知识经济崛起和网络技术的发展，传统产业工作岗位大量消失，

---

① 黄伟，廖慧珍，林瑶. 日本劳务派遣法律规制对企业用工决策的影响 [J]. 中国人力资源开发，2014（13）：101-106.
② 他山之石：国外专家如何看待"灵活用工"[J]. 人力资源，2016（11）：36-37.
③ 刘昱辰. 法国当前就业形势与劳动力市场改革措施 [J]. 法国研究，2018（4）：13-31.

以数字化为载体的新兴岗位层出不穷，为灵活用工增添了发展平台。尤其在后疫情时代，越来越多的公司被迫打破根深蒂固的传统工作模式，接受远程办公、灵活工作制的现实。社会对知识经济领域，如从事咨询、创意设计、无人场景交易与服务的短期兼职工作者的接受程度较疫情前提高。数字经济的飞速发展，引起了企业用工模式的创新，互联网平台用工开始兴起。互联网平台用工模式呈现出跳跃式、超常规的发展特点，在出行、住宿餐饮、互联网金融等领域发展较为迅速。互联网平台用工打破了传统标准劳动关系模式，出现了多种用工关系的集合模式①。

三、国外灵活用工的主要特点与政策概况

（一）国外主要发达国家灵活用工发展特点

灵活用工方式多样，雇员权利与机会均等。在美国，无论是何种雇佣方式，其发放工资的方式的区别仅存在于工作内容和岗位；对管理职务、专业技术职务实行年薪制，而对于其他雇佣劳动者实行小时工资制，并且规定了最低工资，同时也共享最高工时规定。荷兰在保障劳动力市场的灵活性上也有一些突出特点，主要原则是保障灵活用工的劳动者在劳动力市场上不受歧视、享受平等公平的待遇，其中包括了接受就业培训的权利、法律赋予的休息休假权、工资保障权、养老保险和医疗保险的权利等。

发达国家的灵活用工人数占社会总就业人数比例均有不同程度的上升，未来或将呈爆炸式增长。世界银行发布的《2019 世界发展报告》显示，未来劳动力市场将会日益变成零工，全球零工经济在近一两年内呈现爆炸式增长。澳大利亚统计局发布数据显示，2018 年三季度澳洲新增就

---

① 郭杰. 共享经济时代创新灵活用工模式 [J]. 企业管理，2018（3）：75 - 77.

业岗位中，有 50% 是来自零工经济在灵活用工劳动力的占比，欧美、日本等发达国家的灵活用工占比均超过 20%①。2016 年美国零工经济劳动者数量已经占到劳动人口总量的 1/3，2020 年将达到 1/2。麦肯锡 2016 年研究报告指出，欧洲青年居民中的一半已经参与到零工经济中，该报告预计到 2025 年全球范围内零工经济市场规模将达到 3 万亿美元，同时将创造 7200 万个就业岗位②。

各灵活用工方式主要分布于中青年劳动者群体，自营就业和家庭就业劳动者的年龄略偏大，老年劳动人口中非全日制就业、独立就业和自营就业的比例较高。且老年工就业人数增加。德国 2005 年启动促进老年劳动力再就业的项目，2010 年德国 60 岁至 64 岁年龄段的就业率达到了 44.2%。此外据 2014 年统计，在 64 岁至 69 岁的德国人中，14% 仍在工作，而这一数字在 2005 年仅为 6%③。

（二）国外灵活用工发展的政策概况

灵活用工是一把双刃剑。一方面，有助于企业降低用工成本，可以根据市场的情况及时调整人力安排，对于需要更多自由时间的劳动者来说，灵活用工也满足了这一需求，可以在不同的工作中获得更多的技能和经验；另一方面，灵活用工对于劳动者来说，灵活用工会加剧他们在工作中的不安全感。以日本为例，与 2013 年同期相比，非正式雇工增加了 48 万，正式雇工则减少了 29 万。2013 年 1 月份日本厚生劳动省的调查数据显示，日本 20 年龄段的企业正式员工年薪约 384 万日元，同龄的非正式员工的年薪约 262 万日元，只占正式员工的 68%。由于属于临时性就

① 郭翼飞. 各国"灵活用工"未来或将进入爆发期 [N]. 劳动报，2020 - 01 - 22.
② 刘俊振，王泽宇，姜珅妍. 未来工作的趋势：基于零工和企业灵活用工的演变 [J]. 清华管理评论，2020（4）：71 - 79.
③ 李坤刚. 就业灵活化的世界趋势及中国的问题 [J]. 四川大学学报（哲学社会科学版），2017（2）：146 - 153.

业，派遣工不仅工资和社会保障待遇很低，而且工作得不到保障；同时，在正式员工和短工（长期）的失业率维持在约 2% 和 4% 水平的情况下，派遣劳动者的失业率已达到 10%，这些都导致了社会贫富差别和社会矛盾不断扩大。因此，需要通过立法和劳动力市场政策对劳动力市场进行必要管制①。

1. 立法保障灵活用工与传统就业形式平等法律地位

为更好发挥灵活用工对缓解就业困难的积极作用，各国政府出台了一系列政策措施，修改有关法律，保障灵活用工人员与传统就业人员享有平等的权利。

美国和欧洲对以劳务派遣为主的灵活用工的增长而做出的政策选择是不一样的，但是都以促进和鼓励为主。在美国，劳务派遣企业被视为雇主而非中介机构，且没有联邦立法明确规定劳务派遣工应得的社会保障和工作条件。与美国不同，欧洲国家关于灵活用工的立法存在三大类，包括大陆国家、岛国和斯堪的纳维亚国家。以法国和德国为首的大陆国家对灵活用工的管制最为严格；以英国为代表的岛国则只对劳务派遣机构作有限的管制，很少有具体的法律条文针对这一雇佣方式。以丹麦和瑞典为代表的国家没有制定专门的针对灵活用工的法律，但是其劳动法适用于所有行业，则灵活用工者也不会失去就业保障。②

欧洲委员会推出就业市场灵活保障机制，就其内容来说，灵活性包括：一是涉及劳动合同、时间、解雇的章程和方式都应灵活化；二是以最大限度地激活政策，柔化劳动市场，鼓励失业者和无所作为者在就业市场上有新的机遇；三是一生都与职业置换相联系。以荷兰为例，荷兰在1999 年为灵活性正式立法，称为灵活保障法。除解雇权柔性化外，法律

① 尹文清. 日本劳务派遣制度改革探析与借鉴 [J]. 山东社会科学，2015（12）：143 - 147.

② 岳思佳，王坤. 国外劳务派遣的现状就业质量以及政策研究 [J]. 现代商业，2007（26）：171 - 172.

包括两个重要部分：一是临时合同工同样享有培训和保障的权利；二是法律对派遣公司作出柔性的规定，鼓励临时工作。根据欧洲派遣公司联合会统计，在波兰、芬兰、瑞典、西班牙和葡萄牙，临时合同工都占全部就业的15%以上，其中西班牙高达33.3%。荷兰临时合同工占全部就业的15.5%，其中派遣工占全部就业的2.6%①。

日本也为灵活用工专门立法。对劳务派遣进行立法规制。日本从1985年制定《日本劳动者派遣法》，开始许可劳务派遣，许可劳务派遣。在立法之初，日本和德国，尽管许可派遣，但开始限制较严，后来在派遣的行业、时间、次数等方面才逐渐放松。再如，对非全日就业和老年工就业，进行专门立法规制，为此，日本在1971年就制定了《高龄者雇用安定法》②。

2. 改革和完善就业和社会保障等制度

为了消除人们对非传统就业的顾虑，各国政府对就业、社会保障等制度进行了改革和完善，重视保护各类灵活用工人员的合法权益。政府在促进灵活用工方面的政策主要分布在以下几个方面，包括就业合同、就业期限、工资报酬、休假、社会保险、职业培训、劳动保护、解雇限制等。具体来说：（1）必须签订劳动合同，并在合同中规定工资、工时和社会福利；（2）不得随意延长临时雇佣合同，规定临时雇佣合同的最长期限，超过最长期限可转为无固定期限合同；（3）以小时计算最低工资，灵活用工者与全时工作者享有同样的权利；（4）灵活用工者有权享有带薪休假（按工作时间总量等比计算）；（5）灵活用工者享有社会保障（按工作时间的比例计算）；（6）灵活用工者有权参加职业培训；（7）规定最长的适用期为2个月；（8）禁止随意解雇灵活就业者（不得随意解雇1年以

---

① 若·科特尼埃尔，毛禹权. 欧洲的就业灵活保障机制与劳动的非正规化［J］. 国外理论动态，2010（1）：40-45.

② 李坤刚. 就业灵活化的世界趋势及中国的问题［J］. 四川大学学报（哲学社会科学版），2017（2）.

上的短期就业劳动者)①。

劳动力市场灵活性需要社会保障的补偿和支持，虽然失业津贴为失业者提供了为寻找能充分发挥其才能和潜力的适当工作所需的喘息时间，但是较高的失业津贴降低了工作的机会成本，也就降低了就业的积极性，使失业率增高。将上述两方面结合得比较成功的是"灵活安全"的"丹麦模式"，即"丹麦政府模式"简化了就业规定，解雇自由度高；工会积极支持"弹性保障"；失业者可以获得优厚的保障。因此，劳资关系体现出双赢共存的文化特征②。

3. 为企业提供财政补贴和减免社会保险费

发达国家政府鼓励企业灵活用工的措施主要在于提供财政补贴和减免社会保险费两方面。例如，英国政府 1983 年推出了《就业分割制度》，规定企业若将一个全日制雇员的工作分配给两个以上非全日制劳动者，可获得政府奖励性补助。德国 1998 年修改的《高龄劳动者非全日制就业法》，提出实施非全日制就业补助制度。主要做法是：企业若配合政府让 55 岁以上的高龄劳动者在可领取养老金之前转为非全日制就业，并将其匀出的工作安排给其他求职者，作为补助，联邦雇用厅将支付企业当事劳动者原工资的20%。这一举措得到行业和企业的响应。法国政府 1997 年出台一项政策，对通过缩短工时来安排失业人员或扩增雇员并达到政府要求的企业连续三年减免其为安置劳动者承担的社会保险费的 30% 到 40%③。荷兰政府提出，过快的工资增长不利于企业的生存和发展，因此为了稳定就业，需要实施"低工资、高就业"的就业政策，广泛挖掘非传统就业岗位④。

此外，各国政府还采取一系列津贴、税收、信贷、工资、培训、劳动

① 国外的灵活就业 [J]. 时代风采，2009 (4)：16 - 17.
② 钱箭星. 发达国家劳动力市场政策变革研究 [J]. 劳动经济评论，2010，3 (00)：1 - 11.
③ 刘天亮. 关于灵活就业问题研究 [D]. 上海：同济大学，2004.
④ 俞弘强. 发达国家非传统就业基本情况 [J]. 学习与研究，2009 (6)：77 - 79.

力市场方面的政策促进灵活用工。比如，德国政府规定，非全日制就业劳动者的工资将以同类全日制就业劳动者的工资为基准，根据工作时间的长短计算而得；灵活就业劳动者同全日制就业劳动者一样，可以参加对于职业生涯有利的所有培训，政府在必要情况下为其照看子女；还可以申请疾病津贴、圣诞节补助、病休慰问补助等。荷兰的社会保障法规定，非全日制劳动者依据其工作时间总量的多少，可按一定比例获得健康保险、失业救济、病休补偿、残疾津贴和养老金。法国规定，不论公司大小，派遣工人有权参加培训①。2012 年日本针对劳务派遣用工存在的诸多问题，对《劳务派遣法》做出了诸多调整，其中明确派遣工与正式工同工同酬，派遣工的工资、福利和培训机会与正式工相同，提供相同的培训，规定派遣单位和用工单位有义务为离职员工提供新的工作机会和离职津贴，等等。劳务派遣修正案实施以来，劳务派遣工数量呈上升态势，从 2012 年第二季度的 81 万人上升到 2013 年第四季度的 117 万人②。

四、国外企业灵活用工的典型案例分析

灵活劳动力市场用工有利于经济发展，特别是当劳动者从低劳动生产率工作转移到高劳动生产率情况。与此同时，灵活用工也会产生较高的成本。比如可能会面临较长时期的失业，从而损失较多的劳动收入。从国家的社会福利制度看，发达国家在全球化竞争中逐渐意识到高福利的社会保障制度没有可持续性。在劳动力市场调控中，需要保持劳动力市场灵活性、保障劳动者就业安全感间的合理平衡，形成良性循环。为促进劳动力合理流动，平衡劳动力供求关系，劳动力市场政策需要不断创新，通过积极的劳动力市场政策来实现就业安全。在实践中，这个政策应与其他经济

---

① 杜兴洋，徐双敏. 国外政府促进灵活就业的主要方式 [J]. 学习月刊，2005 (5)：37 – 38.
② 黄伟，廖慧珍，林瑶. 日本劳务派遣法律规制对企业用工决策的影响 [J]. 中国人力资源开发，2014 (13)：101 – 106，112.

社会政策的改革相配套①。

以共享经济时代背景下的平台型企业代表优步公司为例。2014 年 9 月 16 日，芭芭拉·安·博维克以优步公司以及美国特拉华州的有限公司为共同被告向加利福尼亚州劳动委员会提起索赔。要求被告支付 2014 年 7 月 25 日至 2014 年 9 月 15 日期间拖欠的工资以及违约金和拖欠工资罚金。虽然优步公司认为，与其签约的司机是独立承包商，享有决定何时工作、工作多长时间的自由度和灵活性，无需提供雇员应享受的医疗保险等福利，但是美国加州劳动委员会最终作出裁决：确认原被告之间存在劳动关系，并要求被告按照劳动法的相关规定向原告支付相应赔偿。这一案例突出表现了灵活用工在现代管理中的应用实践和存在的问题②。

一方面，依托互联网技术高效配置信息，网络平台将会克服时间和空间的限制，让更多的人参与其中，从而创造新的经济增长点，带来新的就业岗位。优步（Uber）平台为就业者创造了更多的工作岗位，就业人员收入也有明显提高。据统计，有 71% 的司机在加入平台后收入有所提高，74% 的司机通过这一平台获得了稳定的收入，其中还有 38% 的司机本身有全职工作，借助平台获得了更多的收入。同时，还降低了就业歧视。美国的优步（Uber）平台吸纳了近 60% 的非白人群体，高于全美国就业人口非白人比例 15.4%，由此可见，在消除就业歧视方面也起到了重要作用。得益于网络平台用工的灵活性和信息的高效配置，降低了劳动力市场上工作搜寻与工作匹配的交易成本，满足了企业灵活用工的诉求和劳动者在收入、时间自由、自我实现、就业满意度方面的多元的利益诉求。③

另一方面，即使优步（Uber）司机最后被法院认定为劳动者，他们的权益仍然可能遭受侵犯。据美国劳工统计（BLS）调查发现，网络平台优步（Uber）独立合同人的医疗保险覆盖率远远低于传统职业司机。49% 网

① 钱箭星. 发达国家劳动力市场政策变革研究 [J]. 劳动经济评论，2010，3（1）：1-11.
② 郭杰. 共享经济时代创新灵活用工模式 [J]. 企业管理，2018（3）：75-77.
③ 纪雯雯，赖德胜. 网络平台就业对劳动关系的影响机制与实践分析 [J]. 中国劳动关系学院学报，2016，30（4）：6-16.

络平台优步（Uber）独立合同人的医疗保险是由另一份工作的雇主或由配偶或其他家庭成员的工作所提供的。这说明就业人员社会保险覆盖率较低，这对劳动关系的稳定性也是一种挑战①。

因此，平衡用工的灵活性、对就业者的保障是构建和谐灵活用工关系的关键，这就依赖于强化行业工会治理能力，以对灵活用工劳动关系的广覆盖，重塑工会对劳方的代表性。成立工会可以通过集体谈判的方式，工会将为优步（Uber）司机争取更加稳定的收入和工作条件。然而，优步（Uber）司机要拥有自己的工会，还面临法律上的障碍，毕竟优步（Uber）司机还没有被法律正式认定为劳动者，无法组建工会。2015年西雅图市试图通过地方立法赋予优步（Uber）司机成立工会的权利，但是被联邦法院叫停，前途未卜。纽约市则探索协会模式，由优步（Uber）公司和工会成立一个协会，该协会没有集体谈判和罢工的权利，但是可以通过促进公司和司机之间的沟通交流来保障司机的利益。在目前优步（Uber）司机法律身份不明朗的情况下，以协会模式来保护优步（Uber）司机的利益也不失为一种权宜之计。

---

① 纪雯雯，赖德胜. 网络平台就业对劳动关系的影响机制与实践分析 [J]. 中国劳动关系学院学报，2016，30（4）：6-16.

第八章

我国企业灵活用工面临的新形势

一、经济发展新阶段

我国经济发展进入了中低速、高质量发展阶段，经济总量已跃升全世界第二，这为企业的发展提供了良好的市场基础。高质量发展阶段，也是始终坚持以人民为中心的发展思想、促进全体人民共同富裕的新阶段。高质量发展阶段产业结构优化升级，企业经营日益面临灵活多变的运营环境，为更好适应环境的变化，企业灵活用工需求有效激发。与此同时，企业灵活用工需求也为劳动者提供了灵活多样可选的就业机会和增加收入的渠道，有利于更好促进全体人民走向共同富裕。

党的十九届五中全会提出，我国全面建成小康社会、实现第一个百年奋斗目标之后，开启了全面建设社会主义现代化国家新征程、向第二个百年奋斗目标进军的新发展阶段；当前我国社会主要矛盾已经转化为人民日益增长的美好生活需要和不平衡不充分的发展之间的矛盾，而矛盾集中体现在发展质量上；并提出了到 2035 年 "全体人民共同富裕取得更为明显的实质性进展"。《中华人民共和国国民经济和社会发展第十四个五年规划和 2035 年远景目标纲要》明确了 "十四五" 时期经济社会发展要以推动高质量发展为主题，从经济发展取得新成效、改革开放迈出新步伐、社会文明程度得到新提高、生态文明建设实现新进步、民生福祉达到新水平、国家治理效能得到新提升等方面提出了 "十四五" 时期经济社会发展主要目标；并展望了 2035 年远景目标，我国将基本实现社会主义现代化。经济实力、科技实力、综合国力将大幅跃升，经济总量和城乡居民人均收入将再迈上新的大台阶，关键核心技术实现重大突破，进入创新型国家前列。

当今世界处于百年未有之变局，逆全球化趋势加剧，有些国家大搞单边主义、保护主义，以市场和资源 "两头在外" 为主要特征的传统国际循环对经济的发展推动力减弱。与此同时，我国拥有世界上最大和最有潜力的消费市场，具有强大的内需基础。为应对百年未有之变局，塑造我国国际经济合作和竞争新优势，党中央提出构建以国内大循环为主体、国内国际双循环相互促进的新发展格局。

新发展阶段的开启，我国的经济发展基础良好，进入了高质量发展新阶段，特别是新冠肺炎疫情暴发期，我国经济发展表现了全球少有的韧性，2020 年我国成为全球唯一实现经济正增长的主要经济体。从近几年经济总量看，我国经济总量稳步增长。据国家统计局数据，我国国内生产总值（GDP）从 2017 年的 83.2 万亿元，增加到 2021 年的 114.4 万亿元，增长了 37.5%。从增长速度看，2011 年开始我国经济增速降为个位数，并呈现逐年下降趋势，从 2012 年的 7.7% 下降到 2019 年的 6.1%。2020 年因新冠肺炎疫情的影响，2020 年我国经济增速下滑到 2.3%（我国是世界主要经济体中唯一经济正增长的国家），突破了百万亿元大关。2021 年出现明显回升，继续上行趋势（见图 8 - 1）。

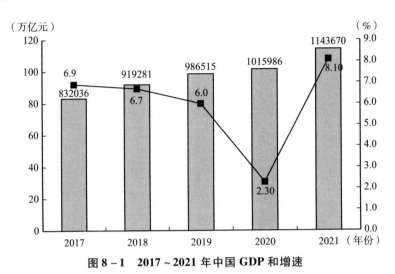

图 8-1　2017~2021 年中国 GDP 和增速

资料来源：国家统计局. 中华人民共和国 2021 年国民经济和社会发展统计公报.

　　我国经济结构走向软化，呈现"三二一"格局，第一产业在国民经济中占比逐年下降，第二产业趋于稳定，而第三产业比重稳步提升。据国家统计局数据，我国第三产业增加值占 GDP 比重，2012 年首次超过第二产业，服务业增加值占比 45.5%；并于 2015 年服务业增加值占比首次过半，达到 50.8%；2020 年以来，受新冠疫情的影响第三产业增加值占比，2020 年比 2019 年略微提高 0.2 个百分点，而 2021 年与 2020 年相比，降低了 1.2 个百分点。第二产业增加值占比，2020 年下降到低谷，2021 年出现了 1.6 个百分点的回升（见表 8-1）。

表 8-1　　　　　2017~2021 年三次产业增加值占国内生产总值比重　　　　单位：%

年份	第一产业增加值	第二产业增加值	第三产业增加值
2017	7.5	39.9	52.7
2018	7.0	39.7	53.3
2019	7.1	38.6	54.3
2020	7.7	37.8	54.5
2021	7.3	39.4	53.3

资料来源：国家统计局. 中华人民共和国 2021 年国民经济和社会发展统计公报.

二、数字技术创新驱动

当前我国进入了创新驱动发展时期，经济发展更多依靠人力资本质量和技术进步。我国近年来保持较高的科研投入，专利授权量增长迅速，技术市场表现活跃。据国家统计局数据，我国近 5 年每年研究与试验发展（R&D）经费支出增长率在 10% 以上，从 2017 年的 1.76 万亿元，增长到 2021 年的 2.79 万亿元；2021 年研发经费占国内生产总值比例为 2.44%。专利申请授权数从 2017 年的 183.6 万项，提高到 2021 年的 460.1 万项，增长了 1.5 倍。技术市场成交额，从 2017 年的 1.34 万亿元，增长到 2020 年的 2.83 万亿元，实现了翻番（见表 8–2）。

表 8–2 中国科技活动基本情况

年份	研究与试验发展经费支出（亿元）	专利申请授权数（项）	发明专利申请授权数（项）	技术市场成交额（亿元）
2017	17606.13	1836434	420144	13424.22
2018	19677.93	2447460	432147	17697.42
2019	22143.6	2591607	452804	22398.39
2020	24393.11	3639268	530127	28251.51
2021	27864	4601000	696000	—

资料来源：国家统计局：2018～2021 年历年《中国统计年鉴》；国家统计局：《中华人民共和国 2021 年国民经济和社会发展统计公报》。

近年来我国实施了网络强国、国家大数据、"互联网＋"行动计划等战略举措，移动互联、人工智能、大数据、云计算等新一代信息通信技术快速发展。数字技术有力地推动了经济社会数字化发展，正在改变着人类的生活与工作。比如，我国特别重视第五代移动通信技术（5G），《"十三五"国家信息化规划》十六次提到了"5G"，我国迈出了走进 5G 时代的坚实步伐。5G 网络视为未来物联网、车联网等万物互联的基础，同时也能推动虚拟现实和增强现实等成为主流。5G 的广泛普及将促进工业生产、生活方式以及服务模式的变革。比如服务模式远程化、生产工具数字化、服务产品数字化、移动互联个性化服务、服务供给与需求的智能化计算、服务展览虚拟现实化等。

数字技术推动着我国数字经济的飞速发展。据中国信息通信研究院发布的《中国数字经济发展白皮书（2021）》显示，我国数字经济规模从 2017年的 27.2 万亿元，增长到 2020 年的 39.2 万亿元（见图 8 - 2）；2020 年产业数字化规模达到 31.7 万亿元，占数字产业规模的比重超过 80%，2020 年我国数字经济增加值占 GDP 的比重为 38.6%，其中服务业、工业、农业数字经济占行业增加值比重分别为 40.7%、21%、8.9%。从省份看，2020 年广东、江苏、山东等 13 个省市数字经济规模超 1 万亿元；北京、上海数字经济 GDP 占比超过 50%。数字经济新模式、新业态高速发展，截至 2021 年6 月我国网络视频、网络购物、网上外卖、在线办公、远程医疗用户规模分别达到 9.44 亿元、8.12 亿元、4.69 亿元、3.81 亿元、2.39 亿元，全国网上零售额达 6.11 万亿元，同比增长 23.2%。从全球看，自 2017 年以来，我国数字经济规模超过日本和英国之后，稳居全球第二大数字经济体，2020年我国数字经济规模同比增长 9.6%，增速高居全球首位①。

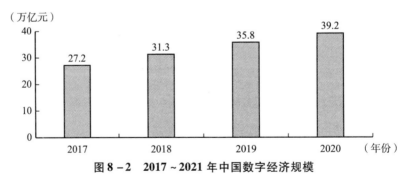

图 8 - 2　2017～2021 年中国数字经济规模

资料来源：中国信息通信研究院. 中国数字经济发展白皮书（2021）［EB/OL］. http：//www. caict. ac. cn/kxyj/qwfb/bps/，2021.

---

① 国家信息中心青年人才基础研究项目成果. 数字经济对就业与收入分配的影响研究［EB/OL］.［2022 - 04 - 30］. http：//www. sic. gov. cn/Column/637/1. htm.

数字技术进步对就业的贡献度逐年提高，成为新就业形态的主要推动力量。《中国数字经济发展和就业白皮书（2019）》[①] 数据显示，2018 年我国数字经济领域就业人数达到 1.91 亿人次，占全年总就业人数的 24.6%。在全国总就业人数同比下降 0.07% 的背景下，数字经济领域就业人数实现高速增长，同比增长 11.5%，其中，数字产业化部分就业人数达到 1220 万人，同比增长 9.4%，产业数字化部分就业人数达到 1.78 亿人，同比增长 11.6%。

三、人力资源供给新变化

（一）劳动年龄人口逐年减少

近年来我国相继实行了全面放开两孩和三孩生育政策，效果初步显现，但是受平均寿命延长等因素影响，人力资源的总量和增速依然呈现双下降趋势。2017 年至 2021 年，中国劳动年龄人口逐年下降，就业人口不断减少，中国人口红利消失，劳动力供给结构性失衡，招工难问题凸显。

第一，从人口总量增长情况看，我国人口总量 2017 年突破了 14 亿人，之后人口总量缓慢增长。据国家统计局统计，人口总量 2017 年至 2021 年增量仅为 1260 万人。人口出生率呈逐年下降趋势，2020 年开始个位数增长，2021 年为 7.52‰。人口自然增长率 2020 年下滑较快，为 3.32‰，比 2019 年下滑 1.87‰，2021 年进一步下降到 0.34‰（见表 8 - 3）。

[①] 中国信息通信研究院. 中国数字经济发展和就业白皮书（2019）［EB/OL］. http：//www. caict. ac. cn/xwdt/hyxw/201904/t20190419_198046. htm，2019.

表 8 - 3   2017～2021 年中国人口自然增长率

年份	人口总量（万人）	人口出生率（‰）	人口死亡率（‰）	人口自然增长率（‰）
2017	140011	12.64	7.06	5.58
2018	140541	10.86	7.08	3.78
2019	141008	10.41	7.09	3.32
2020	141212	8.52	7.07	1.45
2021	141260	7.52	7.18	0.34

资料来源：国家统计局：2018～2021 年历年《中国统计年鉴》；国家统计局：《中华人民共和国 2021 年国民经济和社会发展统计公报》。

第二，虽然我国人口总量逐年扩大，但人口老龄化程度逐年加深。据国家统计局数据，我国 65 岁及以上人口占比，2016～2020 年每年约提高 0.6 个百分点，2020 年达 13.5%（见表 8 -4）。

表 8 - 4   2017～2021 年中国人口老龄化状况

年份	年末总人口（万人）	65 岁及以上人口（万人）	65 岁及以上人口占比（%）
2016	139232	15037	10.8
2017	140011	15961	11.4
2018	140541	16724	11.9
2019	141008	17725	12.6
2020	141178	19059	13.5
2021	141260	20056	14.2

资料来源：国家统计局：2018～2021 年历年《中国统计年鉴》；国家统计局：《中华人民共和国 2021 年国民经济和社会发展统计公报》。

第三，近年来劳动年龄人口在总量和占比持续下滑。据国家统计局数据，2017～2021 年，我国劳动年龄人口（16～59 岁）的绝对数量和占人口的比例都维持下降的趋势。2021 年，我国劳动年龄人口（16 ~ 59 岁）劳动年龄人口 88222 万人，比 2017 年末减少 1977 万人；2021 年占总人口比重为 62.5%，比 2016 年末下降了 2.4 个百分点（见图 8 – 3）。

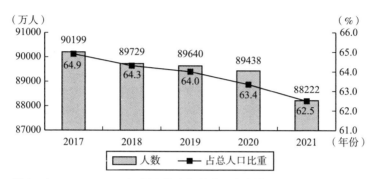

图 8 – 3　2017 ~ 2021 年我国劳动年龄人口数量与比重（16 ~ 59 岁）

资料来源：国家统计局：2018 ~ 2021 年历年《中国统计年鉴》；国家统计局：《中华人民共和国 2021 年国民经济和社会发展统计公报》。

第四，从就业情况看，我国就业总人数基本稳定，但呈略微下降趋势。据国家统计局数据，2017 年末全国就业人员总量为 76058 万人，逐年缓慢下降到 2021 年的 74652 万人。分城乡来看，我国城镇建设效果显著，城镇就业人数逐年增加，乡村就业人数逐年递减；自 2014 年开始，城乡就业人数占比出现逆转，城镇就业人数超过了乡村就业人数。2017 年城镇就业人数为 43208 万人，2021 年增加到 46773 万人；2017 年乡村就业人数为 32850 万人，2021 年减少到 27879 万人。从个体就业情况看，近几年个体就业处于高速增长。2015 年个体户数突破 5000 万户，2019 年突破 8000 万户（8261 户）；个体就业人数 2014 年突破 1 亿人，2019 年达 1.77 亿人。2019 年比 2014 年增加 7107 万人，增长 67.1%；约有 2/3 的个体在城镇就业（见表 8 – 5、表 8 – 6）。

表 8 - 5　　　　　　　**2017～2021 年全国城乡就业人员数量**　　　　　单位：万人

年份	就业人员	城镇就业人员	乡村就业人员
2017	76058	43208	32850
2018	75782	44292	31490
2019	75447	45249	30198
2020	75064	46271	28793
2021	74652	46773	27879

资料来源：国家统计局：2017～2021 年历年《中国统计年鉴》；国家统计局：《中华人民共和国 2021 年国民经济和社会发展统计公报》。

表 8 - 6　　　　　　　　　　　**个体就业情况**

年份	个体户数（万户）	个体就业人数（万人）	城镇就业人数（万人）	乡村个体就业人数（万人）
2014	4984	10584	7009	3575
2015	5408	11682	7800	3882
2016	5930	12862	8627	4235
2017	6579	14225	9348	4878
2018	7329	16038	10440	5597
2019	8261	17691	11692	6000

资料来源：国家统计局：2018～2020 年历年《中国统计年鉴》。

（二）劳动者素质逐步提升

随着我国义务教育普及、高等教育规模扩大、全民终身学习的推广，我国劳动者素质总体不断提高。从文化程度和受教育情况看，具有大学文化程度的人口增长较快，国民受教育年限明显提高。根据国家统计局数据，2020 年我国具有大学文化程度的人口为 21836 万人。与 2010 年相比，每 10 万人中具有大学文化程度的由 8930 人上升为 15467 人，15 岁及以上人口的平均受教育年限由 9.08 年提高至 9.91 年，文盲率由 4.08%

下降为 2.67%。

从高等教育状况看，研究生毕业人数和普通本专科毕业生人数逐年提高。国家统计局数据显示，研究生毕业生人数，从 2017 年的 57.8 万人增加到 2021 年的 77.3 万人，增长了 33.7%；普通本专科毕业生人数，从 2017 年的 735.8 万人增加到 2021 年的 826.5 万人，增长了 12.3%。从在校生人数看，研究生和普通本专科在校学生人数也呈增长趋势。研究生在校学生人数，从 2017 年的 264 万人增加到 2021 年的 333.2 万人，增长了 26.2%；普通本专科在校学生人数，从 2017 年的 2753.6 万人增加到 2021 年的 3496.1 万人，增长了 27%（见表 8-7）。

表 8-7　　　　　2017~2021 年中国研究生与普通本专科学生人数　　　　单位：万人

年份	研究生毕业生数	普通本专科毕业生数	研究生在校学生数	普通本专科在校学生数
2017	57.8	735.8	264.0	2753.6
2018	60.4	753.3	273.1	2831.0
2019	64.0	758.5	286.4	3031.5
2020	72.9	797.2	314.0	3285.3
2021	77.3	826.5	333.2	3496.1

资料来源：国家统计局：2018~2021 年历年《中国统计年鉴》；国家统计局：《中华人民共和国 2021 年国民经济和社会发展统计公报》。

（三）人力资源流动性较高

近年来，国家人力资源市场改革深化，人力资源流动壁垒逐渐破除，新型城镇化的推进，我国人力资源流动性保持较高水平。根据国家统计局数据，2020 年我国流动人口为 3.76 亿人，其中，跨省流动人口为 1.25 亿人；2021 年进一步增加到 3.85 亿人。与 2010 年相比，2021 年流动人口增长了 75%。外出农民工从 2017 年的 1.72 亿人增加到 2019 年的 1.74

亿人，因新冠疫情的影响，2020 年外出农民工约 1.7 亿人，比上一年略有下降，2021 年有所回升，为 1.72 亿人（见表 8-8）。

表 8-8 中国农民工规模 单位：万人

年份	农民工规模	本地农民工规模	外出农民工规模	跨省流动农民工规模
2017	28652	11467	17185	7675
2018	28836	11570	17266	7594
2019	29077	11652	17425	7508
2020	28560	11601	16959	7052
2021	29251	12079	17172	7130

注：年度农民工数量包括年内在本乡镇以外从业 6 个月及以上的外出农民工和在本乡镇内从事非农产业 6 个月及以上的本地农民工。

资料来源：1. 国家统计局：2018~2021 年历年《中国统计年鉴》；

2. 国家统计局：《2021 年农民工监测调查报告》，http：//www. stats. gov. cn/tjsj/zxfb/202204/t20220429_1830126. html。

（四）劳动者就业观念变化

当代青年人就业观念发生较大变化，从偏好岗位稳定、"铁饭碗"的就业理念，转变为追求个性化、自由度和个人价值实现，不再局限于固定雇主和稳定的、一成不变的工作是他们追求精神满足和高度自洽的态度。根据智研咨询的《2019~2025 年中国劳动力行业市场深度调研及投资前景分析报告》，2017 年国内年龄 18~34 岁的灵活就业者占比达 73%~92%，其从业的企业多为世界知名 500 强企业和中大型国企，且时间自由度高。人瑞集团的《2019 年中国灵活用工发展白皮书》显示，目前进入职场的"Z 世代"以"95 后"为主，他们在职场上集中体现了不懈奋斗、积极上进的群体特征，以"努力""靠谱"作为对自己的要求和标准。体现在职场求职择业上，他们更关注自己的兴趣爱好和志向，崇尚自由、更加自我，对于传统科层制的组织天然有着不信任感和畏惧感，更注重工作弹性，更愿意选择以更加自由的方式来工作。

灵活用工从业者在选择任务的时候，不仅仅是为了增加收入，同时也非常看重能力的锻炼和才能的发挥。《2019 德勤全球人力资本趋势报告》[①]指出，自由职业者是欧盟增长最快的劳工群体，其数量在 2000 至 2014 年间增长了 1 倍；在英国、法国和荷兰，自由职业者的增长速度超过了整体就业增长速度。并且很多人都是兼职的非传统工作者：德勤对千禧一代的最新研究发现 64% 的全职工作者希望通过兼职赚取额外的收入。2020 年喔趣科技联合美团研究院开展了灵活用工商户以及灵活就业从业者问卷调研，数据显示：32.1% 的从业者是为了锻炼能力、拓宽发展，也是选择的第一要素；29.5% 的从业者希望通过灵活用工最大化发挥才能。

四、人力资源市场新政策

就业是民生之本，我国将就业放在经济社会发展的优先位置。我国就业优先战略的实施，积极就业政策的推行，特别是对灵活就业和新业态就业的支持与规范发展，从企业用工角度看，新时代对灵活就业政策既有鼓励发展的一面，也有规范新就业形态发展的一面，这对企业用工灵活化既带来机遇、也带来挑战，规范发展从长远看也是企业灵活用工可持续健康发展的必要举措。

为进一步激发广大人民群众和市场主体创新创业活力，更好满足个性化就业和职业发展，实现人民对美好生活的向往，党中央、国务院出台了一系列促进灵活用工或灵活就业的政策措施，尤其最近几年数字就业的快速发展，也得益于国家对数字领域就业与用工的政策支持与规范发展。比如，我国政府部门早在 2017 年就提出以"包容审慎"态度实施监管，共

---

① 2019 德勤全球人力资本趋势报告中文版［EB/OL］. http：//online. fliphtml5. com/zagic/cfnk/#p = 2，2019.

同营造良好公平的市场环境，促进新行业健康发展。2019 年 7 月，国务院常务会议部署加大力度落实就业优先政策，要求完善新就业形态支持政策，促进零工市场、灵活就业等健康发展，培育就业新增长点。

2020 年 1 月，商务部、发改委等八部门联合发布《关于推动服务外包加快转型升级的指导意见》提出要跨界融合、协同发展，鼓励服务外包向国民经济各行业深度拓展，加快融合，重塑价值链、产业链和服务链，形成相互渗透、协同发展的产业新生态。2020 年 3 月，李克强在统筹推进疫情防控和稳就业工作电视电话会议中指出：要千方百计加快恢复和稳定就业，为就业创业、灵活就业提供更多机会。2020 年 7 月，国务院办公厅发布《关于进一步优化营商环境更好服务市场主体的实施意见》，明确要求促进人才流动和灵活就业。2020 年 7 月，国务院办公厅下发《国务院办公厅关于支持多渠道灵活就业的意见》，就"拓宽灵活就业发展渠道"明确提出支持发展新就业形态。实施包容审慎监管，促进数字经济、平台经济健康发展，鼓励互联网平台企业、中介服务机构等降低服务费、加盟管理等费用，创造更多灵活就业岗位，吸纳更多劳动者就业。2020 年 11 月《中共中央关于制定国民经济和社会发展第十四个五年规划和二〇三五年远景目标的建议》也提出"完善促进创业带动就业、多渠道灵活就业的保障制度，支持和规范发展新就业形态，健全就业需求调查和失业监测预警机制"。

2021 年 7 月，人力资源社会保障部等八部门联合印发《关于维护新就业形态劳动者劳动保障权益的指导意见》，明确要求，企业要依法合规用工，积极履行用工责任，对符合确立劳动关系情形、不完全符合确立劳动关系情形但企业对劳动者进行劳动管理的新就业形态劳动者权益保障承担相应责任；对于新就业形态劳动者权益保障面临的突出问题，提出要健全公平就业、劳动报酬、休息、劳动安全、社会保险制度，强化职业伤害保障，完善劳动者诉求表达机制。

2021 年 11 月，人力资源社会保障部等部门《关于推进新时代人力资源服务业高质量发展的意见》强调对行业的规范发展，提出规范发展网络招聘等人力资源服务，规范劳务派遣、人力资源服务外包、在线培训等人力资源服务；重点加强劳动者的社会保障，维护劳动者合法权益，以解决劳务派遣和劳务外包中的保障缺失和不足问题。

2021 年 12 月，国务院发布《"十四五"数字经济发展规划》也明确要求完善灵活就业的工伤保险制度。健全灵活就业人员参加社会保险制度和劳动者权益保障制度，推进灵活就业人员参加住房公积金制度试点。探索建立新业态企业劳动保障信用评价、守信激励和失信惩戒等制度。

2022 年 4 月，国务院办公厅印发《关于进一步释放消费潜力促进消费持续恢复的意见》提出，支持各类劳动力市场、人才市场、零工市场建设，支持个体经营发展，增加非全日制就业机会，规范发展新就业形态，健全灵活就业劳动用工和社会保障政策（见表 8 - 9）。

表 8 - 9　　　　　2018 年 9 月 ~ 2022 年 4 月中央层面关于
数字就业与用工的主要政策文件

政策文件	主要内容
2018 年 9 月国家发展改革委等部门发布《关于发展数字经济稳定并扩大就业的指导意见》	抢抓发展机遇，大力发展数字经济稳定并扩大就业，促进经济转型升级和就业提质扩面互促共进
2018 年 9 月国务院发布《关于推动创新创业高质量发展打造"双创"升级版的意见》	打造"双创"升级版，进一步优化创新创业环境，大幅降低创新创业成本，提升创业带动就业能力，增强科技创新引领作用
2020 年 5 月人社部等发布《"数字平台经济促进就业助脱贫行动"方案》	依托数字平台经济，为建档立卡贫困劳动力和贫困地区农民工提供多渠道、多形式的灵活就业、居家就业和自主创业机会
2020 年 7 月国家发改委等部门发布《关于支持新业态新模式健康发展激活消费市场带动扩大就业的意见》	打造数字经济新优势，鼓励发展新个体经济，开辟就业新空间
2020 年 7 月国务院办公厅《关于支持多渠道灵活就业的意见》	支持发展新就业形势，并通过优化自主创业环境和加大保障支持，促进灵活就业的健康发展

续表

政策文件	主要内容
2021 年 4 月人社部《提升全民数字技能工作方案》	面向新技能新职业，重点开展人工智能、大数据、云计算等数字技能培训；遴选推荐一批互联网职业培训平台
2021 年 6 月交通部等部门《关于做好快递员群体合法权益保障工作的意见》	要着力解决好快递员群体最关心、最直接、最现实的合法权益问题，保障在劳动就业、社会保险、医疗卫生、职业培训等方面应享有的法定权利
2021 年 7 月国家市场监管总局等部门《关于落实网络餐饮平台责任切实维护外卖送餐员权益的指导意见》	保障劳动收入方面，要求平台建立与工作任务、劳动强度相匹配的收入分配机制
2021 年 7 月人力资源社会保障部、国家发展改革委等部门《关于维护新就业形态劳动者劳动保障权益的指导意见》	健全公平就业、劳动报酬、休息、劳动安全、社会保险制度，强化职业伤害保障，完善劳动者诉求表达机制
2021 年 7 月全国总工会《关于切实维护新就业形态劳动者劳动保障权益的意见》	推动建立健全新就业形态劳动者权益保障机制，不断增强新就业形态劳动者的获得感、幸福感、安全感
2021 年 11 月人力资源社会保障部等部门《关于推进新时代人力资源服务业高质量发展的意见》	规范发展网络招聘等人力资源服务，规范劳务派遣、人力资源服务外包、在线培训等人力资源服务。以加强劳动者的社会保障为重点，着力解决劳务派遣和劳务外包中的保障缺失和不足问题，维护劳动者合法权益
2021 年 12 月国务院发布的《"十四五"数字经济发展规划》	提出完善灵活就业的工伤保险制度。健全灵活就业人员参加社会保险制度和劳动者权益保障制度，推进灵活就业人员参加住房公积金制度试点。探索建立新业态企业劳动保障信用评价、守信激励和失信惩戒等制度
2022 年 4 月《国务院办公厅关于进一步释放消费潜力促进消费持续恢复的意见》	支持各类劳动力市场、人才市场、零工市场建设，支持个体经营发展，增加非全日制就业机会，规范发展新就业形态，健全灵活就业劳动用工和社会保障政策

资料来源：根据公开信息整理。

五、企业经营新压力

随着产业结构优化升级，人员流动性加剧，人力资源供需矛盾较为突出，企业经营面临新压力，最为突出的是缺工和运营成本日益提高。

（一）企业缺工现象较为普遍

当前我国人力资源市场供需矛盾，更多表现为结构性矛盾，就业难与招工难并存，主要原因是人力资源供给素质与企业岗位需求不相匹配。人社部发布 2022 年第一季度全国招聘大于求职"最缺工"的 100 个职业排行。排名前十的是：营销员、餐厅服务员、商品营业员、车工、保安员、客户服务管理员、快递员、保洁员、家政服务员、包装工。其中，36 个职业属于生产制造及有关人员，36 个属于社会生产服务和生活服务人员，24 个属于专业技术人员。与 2021 年第四季度相比，招聘需求回升较慢，制造业缺工状况持续，电子信息产业需求回升明显，"通信工程技术人员""半导体分立器件和集成电路装调工""计算机硬件工程技术人员""计算机网络工程技术人员"等职业新进排行，缺工程度加大。另外，万宝盛华的调查报告《2020 中国大陆人才短缺调查》[①] 显示，中国大陆地区人力资源短缺的雇主企业占比呈现较为明显的上升趋势；中国高新技术的发展与应用加剧了制造产业升级，导致专业与创新领域内的专业人才短缺加剧；从短缺的专业类型来看，最短缺的岗位是销售人员、技术工匠，其次还包括技术相关人员、生产制造、专职人员等。

---

① 万宝盛华 . 2020 中国大陆人才短缺调查 ［EB/OL］. https：//www. manpowergrc. com/pdf/about_research/20200923163144_82180432_sc. pdf，2020.

（二）劳动力成本上升趋势明显

我国人口自然增长率呈下降趋势、劳动年龄人口逐年下降、人力资源供需结构性矛盾突出、人力资本投入增加、人们对生活品质的追求等原因，我国人力资源成本逐年提高。根据《中国企业社保白皮书2020》，近一半企业的人力成本占总成本比重30%以上，成本过高仍然是中国企业经营管理面临的一大难题。为了应对日益加剧的竞争环境，企业需要储备新兴领域的人才，但储备现成人才和培养人才所需的成本压力相对较大。[1]

从平均工资看，城镇单位就业人员年平均工资逐年提高，但工资年增长率先增后减。据国家统计局数据，2016年城镇单位就业人员平均工资为67569元，工资增长率为8.9%，工资增长率为近几年低点；2018年城镇单位就业人员平均工资增加到82413元，工资增长率提高到今年高点，达11%；2020年城镇单位就业人员平均工资为97379元，但工资增长率降低到7.6%。城镇就业人员年平均工资2020年比2016年约增长了44.1%（见图8-4）。

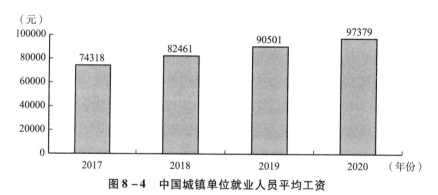

图8-4 中国城镇单位就业人员平均工资

资料来源：国家统计局：2018~2021年历年《中国统计年鉴》。

---

① 聚焦中国企业社保现状，51社保连续八年发布中国企业社保白皮书［EB/OL］.［2021-05-16］. https://www.sohu.com/a/502992975_120099902.

分行业来看，城镇就业人员的年平均工资行业间差距较大，高低倍率约为3，不同行业年平均工资增速也存在一定差异。具体来说，年平均工资最高的行业是信息传输、计算机服务和软件业。科学研究、技术服务和地质勘查业的年平均工资，2017年首次突破10万元，2020年为139851元；2020年信息传输、计算机服务和软件业从业者年平均工资达到177544元，金融业从业者年平均工资达到133390元；农林牧渔业从业者年平均工资最低，2020年为48540元。卫生、社会保障和社会福利业以及文化、体育和娱乐业2019年首次突破10万元，2020年进一步增长到115449元。2020年有9个行业的年平均工资超过10万元，包括"信息传输、计算机服务和软件业""科学研究、技术服务和地质勘查业""金融业""电力、燃气及水的生产和供应业""卫生、社会保障和社会福利业""文化、体育和娱乐业""教育""交通运输、仓储和邮政业""公共管理和社会组织"。从年平均工资增速看，采矿业、批发和零售业、公共管理和社会组织的年平均工资增长速度较快，年平均增长率超过10%（见表8-10）。

表8-10　　　按行业分城镇单位就业人员年平均工资　　　单位：元

行业	2017年	2018年	2019年	2020年
农、林、牧、渔业	36504	36466	39340	48540
采矿业	69500	81429	91068	96674
制造业	64452	72088	78147	82783
电力、燃气及水的生产和供应业	90348	100162	107733	116728
建筑业	55568	60501	65580	69986
交通运输、仓储和邮政业	80225	88508	97050	100642
信息传输、计算机服务和软件业	133150	147678	161352	177544
批发和零售业	71201	80551	89047	96521
住宿和餐饮业	45751	48260	50346	48833
金融业	122851	129837	131405	133390
房地产业	69277	75281	80157	83807

续表

行业	2017 年	2018 年	2019 年	2020 年
租赁和商务服务业	81393	85147	88190	92924
科学研究、技术服务和地质勘查业	107815	123343	133459	139851
水利、环境和公共设施管理业	52229	56670	61158	63914
居民服务和其他服务业	50552	55343	60232	60722
教育	83412	92383	97681	106474
卫生、社会保障和社会福利业	89648	98118	108903	115449
文化、体育和娱乐业	87803	98621	107708	112081
公共管理和社会组织	80372	87932	94369	104487

资料来源：国家统计局：2018～2021 年历年《中国统计年鉴》。

从农民工收入看，我国农民工月均收入逐年稳步增加，增幅在 100 元至 400 元区间。据国家统计局数据，农民工月均收入 2015 年突破了 3000 元，2020 年突破了 4000 元，2021 年增幅最大，比 2020 年增加了 360 元，月均收入达 4432 元（见图 8 - 5）。

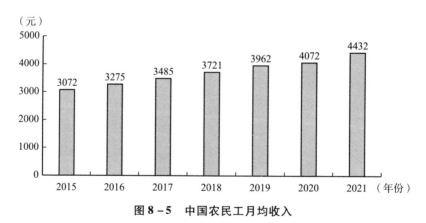

图 8 - 5　中国农民工月均收入

注：年度农民工数量包括年内在本乡镇以外从业 6 个月及以上的外出农民工和在本乡镇内从事非农产业 6 个月及以上的本地农民工。

资料来源：（1）国家统计局：2018～2021 年历年《中国统计年鉴》；（2）国家统计局：《2021 年农民工监测调查报告》。

从我国各省份的最低工资标准看，最低工资标准有上涨刚性，基本上每年都会微涨。人社部数据显示，第一档月最低工资标准超过2000元的地区，2017年有5个地区，包括上海、深圳、浙江、天津、北京，其中上海最高，为2300元；深圳排第二，为2130元；浙江排第三，为2010元。而2022年超过2000元的地区有13个，包括上海、深圳、北京、广东、江苏、浙江、天津、山东、四川、重庆、福建、湖北、河南，其中上海月最低工资2590元居首；深圳次之，为2360元；北京第三，为2320元。从小时最低工资标准看，第一档小时最低工资标准超过20元的地区，2017年有3个，包括北京、天津、上海，分别为22元、20.8元和20元。而2022年小时最低工资标准超过20元的地区有13个，包括北京、上海、天津、广东、深圳、江苏、浙江、山东、四川、重庆、福建、内蒙古、安徽。其中，北京、上海和天津排前三，分别为25.3元、23元和22.6元（见表8-11）。

表8-11　　　　　　2017年和2022年中国各省份最低工资标准　　　　单位：元

地区	月最低工资标准（第一档）		小时最低工资标准（第一档）	
	2017年	2022年	2017年	2022年
北京	2000	2320	22	25.3
天津	2050	2180	20.8	22.6
河北	1650	1900	17	19
山西	1700	1880	18.5	19.8
内蒙古	1760	1980	18.6	20.8
辽宁	1530	1910	15	19.2
吉林	1780	1880	17	19
黑龙江	1680	1860	16	18
上海	2300	2590	20	23
江苏	1890	2280	17	22
浙江	2010	2280	18.4	22

续表

地区	月最低工资标准（第一档）		小时最低工资标准（第一档）	
	2017 年	2022 年	2017 年	2022 年
安徽	1520	1650	16	20
福建	1700	2030	18	21
江西	1530	1850	15.3	18.5
山东	1810	2100	18.1	21
河南	1720	2000	16	19.6
湖北	1750	2010	18	19.5
湖南	1580	1930	15	19
广东	1895	2300	18.3	22.2
其中：深圳	2130	2360	19.5	22.2
广西	1400	1810	13.5	17.5
海南	1430	1830	12.6	16.3
重庆	1500	2100	15	21
四川	1500	2100	15.7	22
贵州	1680	1790	18	18.6
云南	1570	1670	14	15
西藏	1400	1850	13	18
陕西	1680	1950	16.8	19
甘肃	1620	1820	17	19
青海	1500	1700	15.2	15.2
宁夏	1660	1950	15.5	18
新疆	1670	1900	16.7	19

资料来源：根据人力资源社会保障部公开数据整理。

第九章

面向未来的企业用工灵活化

一、我国企业灵活用工存在的问题

当前企业用工灵活化，特别是新就业形态中的平台用工中存在一些问题，主要表现在：

第一，用工主体不合规。比如，交通运输部全国网约车监管信息交互平台数据显示，2021 年 6 月，订单量超过 30 万单的网约车平台共 13 家，其中某些平台订单合规率仅为 16% 左右；7 月份共收到订单信息 77656.4 万单，环比上升 10.7%；订单量增加的同时合规率却在下滑，当月订单合规率环比下降的平台近六成。① 中国物流与采购联合会发布的《2021 年货车司机从业状况调查报告》② 显示，货车司机准入措施不完善，有 15.2%

---

① 国家信息中心：《中国共享经济发展报告（2022）》，http：//www.sic.gov.cn/News/557/11278.htm，2022 年 5 月 3 日。

② 中国物流与采购联合会.2021 年货车司机从业状况调查报告［EB/OL］.［2021 - 08 - 06］.http：//www.chinawuliu.com.cn/lhhzq/202106/29/553128.shtml.

的货车司机反映对接入车辆、驾驶员审核不严格，对于一些违规车辆、挂靠司机、不诚信货主（黄牛）没有必要的准入限制措施。

第二，用工行为不规范，用工平台还存在利用数字技术、智能算法对劳动者进行较为强势的劳动控制，"鞭打快牛、放纵慢牛"的局面经常出现。清华大学社会科学学院等联合发布的《2021年中国一线城市出行平台调研报告》显示，受访网约车司机中，每月总收入均值为11941.75元，但实际收入均值约7700元/月；高收入主要是由超负荷运转带来的，其中有49.21%的网约车司机每日出车8～12小时，27.38%的司机每日工作12～16小时，4.37%的司机每日工作16～20小时，每日工作4小时以下的司机占比仅2.78%[①]。中国物流与采购联合会发布的《2021年货车司机从业状况调查报告》[②]表明，货车司机在货运互联网平台使用中存在压低运费、乱收会员费等问题。78.8%的货车司机认为存在压低运价行为；38.1%的货车司机反映会员费收费较高，收取项目颇多，一些平台会随意调整会费标准。

第三，企业有待进一步加强对灵活用工人员的培训。虽然灵活用工人员中专业技术人才有增加之势，但是目前来看灵活用工人员学历层次还偏低。据调查发现，我国灵活就业人员中文盲和半文盲约占10%，初中以下文化程度的约占70%，高中文化程度的约占16%，大专以上文化程度的约占0.6%。

第四，灵活用工人员的劳动保障有待增强。由于企业灵活用工的工作形式与工作内容多种多样，灵活用工人员的权益保障问题还较为突出，如参保困难、技能培训需求大、维权成本高等。当权益受到侵犯时，灵活用工人员的权益也难以得到法律的有效保护。本次调研中，关于在灵活就业期间与企业签订劳动协议的相关问题调查发现，有14.01%的就业个人未曾与就业公司或合作平台签署任何形式的合同（见图9-1）。

---

① 清华大学社会科学学院企业责任与社会发展研究中心：《2021年中国一线城市出行平台调研报告》。

② 中国物流与采购联合会：《2021年货车司机从业状况调查报告》，http://www.chinawuliu.com.cn/lhhzq/202106/29/553128.shtml，2021年8月6日。

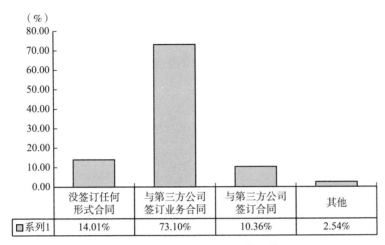

图 9 – 1　灵活用工人员签订协议情况

资料来源：中国人事科学研究院．企业用工灵活化现状及问题调查报告（2021 年）．

　　第五，灵活用工人员权益维护手段需进一步完善。灵活就业已成为我国重要的就业渠道和新增岗位来源，尤其有利于解决大量城乡劳动力的就业问题。但是现有劳动就业相关法律法规建设还未完全适应灵活就业的新变化，劳动关系模糊，劳动者维权处于弱势地位。此次调研发现，仅有 21.35% 的受访者会在企业与灵活就业人员发生劳动纠纷时选择寻求司法或劳动主管部门的帮助。由此可见，灵活就业人员的安全"保护伞"亟待撑开（见图 9 – 2）。

　　第六，现行有关法律法规与新型用工模式和新就业形态劳动就业变化不相适应，劳动者权益保障缺乏有力的制度保障。现行有关劳动者权益保护的规定，包括法定工作时间、工作标准、失业保险、员工福利等，都是以传统劳动关系标准为基础的。由于新就业形态用工在某些情形的劳动关系判定较为复杂，因而不能简单以现行劳动法律法规判定，从而影响到劳动者权益保障。中国物流与采购联合会发布的《2021 年货车司机从业状况调查报告》[①] 显示，货车司机个体经营仍然较为普遍，约有 17% 的货车

---

　　① 中国物流与采购联合会：《2021 年货车司机从业状况调查报告》，http://www.chinawuliu.com.cn/lhhzq/202106/29/553128.shtml，2021 年 8 月 6 日．

司机驾驶的车辆属于受雇企业或车队所有。40.7%的货车司机参加了新农合，这和司机群体农村劳动力较多的原因相关。22.5%的货车司机投保了交通意外险，仅有7.7%的投保了医疗保险、7.6%的投保了养老保险，投保工伤保险、失业保险的占比更小，还有20%的货车司机没有投保或缴纳保险费用（见图9-3）。

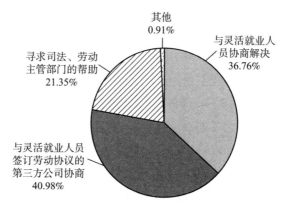

图9-2　灵活就业人员纠纷处理方式选择

资料来源：中国人事科学研究院．企业用工灵活化现状及问题调查报告（2021年）．

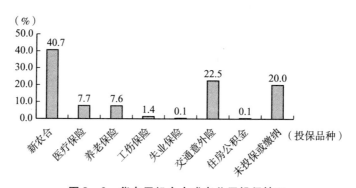

图9-3　货车司机个人或者公司投保情况

资料来源：中国物流与采购联合会．2021年货车司机从业状况调查报告［EB/OL］．http：//www.chinawuliu.com.cn/lhhzq/202106/29/553128.shtml.2021年8月6日．

第七，劳动者转个体工商户等弱化劳动者权益保障的行为还有可能发生。个体工商户作为我国重要的小微单元经济体，国家政策给予了税收等持续优惠政策在共享经济的催化作用下，许多企业与劳动者开启了"个体工商户模式"，采取了让劳动者注册为"个体工商户"，然后与企业签订合作协议，规避了劳动用工关系的相应责任。这种模式应用在外卖、快递、网约车等行业时，劳动者没法享受有关社会保险、意外伤害赔偿等劳动保障权益。2021年9月，北京致诚农民工法律援助与研究中心发布《外卖平台用工模式法律研究报告》指出，目前全国已经出现了超过190万家"疑似骑手个体户"；外卖平台的认劳率基本控制在1%以内，配送商也通过网络外包和个体工商户模式将认劳率从81.62%降到46.89%和58.62%。2021年9月美团、饿了么、滴滴等10家平台型企业参加了人力资源社会保障部会同交通运输部、市场监管总局、全国总工会联合召开的平台企业行政指导会。之后美团、饿了么等平台企业发布了公告：禁止相关合作商，禁止以任何形式诱导或强迫新就业形态劳动者转为个体工商户，规避用工主体责任的行为。虽然平台企业已经公告禁止强迫或诱导劳动者转入个体工商户，但由于劳动者仍处于弱势地位，仍然需要相关企业和协会加强自律、政府监管部门加强检查监督。

二、促进企业灵活用工健康发展的对策建议

（一）坚持鼓励发展和规范发展相结合的方针

一方面，鼓励企业结合新技术不断地创新用工模式以实现更高质量的发展。当前企业经营环境比之前更为多变和复杂，企业运营压力增大，这给企业创新人力资源管理和配置改革带来契机；同时新一代信息技术的发展，催生了企业经营与数字技术融合发展，这更进一步推动了企业用工模式的变革。为了应对经营环境和技术创新带来的影响，企业将在人力资源

配置和用工模式上不断创新，获取生存与发展的新力量。

另一方面，需要进一步规范企业创新发展中侵害国家利益和劳动者权益的违法违规行为。创新过程中，企业组织形式的变革，也引起了人力资源管理和用工模式的变形，法律法规难以跟上变革步伐，法律法规修订的滞后性不能规范新用工模式的实践，不利于更好维护国家利益和劳动者权益。因而需要找到企业用工模式创新发展与规范发展的平衡点，实现发展与规范齐头并进、和谐共生、系统平衡发展。

（二）以平台型用工为重点补齐相关制度短板

当前劳动合同法等与劳动相关的政策法规，滞后于管理实践的创新，需要适时修订。互联网和新型用模式的发展，现行劳动合同法不能很好调节新型的劳动关系。

一方面，互联网平台用工内部涉及的用工关系复杂，虽然出台了《关于维护新就业形态劳动者劳动权益的指导意见》（以下简称《意见》），该《意见》只是给出了用工关系的界定方向，并没有明确劳动关系的认定标准，劳动监察、劳动仲裁仍处于无法可依的状态。

另一方面，《关于维护新就业形态劳动者劳动权益的指导意见》要求健全完善最低工资保障制度、休息制度、劳动安全卫生制度、社会保障制度，试点职业伤害保障，但相关政策还不明确的，缺乏可操作的配套细则。比如，"不完全符合确认劳动关系情形"的平台劳动者的最低工资标准的确定；职业伤害的认定、赔偿，平台与从业者的缴费比例、跨平台劳动者的职业伤害问题的处理等。

（三）强化对新型用工模式的跨部门联合监管

新型用工模式特别是平台用工涉及多项执法工作，需要加强人社、税务、市场监管、公安、邮政、交通运输等部门的联合执法行动，确保灵活用工企业和平台企业符合准入资格、合法合规经营。必须统筹协调相关执法部门和行业主管部门的力量。如针对将劳动者转化为个体工商户以规避劳动关系和税收责任的现象，工商、税务和劳动监察部门应共同执法；在劳动关系界定方面，要强化各级劳动争议调解仲裁机构和法院之间的裁审衔接；针对拖欠工资、劳动安全卫生不达标等问题，劳动监察部门应会同相关主管部门，共同进行监管执法。

（四）增强工会维护灵活用工劳动者维权力度

充分发挥工会在劳动者权益维护中的参与立法、监督执法、集体协商、民主参与企业用工规则制定、拓宽维权渠道、培育社会组织力量维权、维权政策研究等作用。加强行业工会建设，更好发挥行业工会与行业协会在进入退出规则、计件办法、订单分配、佣金比例、工作时间、奖励惩罚措施等制度拟定中的积极作用。针对部分灵活用工人员缺乏维权意识、不了解维权手段和渠道等问题，制定有关宣传手册、微信文章推送、网络直播等方式，开展灵活用工从业人员权益保障维护宣传活动。

（五）加强公益性劳动者维权法律服务机构和律师队伍建设

司法维权是维护劳动者权益的最后手段。面对复杂的互联网平台用工，一般劳动者和一般律师都难以处理有关劳动维权，需要建设一支专业的维护劳动者权益的公益机构和公益律师队伍。2019 年，司法部发布《关于促进律师参与公益法律服务的意见》，提出发展公益法律服务机构和公益律师队伍。人社部门加强与最高人民法院、司法部门等部门合作，共同出台相关促进公益劳动维权律师队伍建设。

（六）倡导人力资源服务业、交通出行等互联网平台相关行业自律

企业灵活用工模式创新涉及的相关企业，特别是互联网平台用工相关各方，包括平台企业、用工企业、第三方服务商等应当加强经营合法合规自律行为；全面检查、全面改革自身的用工政策，把劳动者权益保障放到突出位置，不能推卸相关责任，不得出现欺诈、跑路、克扣工资待遇、乱收费等行为。

人力资源服务业、外卖、交通出行、同城货运等相关行业协会，应当协助制定行业自律规则和用工或中介服务行为规范，不定期开展检查，检查结果与企业信用评价、奖励荣誉、违规处罚等奖惩措施挂钩，切实规范行业发展秩序，并主动接受主管部门、工会、媒体和社会公众的监督。

附　　录

附录 1　调查问卷

一、《企业用工灵活化现状及问题调查问卷》（企业版）

1. 贵企业名称

2. 贵企业已经成立了时间与注册地？年省市

3. 贵企业的员工规模

（1）20 人以下　　　　　　　　（2）20 ~ 49 人

（3）50 ~ 299 人　　　　　　　（4）300 ~ 999 人

（5）1000 人及以上

4. 贵企业的经济性质是

（1）高校科研院所　　　　　　　（2）其他事业单位

（3）国有企业　　　　　　　　　（4）集体企业

（5）私营企业　　　　　　　　　（6）三资企业（含港澳台企业）

（7）股份制企业　　　　　　　　（8）个体企业

5. 贵企业的经营区域分布是

（1）本省或本市/区一地　　　　　（2）国内 2 ~ 5 个城市

（3）国内 6~10 个城市　　　　（4）国内 10 个以上城市

（5）跨 2~5 个国家　　　　　　（6）跨 6 个以上国家

6. 贵企业目前采用的灵活用工方式有【可多选】

（1）劳务派遣　　　　　　　　（2）人力资源服务外包

（3）非全日制用工　　　　　　（4）业务外包

（5）岗位外包　　　　　　　　（6）平台用工

（7）共享用工　　　　　　　　（8）众包

（9）兼职　　　　　　　　　　（10）个体工商户

（11）退休返聘　　　　　　　　（12）在校实习生

（13）合伙人　　　　　　　　　（14）学徒

（15）就业见习

7. 贵企业灵活用工的平均时间周期是

（1）3 个月以内　　　　　　　　（2）3~6 个月

（3）6 个月至 1 年　　　　　　　（4）1~2 年

（5）2~3 年　　　　　　　　　　（6）3 年以上

8. 贵企业使用灵活用工的原因【最多选 3 项】

（1）帮助企业快速抓住外部市场商机

（2）满足企业多区域、多网点、分散式人力资源管理

（3）帮助企业降低用工风险　　　（4）降低企业用工成本

（5）满足阶段性用工需求　　　　（6）解决季节性用工

（7）提升企业运营效率　　　　　（8）提升企业用工弹性

（9）优化企业人员架构　　　　　（10）创新企业项目

（11）提高员工可替代性　　　　　（12）其他（请说明）

9. 您认为灵活用工的不利因素有【最多选 3 项】

（1）员工没有归属感　　　　　　（2）业务敏感

（3）合规性　　　　　　　　　　（4）流失率高

（5）素质偏低　　　　　　　　　（6）法律/政策调控

（7）税负率过高　　　　　　　　（8）其他（请说明）

10. 贵企业灵活用工的岗位有【多选】

（1）一线生产工人　　　　　（2）快递员/网约配送员

（3）网约司机　　　　　　　（4）IT 服务

（5）客服代表　　　　　　　（6）保洁/家政

（7）保安/安保　　　　　　　（8）技术研发

（9）法务/法律　　　　　　　（10）会计/财务

（11）心理咨询　　　　　　　（12）人力资源

（13）网店店主　　　　　　　（14）网络主播

（15）新媒体运营　　　　　　（16）教育培训

（17）其他（请说明）

11. 贵企业的灵活用工人员的月平均薪资水平是【多选】

（1）1000 元及以下　　　　　（2）1001 ~ 2000 元

（3）2001 ~ 3000 元　　　　　（4）3001 ~ 4000 元

（5）4001 ~ 5000 元　　　　　（6）5001 ~ 6000 元

（7）6001 元及以上

12. 贵企业的灵活用工人员薪资结算周期是【多选】

（1）按小时结算　　　　　　（2）按天结算

（3）按项目结算　　　　　　（4）按周结算

（5）按月结算　　　　　　　（6）其他（请说明）

13. 贵企业主要通过什么渠道招聘灵活用工人员？【最多选 3 项】

（1）自行发布海报或广告　　（2）传统招聘网站

（3）新媒体平台（抖音等）　（4）行业协会学会推荐

（5）内部员工推荐　　　　　（6）外部熟人介绍

（7）第三方用工平台

（8）政府所属就业网站、公共就业与人才服务中心等

14. 贵企业对灵活用工人员的工作表现的满意度

（1）很不满意　　　　　　　（2）不太满意

（3）一般　　　　　　　　　（4）比较满意

（5）非常满意

15. 对灵活用工政策的了解程度

（1）非常不了解 　　　　　　（2）不太了解

（3）基本了解 　　　　　　　（4）比较了解

（5）非常了解

16. 贵企业与灵活用工人员发生劳动纠纷时，如何处理？【多选】

（1）与灵活用工人员协商解决

（2）与灵活用工人员签订劳动协议的第三方公司协商解决

（3）寻求司法、劳动主管部门的帮助

（4）其他（请说明）

17. 现阶段企业用工面临的主要困境【多选】

（1）人力成本压力（人员税费压力）

（2）第三方平台服务费过高

（3）员工无法及时到岗或者无法招录到员工

（4）担心承担员工和消费者的健康连带责任

（5）办公场地租赁费过高

（6）其他（请说明）

18. 针对企业用工灵活化，您认为企业需要哪些政策支持？【多选】

（1）企业税收补贴 　　　　　　（2）高学历人才用工补贴

（3）岗前培训补贴 　　　　　　（4）员工薪资补贴

（5）用工风险补贴（员工保险）　（6）其他（请说明）

二、《企业用工灵活化现状及问题调查问卷》（灵活就业人员版）

1. 您的年龄

（1）18～25 岁 　　　　　　　（2）26～30 岁

（3）31～35 岁 　　　　　　　（4）36～45 岁

（5）46～50 岁 　　　　　　　（6）51～55 岁

（7）56～60 岁　　　　　　　（8）61 岁以上

2. 您的性别

（1）男　　　　　　　　　　（2）女

3. 您的婚姻状况

（1）未婚　　　（2）已婚　　　（3）离异　　　（4）丧偶

4. 您的受教育程度是

（1）初中及以下　　　　　　（2）高中/中专/中职/技校

（3）大专/高职/技师　　　　（4）本科

（5）研究生及以上

5. 您目前的主要收入来源是【多选】

（1）劳动收入　　　　　　　（2）财产性收入（房租、股票等）

（3）家庭其他成员提供　　　（4）其他（请说明）

6. 您从事灵活就业的工作年限

（1）1 年及以下　　　　　　（2）1～2 年

（3）2～5 年　　　　　　　（4）5～10 年

（5）10 年以上

7. 您目前同时从事几份灵活就业工作

（1）1 份　　　（2）2 份　　　（3）3 份　　　　（4）4 份

（5）5 份及以上

8. 您目前的灵活就业形式是【多选】

（1）劳务派遣　　　　　　　（2）人力资源服务外包

（3）非全日制用工　　　　　（4）业务外包

（5）岗位外包　　　　　　　（6）平台用工

（7）共享用工　　　　　　　（8）众包

（9）兼职　　　　　　　　　（10）个体工商户

（11）退休返聘　　　　　　　（12）在校实习生

（13）合伙人　　　　　　　　（14）学徒

（15）就业见习　　　　　　　（16）打零工

（17）其他（请说明）

9. 您目前灵活就业的岗位是【多选】

（1）一线生产工人   （2）快递员/网约配送员

（3）网约司机   （4）IT 服务

（5）客服代表   （6）保洁/家政

（7）保安/安保   （8）技术研发

（9）法务/法律   （10）会计/财务

（11）心理咨询   （12）人力资源

（13）网店店主   （14）网络主播

（15）新媒体运营   （16）教育培训

（17）其他（请说明）

10. 您目前所在灵活就业单位的经济性质是

（1）高校科研院所   （2）其他事业单位

（3）国有企业   （4）集体企业

（5）私营企业   （6）三资企业（含港澳台企业）

（7）股份制企业   （8）个体企业

11. 您的薪资计费方式为【多选】

（1）按小时结算   （2）按天结算

（3）按项目结算   （4）按周结算

（5）按月结算   （6）按工作量（件）结算

（7）其他＿＿＿＿＿＿＿＿＿＿

12. 您灵活就业的薪酬支付方式是【多选】

（1）打款到个人银行卡   （2）支付宝/微信

（3）现金收款   （4）对公账户直发

（5）第三方平台代发   （6）其他（请说明）

13. 您的工资是否按时足额发放？

（1）按时且足量   （2）按时但不足量

（3）不按时但足量   （4）不按时且不足量

14. 你与企业签订劳动相关协议的情况是

（1）没签订任何形式合同

（2）与本企业签订劳务或业务合同

（3）与第三方公司签订劳动合同

（4）与第三方公司签订劳务或业务合同

（5）其他（请说明）

15. 如果与企业发生纠纷，您一般如何维护自己的权益？【多选】

（1）与用工企业（平台）协商解决

（2）与灵活用工人员签订劳动协议的第三方公司协商解决

（3）寻求司法、劳动主管部门的帮助

（4）自行想办法解决

（5）其他（请说明）

16. 您选择灵活就业的原因有【多选】

（1）自己的兴趣所在　　　　（2）想改善生活质量

（3）工作时间自由有弹性　　（4）工作地点自由有弹性

（5）拓宽职场人脉　　　　　（6）能兼顾家庭和工作

（7）获得额外的工作经验　　（8）工作之外赚点外快

（9）有转为正式工的机会　　（10）用工单位品牌好

（11）其他（请说明）

17. 您通过什么渠道找到灵活就业岗位？【多选】

（1）自行发布海报或广告　　（2）传统招聘网站

（3）新媒体平台（抖音等）　（4）行业协会学会推荐

（5）内部员工推荐　　　　　（6）外部熟人介绍

（7）第三方用工平台

（8）政府所属就业网站、公共就业与人才服务中心等

18. 您认为灵活就业的未来发展趋势是

（1）是一种临时过渡的工作方式，但未来不会消失

（2）将在未来完全取代传统用工

（3）持续存在但不会完全取代传统用工

（4）灵活用工逐渐走向岗位高端化

（5）灵活用工将更加合法合规

（6）灵活就业人员合法权益将受到更好保护

（7）其他（请说明）

附录2　企业用工灵活化相关政策法规

序号	文件名称	发文时间
1	《国营企业招用工人暂行规定》	1986 年 1 月
2	《中共中央关于建立社会主义市场经济体制若干问题的决定》	1993 年 11 月
3	《中华人民共和国劳动法》	1994 年发布，2009、2018 年修订
4	《中共中央关于国有企业改革和发展若干重大问题的决定》	1999 年 9 月
5	《中共中央国务院关于进一步做好下岗失业人员再就业工作的通知》	2002 年 9 月
6	《关于非全日制用工若干问题的意见》	2003 年 5 月
7	《劳动和社会保障部办公厅关于城镇灵活就业人员参加基本医疗保险的指导意见》	2003 年 5 月
8	《中共中央关于完善社会主义市场经济体制若干问题的决定》	2003 年 1 月
9	《关于确立劳动关系有关事项的通知》	2005 年 5 月
10	《国务院关于进一步加强就业再就业工作的通知》	2005 年 11 月
11	《中华人民共和国就业促进法》	2007 年 8 月
12	《中华人民共和国劳动合同法》	2007 年发布，2012 年修订
13	《中华人民共和国劳动争议调解仲裁法》	2007 年 12 月
14	《中华人民共和国劳动合同法实施条例》	2008 的 9 月
15	《个体工商户条例》	2011 年发布，2014、2016 年修订

序号	文件名称	发文时间
16	《国务院关于批转促进就业规划（2011～2015 年）的通知》	2012 年 1 月
17	《国务院关于印发服务业发展"十二五"规划的通知》	2012 年 12 月
18	《劳务派遣行政许可实施办法》	2013 年 6 月
19	《劳务派遣暂行规定》	2014 年 1 月
20	《国务院关于加快发展生产性服务业促进产业结构调整升级的指导意见》	2014 年 7 月
21	《国务院关于促进服务外包产业加快发展的意见》	2014 年 12 月
22	《人力资源社会保障部、国家发展改革委、财政部关于加快发展人力资源服务业的意见》	2014 年 12 月
23	《国务院关于大力发展电子商务加快培育经济新动力的意见》	2015 年 5 月
24	《国务院关于积极推进"互联网＋"行动的指导意见》	2015 年 7 月
25	《中共中央关于制定国民经济和社会发展第十三个五年规划的建议》	2015 年 1 月
26	《网络预约出租汽车经营服务管理暂行办法》	2016 年发布，2019 年修订
27	《人力资源市场暂行条例》	2018 年 6 月
28	《国务院办公厅关于促进平台经济规范健康发展的指导意见》	2019 年 8 月
29	《中共中央国务院关于抓好"三农"领域重点工作确保如期实现全面小康的意见》	2020 年 1 月
30	《人力资源社会保障部教育部财政部交通运输部国家卫生健康委关于做好疫情防控期间有关就业工作的通知》	2020 年 2 月
31	《中华人民共和国民法典》	2020 年 5 月
32	《关于支持新业态新模式健康发展激活消费市场带动扩大就业的意见》	2020 年 7 月
33	《国务院办公厅关于进一步优化营商环境更好服务市场主体的实施意见》	2020 年 7 月
34	《国务院办公厅关于支持多渠道灵活就业的意见》	2020 年 7 月
35	《人力资源社会保障部印发关于做好共享用工指导和服务的通知》	2020 年 9 月

续表

序号	文件名称	发文时间
36	《中华人民共和国国民经济和社会发展第十四个五年规划和 2035 年远景目标纲要》	2021 年 3 月
37	《国务院办公厅关于服务"六稳""六保"进一步做好"放管服"改革有关工作的意见》	2021 年 4 月
38	《人力资源社会保障部关于印发人力资源和社会保障事业发展"十四五"规划的通知》	2021 年 6 月
39	《关于落实网络餐饮平台责任切实维护外卖送餐员权益的指导意见》	2021 年 7 月
40	《关于维护新就业形态劳动者劳动保障权益的指导意见》	2021 年 7 月
41	《国务院关于印发"十四五"就业促进规划的通知》	2021 年 8 月
42	《关于巩固拓展社会保险扶贫成果助力全面实施乡村振兴战略的通知》	2021 年 8 月
43	《国务院办公厅关于印发"十四五"全民医疗保障规划的通知》	2021 年 9 月
44	《人力资源社会保障部国家发展改革委财政部商务部市场监管总局关于推进新时代人力资源服务业高质量发展的意见》	2021 年 11 月
45	《中共中央、国务院关于加强新时代老龄工作的意见》	2021 年 11 月
46	《国务院关于印发"十四五"数字经济发展规划的通知》	2021 年 12 月
47	《人力资源社会保障部办公厅国家邮政局办公室关于推进基层快递网点优先参加工伤保险工作的通知》	2021 年 12 月
48	《国务院办公厅关于进一步释放消费潜力促进消费持续恢复的意见》	2022 年 4 月

资料来源：根据公开信息整理。

参 考 文 献

[1] 埃尔德，张林，马永堂，等. 中国劳动世界的未来议题三：非标准（非正规）就业形式 [J]. 中国劳动，2018（12）：4 – 13.

[2] 白京羽，郭建民. 把握推进数字经济健康发展"四梁八柱" 做强做优做大我国数字经济 [J]. 中国经贸导刊，2022（3）：14 – 16.

[3] 白娟. 数字化转型对企业绩效的影响机制研究 [D]. 呼和浩特：内蒙古财经大学，2021.

[4] 白艳莉，陈露. 我国灵活就业群体社会保险参与政策研究：基于政策工具视角 [J]. 统计与管理，2021，36（10）：68 – 74.

[5] 贝蒂. 荷兰的灵活就业及劳务派遣（摘要）[J]. 中国就业，2004（6）：20 – 23.

[6] 蔡昌，闫积静，蔡一炜. 零工经济的政策适用与税收治理方略 [J]. 税务研究，2022（2）：72 – 80.

[7] 蔡昉，王美艳. 非正规就业与劳动力市场发育：解读中国城镇就业增长 [J]. 经济学动态，2004（2）：24 – 28.

[8] 曹娜. 论如何规避劳务派遣用工风险的防范探究 [J]. 财经界，2020（27）：241 – 243.

[9] 陈国权，王晓辉，李倩，等. 组织授权对组织学习能力和战略柔性影响研究 [J]. 科研管理，2012，33（6）：128 – 136.

[10] 陈国权. 组织行为学 [M]. 北京：清华大学出版社，2006.

[11] 陈寒寒."灵活"用工下的人力资源管理挑战及建议 [J]. 新经济，2020（9）：66 – 70.

[12] 陈佳贵. 关于企业生命周期与企业蜕变的探讨 [J]. 中国工业

经济，1995（11）：5－13.

[13] 陈珏. 城镇灵活就业人员参加社会养老保险的问题及对策 [J]. 中国市场，2021（1）：35－36.

[14] 陈明星，黄莘绒，黄耿志，等. 新型城镇化与非正规就业：规模、格局及社会融合 [J]. 地理科学进展，2021，40（1）：50－60.

[15] 陈霞，于海英. 浅析劳务派遣制度发展的问题与对策 [J]. 统计与管理，2020，35（10）：77－82.

[16] 陈宇佳. 网络平台用工法律关系研究 [D]. 广州：广东财经大学，2019.

[17] 陈育增. 中小企业战略柔性文献综述 [J]. 河北企业，2022（1）：75－77.

[18] 丛日玉，高心屹，黄子慧，等. 数字经济研究进展综述 [J]. 当代经济，2022，39（1）：15－19.

[19] 丁守海. 劳动剩余条件下的供给不足与工资上涨：基于家庭分工的视角 [J]. 中国社会科学，2011（5）：4－21.

[20] 丁玉龙. 数字经济的本源、内涵与测算：一个文献综述 [J]. 社会科学动态，2021（8）：57－63.

[21] 董朝. 共享经济用工的劳动关系法律规制研究 [D]. 济南：山东大学，2018.

[22] 窦莹. 共享经济时代企业灵活用工法律风险的思考 [J]. 法制博览，2020（11）：77－78.

[23] 方玉泉. 我国劳务派遣用工存在的问题及对策 [J]. 人力资源，2020（14）：106－107.

[24] 高玲芬，贾丽娜. 论"非正规就业"的定义与测量 [J]. 统计研究，2005（3）：74－77.

[25] 郭峰. 数字经济在抗击新冠肺炎疫情中的作用与问题：一个文献综述 [J]. 产业经济评论，2021（1）：34－49.

[26] 郭建利."互联网＋"法治思维与法律热点问题探析 [M]. 北

京：法律出版社，2016.

[27] 郭杰. 共享经济时代创新灵活用工模式 [J]. 企业管理，2018（3）：75 - 77.

[28] 郭翼飞. 各国"灵活用工"未来或将进入爆发期 [N]. 劳动报，2020 - 01 - 22.

[29] 郭悦，李燕虹. 促进我国灵活多样就业形式的健康发展 [J]. 中国劳动，2002（12）：8 - 11.

[30] 国家统计局.2021 年农民工监测调查报告 [EB/OL]. [2022 - 05 - 07]. http：//www. stats. gov. cn/tjsj/zxfb/202204/t20220429_1830126. html.

[31] 国家统计局. 中华人民共和国 2017 年国民经济和社会发展统计公报 [EB/OL]. [2022 - 02 - 06]. http：//www. stats. gov. cn/tjsj/zxfb/201802/t20180228_1585631. html.

[32] 国家统计局. 中华人民共和国 2021 年国民经济和社会发展统计公报 [EB/OL]. [2022 - 04 - 06]. http：//www. stats. gov. cn/tjsj/zxfb/202202/t20220227_1827960. html.

[33] 国家信息中心青年人才基础研究项目成果.《数字经济对就业与收入分配的影响研究》[EB/OL]. [2022 - 04 - 30]. http：//www. sic. gov. cn/Column/637/1. htm.

[34] 国家信息中心. 中国共享经济发展报告（2021）[EB/OL]. http：//www. sic. gov. cn/News/557/10779. htm.

[35] 国家信息中心. 中国共享经济发展报告（2022）[EB/OL]. [2022 - 05 - 03]. http：//www. sic. gov. cn/News/557/11278. htm.

[36] 韩民春，韩青江. 机器人技术进步对劳动力市场的冲击：基于动态随机一般均衡模型的分析 [J]. 当代财经，2020（4）：3 - 16.

[37] 何江，闫淑敏，关娇. 共享员工到底是什么：源起、内涵、框架与趋势 [J]. 商业研究，2020（6）：1 - 13.

[38] 何盼盼. 灵活就业员工绩效管理研究 [J]. 合作经济与科技，2021（11）：98 - 99.

［39］胡鞍钢，赵黎．我国转型期城镇非正规就业与非正规经济（1990～2004）［J］．清华大学学报（哲学社会科学版），2006（3）：111–119.

［40］黄晋．劳务派遣同工同酬条款的适用困境与出路：以"相同的劳动报酬分配办法"为例［J］．西安电子科技大学学报（社会科学版），2020，30（2）：95–101.

［41］黄伟，廖慧珍，林瑶．日本劳务派遣法律规制对企业用工决策的影响［J］．中国人力资源开发，2014（13）：101–106.

［42］纪雯雯，赖德胜．网络平台就业对劳动关系的影响机制与实践分析［J］．中国劳动关系学院学报，2016，30（4）：6–16.

［43］简永斌．浅谈劳务外包存在的问题及管理规范［J］．现代企业，2020（1）：38–39.

［44］江小娟．到2025年，数字经济有望成为国民经济的半壁江山202204［EB/OL］．［2022–04–26］．https：//www.sohu.com/a/534801965_121199210.

［45］金菊，苏红，廉永生．新就业形态文献研究综述［J］．商业经济，2021（1）：145–147.

［46］荆文君，孙宝文．数字经济促进经济高质量发展：一个理论分析框架［J］．经济学家，2019（2）：66–73.

［47］久叶．就业的新概念［J］．社保财务理论与实践，2006（4）：127–130.

［48］柯振兴．网约用工的规制路径及权益保障：以美国Uber司机为例［J］．工会理论研究（上海工会管理职业学院学报），2017（3）：15–18.

［49］孔菲，臧秋伊，李妮杰，等．零售业灵活用工现状调查与分析：以苏州市大型超市为例［J］．企业改革与管理，2021（6）：38–39.

［50］孔令全，黄再胜．国内外数字劳动研究：一个基于马克思主义劳动价值论视角的文献综述［J］．广东行政学院学报，2017，29（5）：73–80.

[51] 来有为. 我国劳务派遣行业发展中存在的问题及解决思路 [J]. 经济纵横, 2013.

[52] 劳动保障部规划财务司. 我国灵活就业情况统计分析 [J]. 中国劳动, 2005 (3): 63.

[53] 冷晴, 龚丹, 韩梅. 江西省劳动力成本变动因素及影响分析 [J]. 中国统计, 2014 (2): 56 - 58.

[54] 李才海, 王妍. 平台经济下灵活就业者用工关系研究 [J]. 劳动保障世界, 2020 (8): 12 - 14.

[55] 李晨旸. 国外非正规就业的定义与测量文献综述 [J]. 现代经济信息, 2010 (21): 208 - 209.

[56] 李东旭. 共享员工发展现状研究 [J]. 企业科技与发展, 2021 (9): 129 - 131.

[57] 李会欣. 发达国家的灵活就业政策及对我国的启示 [J]. 管理科学, 2003 (6): 91 - 95.

[58] 李金雷. 国外灵活就业方式及对促进我国就业的启示 [J]. 集团经济研究, 2006 (11S): 2.

[59] 李井奎, 朱林可, 李钧. 劳动保护与经济效率的权衡: 基于实地调研与文献证据的《劳动合同法》研究 [J]. 东岳论丛, 2017 (7): 12.

[60] 李坤刚. 就业灵活化的世界趋势及中国的问题 [J]. 四川大学学报 (哲学社会科学版), 2017 (2): 146 - 153.

[61] 李丽萍. 改革开放以来我国城镇非正规就业分析 [J]. 经济体制改革, 2014 (6): 27 - 31.

[62] 李萌, 钱军. 我国灵活用工企业模式选择和实施情况分析 [J]. 产业与科技论坛, 2022, 21 (4): 66 - 67.

[63] 李敏. 非全日制用工养老保险问题研究 [J]. 东方企业文化, 2014 (9): 264.

[64] 李楠. 共享经济下网约工权益保护问题研究 [D]. 长春: 吉林大学, 2020.

[65] 李群英. 浅谈劳务派遣转为劳务外包的利与弊 [J]. 人力资源管理, 2016 (5): 111 – 112.

[66] 李爽. 浅析劳务派遣用工中存在的问题及对策 [J]. 营销界, 2019 (43): 121 – 124.

[67] 李伟阳. 一个企业、两种制度: 用工体制演变及劳务派遣工的工作组织与管理 [J]. 中国人事科学, 2021 (6): 41 – 53.

[68] 李艳, 郭美浓. 灵活用工的技术实现路径 [J]. 人力资源, 2020 (19): 24 – 26.

[69] 李业. 企业生命周期的修正模型及思考 [J]. 南方经济, 2000 (2): 47 – 50.

[70] 李怡然. 困住骑手的是系统吗: 论互联网外卖平台灵活用工保障制度的完善 [J]. 中国劳动关系学院学报, 2022, 36 (1): 67 – 79.

[71] 李英福, 冯珺. 数字经济与劳动力市场研究综述 [J]. 企业改革与管理, 2019 (19): 5 – 7.

[72] 林健. 劳务派遣用工中存在的问题及对策 [J]. 人力资源, 2020 (24): 116 – 118.

[73] 林宇豪, 陈英葵. 数字经济与产业结构升级: 基于要素流动视角下的空间计量检验 [J]. 商业经济研究, 2020 (9): 172 – 175.

[74] 林昭霏, 涂秋花. 我国非全日制用工关系的缺陷与完善 [J]. 哈尔滨学院学报, 2015, 36 (3): 56 – 59.

[75] 刘广琪. 论我国劳务派遣之连带责任 [J]. 法制与经济, 2020 (6): 38 – 39.

[76] 刘俊振, 王泽宇, 姜珅妍. 未来工作的趋势: 基于零工和企业灵活用工的演变 [J]. 清华管理评论, 2020 (4): 71 – 79.

[77] 刘明, 刘向荣. 劳务派遣与业务外包用工方式的利弊分析 [J]. 人力资源管理, 2015 (5): 185.

[78] 刘姗. 非正规就业研究述评与展望 [J]. 合作经济与科技, 2021 (16): 83 – 85.

［79］刘天亮．关于灵活就业问题研究［D］．上海：同济大学，2004.

［80］刘雪文．论提升非全日制用工的安全性［J］．铜陵学院学报，2019，18（5）：68－71.

［81］刘雪瑜．我国灵活就业现状研究［J］．商，2016（26）：39.

［82］刘燕斌，郑东亮，莫荣，等编．中国劳动保障发展报告（2017）［M］．北京：社会科学文献出版社，2017.

［83］刘昱辰．法国当前就业形势与劳动力市场改革措施［J］．法国研究，2018（4）：13－31.

［84］吕红．转型期中国灵活就业及其制度创新问题研究［D］．长春：东北师范大学，2008.

［85］马建堂．数字经济：助推实体经济高质量发展［J］．新经济导刊，2018（6）：10－12.

［86］毛宇飞，曾湘泉．互联网使用是否促进了女性就业：基于CGSS数据的经验分析［J］．经济学动态，2017（6）：21－31.

［87］蒙月哨．论非全日制用工中劳动者权益的保护［D］．南宁：广西大学，2020.

［88］莫荣，鲍春雷．促进零工经济劳动力市场规范发展研究［J］．中国劳动，2021（4）：5－15.

［89］裴劲松．教育、培训与就业［J］．中国培训，2000（10）：32－33.

［90］裴芷洁．灵活用工，人力资源服务业如何应对［J］．人力资源，2021（12）：80－81.

［91］戚聿东，丁述磊，刘翠花．数字经济背景下互联网使用与灵活就业者劳动供给：理论与实证［J］．当代财经，2021（5）：3－16.

［92］岐蓓怡．电商新业态下灵活用工研究综述［J］．商展经济，2021（9）：36－38.

［93］钱箭星．发达国家劳动力市场政策变革研究［J］．劳动经济评论，2010，3（00）：1－11.

［94］秦雅静．关于非全日制用工争议实操中若干问题的探讨［J］．

中国劳动, 2014 (4): 16 - 18.

[95] 秦子岩. 共享经济背景下, 企业用工的机遇与挑战 [J]. 人力资源, 2021 (4): 140 - 141.

[96] 清华大学社会科学学院企业责任与社会发展研究中心. 2021 年中国一线城市出行平台调研报告 [R], 2021.

[97] 全总劳务派遣问题课题组. 当前我国劳务派遣用工现状调查 [J]. 中国劳动, 2012 (5): 3.

[98] 若·科特尼埃尔, 毛禹权. 欧洲的就业灵活保障机制与劳动的非正规化 [J]. 国外理论动态, 2010 (1): 40 - 45.

[99] 陕晨宇. 数字经济驱动企业创新的研究综述 [J]. 现代商业, 2022 (8): 14 - 16.

[100] 尚春霞. 非全日制用工超工时问题探讨 [J]. 法制与社会, 2016 (29): 254 - 255.

[101] 尚妤, 杨永平. 数字化时代下的灵活用工模式发展 [J]. 内蒙古科技与经济, 2021 (22): 25 - 28.

[102] 沈锦浩. 互联网技术与网约工抗争的消解: 一项关于外卖行业用工模式的实证研究 [J]. 电子政务, 2021 (1): 57 - 65.

[103] 沈艳进. 互联网平台用工合同性质及法律适用研究 [D]. 济南: 山东政法学院, 2021.

[104] 沈永建, 范从来, 陈冬华, 等. 显性契约、职工维权与劳动力成本上升: 《劳动合同法》的作用 [J]. 中国工业经济, 2017 (2): 117 - 135.

[105] 盛磊, 杨白冰, 刘幼迟, 等. 数字经济时代制造业企业"招工难"及其对策 [J]. 中国物价, 2022 (2): 91 - 93.

[106] 宋蓉蓉. 我国非正规就业规模测度及影响因素分析 [D]. 天津: 南开大学, 2013.

[107] 宋兹鹏. 陈晓峰: 灵活用工"领路人" [J]. 中国商界, 2021 (1): 22 - 27.

［108］苏晖阳．新型用工劳动关系的法律规制研究［J］．中国人力资源开发，2020，37（5）：70－86．

［109］孙丽莎．企业季节性用工的法律问题研究［D］．呼和浩特：内蒙古大学，2016．

［110］孙正润．劳务派遣在企业中的应用现状、问题及对策［J］．人力资源，2020（6）：76－77．

［111］唐卓华．新形势下企业灵活用工制度研究［D］．上海：上海社会科学院，2011．

［112］田思路．劳动关系非典型化的演变及法律回应［J］．法学，2017（6）：138－147．

［113］万宝盛华．中国灵活用工与合规管理研究分析报告［EB/OL］．［2022－02－06］．https：//www. manpowergrc. com/pdf/about_research/2020 0923162241_94232414_sc. pdf.

［114］王本章，毕夏洁．后疫情时代的企业用工变革［J］．商场现代化，2020（15）：81－83．

［115］王桂英．网络主播收入的个税征管分析［J］．湖南税务高等专科学校学报，2019，32（3）：42－47．

［116］王汉峰．中国城市农民工非正规就业分析［D］．成都：西南财经大学，2010．

［117］王剑栋．我国劳务派遣制度的历史、问题与趋势［J］．人力资源管理，2016（2）：3．

［118］王静元．非全日制用工规定的缺陷及其完善［J］．工会理论研究（上海工会管理职业学院学报），2018（3）：17－20．

［119］王娟．港口企业灵活用工管理对策研究［J］．河北企业，2019（10）：121－122．

［120］王莉．数字经济驱动经济高质量发展的研究综述［J］．对外经贸，2021（12）：73－76．

［121］王鹏振．京津冀数字经济发展水平测度及驱动因素研究［D］．

石家庄：河北师范大学，2021.

　　[122] 王秋媛，谢增毅．非全日制用工工伤保险制度的困境及其解决 [J]．海峡法学，2014，16 (4)：63 - 67.

　　[123] 王全兴，刘琦．我国新经济下灵活用工的特点、挑战和法律规制 [J]．法学评论，2019，37 (4)：79 - 94.

　　[124] 王全兴，王茜．我国"网约工"的劳动关系认定及权益保护 [J]．法学，2018 (4)：57 - 72.

　　[125] 王天玉．互联网平台用工的合同定性及法律适用 [J]．法学，2019 (10)：165 - 181.

　　[126] 王天玉．互联网平台用工的"类雇员"解释路径及其规范体系 [J]．环球法律评论，2020，42 (3)：16.

　　[127] 王蔚．企业非正式用工的风险管理策略研究 [D]．济南：山东大学，2017.

　　[128] 王蔚．企业非正式用工模式下的人才培养策略 [J]．人才资源开发，2015 (18)：59.

　　[129] 王晓晓．劳务派遣员工的管理工作研究 [J]．中国外资，2020 (20)：103 - 104.

　　[130] 王星．走向技能社会：国家技能形成体系与产业工人技能形成 [M]．北京：中国工人出版社，2021.

　　[131] 王昭．企业劳务派遣用工管理存在的问题及对策探讨 [J]．劳动保障世界，2020 (18)：64 - 65.

　　[132] 魏浩征．灵活用工管理 [J]．商界（评论），2010 (9)：100 - 104.

　　[133] 吴传琦，尹振宇，张志强．非正规就业劳动者就业满意度的性别差异 [J]．首都经济贸易大学学报，2021，23 (4)：65 - 76.

　　[134] 吴东蔚．灵活就业人员职业伤害保险制度的试点困境与完善进路 [J]．山东工会论坛，2021，27 (1)：89 - 97.

　　[135] 吴敏良．企业用工季节性变动规律及对策探讨 [J]．现代商

业，2009（20）：156 – 157.

［136］吴少辉，胡永铨．数字经济时代传统实体经济数字化转型发展研究［J］．商场现代化，2021（4）：166 – 168.

［137］吴要武，蔡昉．中国城镇非正规就业：规模与特征［J］．中国劳动经济学，2006，3（2）：67 – 84.

［138］肖鹏燕．合规共享：共享员工的法律风险与防控［J］．中国人力资源开发，2020，37（7）：96 – 106.

［139］肖巍．灵活就业、新型劳动关系与提高可雇佣能力［J］．复旦学报（社会科学版），2019，61（5）：159 – 166.

［140］肖文娟，蒯秀中．我国非全日制用工的缺陷及其完善途径［J］．工会信息，2014（25）：20 – 21.

［141］肖竹．网约车劳动关系的认定：基于不同用工模式的调研［J］．财经法学，2018（2）：95 – 110.

［142］谢伏瞻，蔡昉，李雪松编．经济蓝皮书：2022 年中国经济形势分析与预测［M］．北京：社会科学文献出版社，2021.

［143］谢倩芸．女性非正规就业的影响因素研究：基于中国社会状况综合调查的实证分析［J］．中国劳动关系学院学报，2021，35（4）：97 – 115.

［144］谢伟．企业灵活用工的作用及对策［J］．人力资源，2021（2）：142 – 143.

［145］谢增毅．民法典编纂与雇佣（劳动）合同规则［J］．中国法学，2016（4）：92 – 110.

［146］熊励，季佳亮，陈朋．基于平台经济的数字内容产业协同创新动力机制研究［J］．科技管理研究，2016，36（2）：21 – 25.

［147］徐飞．灵活就业所面临的三大问题和三点建议［J］．大数据时代，2020（7）：22 – 25.

［148］徐丽梅．数字经济前沿研究综述［J］．国外社会科学前沿，2021（8）：87 – 99.

[149] 徐乃盛．多元用工模式对国有企业人力资源管理影响分析和解决对策 [J]．人力资源管理，2016（1）：55－57.

[150] 徐鑫．共享经济视阈下网约车平台公司与司机用工关系的司法认定 [J]．中国集体经济，2022（1）：111－112.

[151] 许晓峰．劳务派遣用工方式的利弊与风险分析 [J]．人力资源，2020（4）：85.

[152] 许晓娜，赵德志．战略柔性、政治技能与组织创造力：环境不确定性的调节作用 [J]．东北大学学报（社会科学版），2020，22（5）：31－39.

[153] 薛进军，高文书．中国城镇非正规就业：规模、特征和收入差距 [J]．经济社会体制比较，2012（6）：59－69.

[154] 杨滨伊，孟泉．多样选择与灵活的两面性：零工经济研究中的争论与悖论 [J]．中国人力资源开发，2020，37（3）：102－114.

[155] 杨芳．试论多种灵活用工方式的特点及选择 [J]．知识经济，2019（28）：98－99.

[156] 杨伟国，王琦．数字平台工作参与群体：劳动供给及影响因素——基于U平台网约车司机的证据 [J]．人口研究，2018，42（4）：78－90.

[157] 杨伟国，吴清军，张建国，等．中国灵活用工发展研究报告（2022）[M]．北京：社会科学文献出版社，2021.

[158] 杨晓石．我国灵活用工探讨 [J]．市场周刊，2018（12）：173－174.

[159] 杨镇煌．论我国企业劳务外包的法律风险 [J]．北京化工大学学报（社会科学版），2017（4）：42－48.

[160] 杨子葳．数字化时代，平台化管理：对话金划算集团董事长田发波 [J]．人力资源，2021（15）：14－19.

[161] 姚宇．国外非正规就业研究综述 [J]．国外社会科学，2008（1）：91－95.

［162］伊查克·爱迪思.企业生命周期［M］.赵睿译.北京：华夏出版社，2004.

［163］尹文清.日本劳务派遣制度改革探析与借鉴［J］.山东社会科学，2015（12）：143－147.

［164］余清泉."灵活用工"核心辨识与实务运用［J］.人力资源，2020（17）：38－41.

［165］俞弘强.发达国家非传统就业基本情况［J］.学习与研究，2009（6）：77－79.

［166］袁铁铮.国外就业方式介绍（二）多种灵活就业方式成因分析［J］.中国劳动，2001（12）：2.

［167］袁晓芸.劳务派遣用工模式下存在的问题及对策［J］.现代企业，2019（10）：74－75.

［168］袁玉赞.基于企业生命周期理论的TR公司成长路径研究［D］.北京：华北电力大学，2017.

［169］岳思佳，王坤.国外劳务派遣的现状就业质量以及政策研究［J］.现代商业，2007（20）：171－172.

［170］张凤婷.企业劳务外包的若干问题［J］.中国律师，2014（10）：77－79.

［171］张洪吉，韩冬.企业劳务派遣用工方式的利弊及风险控制［J］.中小企业管理与科技（中旬刊），2020（2）：3－4.

［172］张会磊.劳务派遣与业务外包利弊分析［J］.人力资源管理，2015（5）：181－182.

［173］张浚.欧洲国家如何为灵活就业人员提供社会保障［J］.人民论坛，2019（34）：118－119.

［174］张陇.灵活用工的"表"与"里"［J］.人力资源，2021（3）：69－71.

［175］张梦.非全日制用工制度之反思与完善［J］.现代企业，2020（1）：121－122.

[176] 张倩茹. "去劳动关系化"就能高枕无忧吗 [J]. 人力资源, 2018 (5)：66 - 69.

[177] 张三峰, 徐心悦. "技能偏向型"技术进步、就业结构升级与劳动力成本上涨 [J]. 阅江学刊, 2022, 14 (2)：121 - 132.

[178] 张思琪, 张欣雨, 刘奕彤. 灵活用工下的人力资源管理研究 [J]. 商场现代化, 2021 (8)：108 - 110.

[179] 张小建. 改革开放四十年中国就业砥砺前行：回顾与展望 [J]. 中国劳动, 2019 (1)：5 - 14.

[180] 张樱. 新个税下"网络主播"收入征税计算方法的探究 [J]. 中国管理信息化, 2020, 23 (10)：148 - 149.

[181] 张莹. 平台经济下灵活就业人员社会保障问题研究 [J]. 营销界, 2021 (22)：54 - 55.

[182] 张颖. 关于劳务派遣与劳务外包的探讨 [J]. 企业研究, 2020 (1)：56 - 58.

[183] 张志朋. 零工经济背景下共享经济企业用工挑战与对策 [J]. 新经济, 2021, 545 (9)：72 - 76.

[184] 赵根良. 浅谈企业灵活用工问题 [J]. 新余学院学报, 2019, 24 (4)：55 - 59.

[185] 赵羚雅, 向运华. 互联网使用、社会资本与非农就业 [J]. 软科学, 2019, 33 (6)：49 - 53.

[186] 赵轼. 轻舟可过万重山：欧盟推动灵活就业的措施 [J]. 中国就业, 2006 (9)：51 - 52.

[187] 赵艳梅. 企业生命周期视角下的人力资源外包研究 [D]. 西安：陕西科技大学, 2013.

[188] 赵玥. 非全日制用工法律制度研究 [D]. 厦门：华侨大学, 2018.

[189] 郑祁, 杨伟国. 零工经济前沿研究述评 [J]. 中国人力资源开发, 2019, 36 (5)：106 - 115.

[190] 中国物流与采购联合会. 2021 年货车司机从业状况调查报告

［EB/OL］．［2021 － 08 － 06］．http：//www. chinawuliu. com. cn/lhhzq/
202106/29/553128. shtml.

［191］中国信息通信研究院. 全球数字治理白皮书 ［R］，2021.

［192］中国信息通信研究院. 中国数字经济发展白皮书（2021）
［EB/OL］．http：//www. caict. ac. cn/kxyj/qwfb/bps/.

［193］中国信息通信研究院. 中国数字经济发展和就业白皮书
（2019）［EB/OL］．［2022 － 03 － 16］．http：//www. caict. ac. cn/xwdt/hyxw/
201904/t20190419_198046. htm.

［194］周宝妹. 网约车司机的劳动者地位探析：以与传统出租车司机
比较为视角 ［J］. 中国社会科学院大学学报，2022，42（3）：67 － 81.

［195］周湖勇，李勃，倪明雪. 网络主播劳动关系层次化研究 ［J］.
前沿，2018（4）：69 － 76.

［196］周卫波. 企业劳务派遣与劳务外包法律风险及防范 ［J］. 中小
企业管理与科技（下旬刊），2013（5）：87 － 88.

［197］周文成，倪乾. 零工经济下平台型灵活用工人力资源管理问题
及对策研究 ［J］. 经营与管理，2021（9）：139 － 143.

［198］朱士贵. 八维度细分灵活用工 ［J］. 人力资源，2021（5）：
82 － 85.

［199］朱晓静，陈璨. 数字经济含义与指标体系分析：一个文献综述
［J］. 高科技与产业化，2021，27（7）：68 － 71.

［200］左彦鸣. 企业灵活用工模式缺陷及改进方法研究 ［D］. 郑州：
河南大学，2019.

［201］ACEMOGLU D，RESTREPO P. Robots and Jobs：Evidence from
US Labor Markets ［J］. NBER Working Papers，2017.

［202］ANNE E P. Contingent and alternative work arrangements，defined
［J］. MONTHLY LABOR REVIEW，1996，119（10）.

［203］ANNE，S. ，TSUI，et al. Alternative Approaches to the Employee －
Organization Relationship：Does Investment in Employees Pay off？［J］. The

Academy of Management Journal, 1997, 40 (5): 1089 – 1121.

[204] CAO Y, CHEN X, WU D D, et al. Early warning of enterprise decline in a life cycle using neural networks and rough set theory [J]. Expert Systems with Applications, 2011, 38 (6): 6424 – 6429.

[205] DEVANNA A M, FOMBRUN C, TICHY N. Human resources management: A strategic perspective [J]. ORGANIZATIONAL DYNAMICS, 1981.

[206] FELDMAN D C. Reconceptualizing the nature and consequences of part-time work [J]. Academy of management review. Academy of Management, 1990, 15 (1).

[207] ILO. Employment, incomes, and equality: a strategy for increasing productive employment in Kenya [R]. Geneva: International Labor Organization, 1972.

[208] JEFF H. The rise of crowdsourcing [J]. Wired, 2006, 14 (6).

[209] MICHAEL D S M, ALEXANDER V. An alternative look at temporary workers, their choices, and the growth in temporary employment [J]. JOURNAL OF LABOR RESEARCH, 2001, 22 (2).

[210] RENAUD, STEPHANE. Rethinking the union membership/job satisfaction relationship: Some empirical evidence in Canada [J]. INTERNATIONAL JOURNAL OF MANPOWER, 2002, 23 (2): 137 – 150.

[211] SANCHEZ R. Strategic flexibility in product competition [J]. STRATEGIC MANAGEMENT JOURNAL, 1995, 16 (1): 135 – 159.

[212] TAPSCOTT D. The Digital Economy: Promise and Peril in the Age of Networked Intelligence [M]. New York: McGraw – Hill, 1995.

[213] THOMAS N. Part – Time employment: Reasons, demographics, and trends [J]. JOURNAL OF LABOR RESEARCH, 1995, 16 (3).

[214] WRIGHT P, MCMAHAN G. Theoretical perspectives for strategic human resource management [J]. JOURNAL OF MANAGEMENT, 1992, 37: 17 – 29.

中国人事科学研究院学术文库
已出版书目

《人才工作支撑创新驱动发展评价、激励、能力建设与国际化》

《劳动力市场发展及测量》

《当代中国的行政改革》

《外国公职人员行为及道德准则》

《国家人才安全问题研究》

《可持续治理能力建设探索——国际行政科学学会暨国际行政院校联合会 2016 年联合大会论文集》

《澜湄国家人力资源开发合作研究》

《职称制度的历史与发展》

《强化公益属性的事业单位工资制度改革研究》

《人事制度改革与人才队伍建设（1978 – 2018）》

《人才创新创业生态系统案例研究》

《科研事业单位人事制度改革研究》

《哲学与公共行政》

《人力资源市场信息监测——逻辑、技术与策略》

《事业单位工资制度建构与实践探索》

《文献计量视角下的全球基础研究人才发展报告（2019）》

《职业社会学》

《职业管理制度研究》

《干部选拔任用制度发展历程与改革研究》

《人力资源开发法制建设研究》

《当代中国的退休制度》

《中国人才政策环境比较分析（省域篇）》

《中国人才政策环境比较分析（市域篇）》

《当代中国人事制度》

《社会力量动员探索》

《人才发展治理体系研究》

《英国文官制度文献选译》

《企业用工灵活化研究》